# CASAIS INTELIGENTES FICAM RICOS

David Bach

# CASAIS INTELIGENTES FICAM RICOS

## 9 passos para criar um futuro de riqueza para a sua família

*Tradução*
CARLOS A. L. SALUM
ANA LUCIA DA ROCHA FRANCO

*Revisão Técnica e Adaptação*
MARIA FRANCISCA SACHS
(Diretora Private Bank – Banco BNP Paribas Brasil)

EDITORA CULTRIX
São Paulo

Título original: *Smart Couples Finish Rich*.

Copyright © 2001, 2002 David Bach.

Publicado mediante acordo com Broadway Books, uma divisão da Random House, Inc.

Todos os direitos reservados. Nenhuma parte deste livro pode ser reproduzida ou usada de qualquer forma ou por qualquer meio, eletrônico ou mecânico, inclusive fotocópias, gravações ou sistema de armazenamento em banco de dados, sem permissão por escrito, exceto nos casos de trechos curtos citados em resenhas críticas ou artigos de revistas.

A Editora Pensamento-Cultrix Ltda. não se responsabiliza por eventuais mudanças ocorridas nos endereços convencionais ou eletrônicos citados neste livro.

Este livro pretende oferecer informação cuidadosa e autorizada sobre o tema das finanças pessoais. Embora todas as histórias e casos descritos neste livro sejam baseados em experiências verdadeiras, a maioria dos nomes foi substituída por pseudônimos e, em alguns casos, foram levemente alteradas para proteger a privacidade de cada indivíduo. Ao publicar este livro, nem o autor nem os editores pretendem dar aconselhamento legal, contábil ou prestar outros serviços profissionais. Como cada situação individual é única, a questão relativa às finanças pessoais e específicas ao indivíduo deve ser analisada por um profissional adequado para se ter certeza de que a situação foi avaliada cuidadosa e apropriadamente. O autor e os editores não se responsabilizam por qualquer perda ou risco que aconteça como conseqüência direta ou indireta do uso e aplicação de qualquer conteúdo desta obra.

**Dados Internacionais de Catalogação na Publicação (CIP)**
**(Câmara Brasileira do Livro, SP, Brasil)**

Bach, David
 Casais inteligentes ficam ricos : 9 passos para criar um futuro de riqueza para a sua família / David Bach ; tradução Carlos A. L. Salum, Ana Lucia da Rocha Franco ; revisão técnica e adaptação Maria Francisca Sachs. — São Paulo: Cultrix, 2007.

 Título original: Smart couples finish rich.
 ISBN 978-85-316-0990-9

 1. Casais – Finanças pessoais 2. Finanças pessoais – Planejamento 3. Investimentos 4. Segurança financeira I. Sachs, Maria Francisca. II. Título.

07-7011 CDD-332.0240655

**Índices para catálogo sistemático:**
1. Casais : Finanças : Economia financeira 332.0240655
2. Finanças para casais : Economia financeira 332.0240655

O primeiro número à esquerda indica a edição, ou reedição, desta obra. A primeira dezena à direita indica o ano em que esta edição, ou reedição, foi publicada.

Edição | Ano
--- | ---
2-3-4-5-6-7-8-9-10-11 | 07-08-09-10-11-12-13-14

Direitos de tradução para a língua portuguesa
adquiridos com exclusividade pela
EDITORA PENSAMENTO-CULTRIX LTDA.
Rua Dr. Mário Vicente, 368 — 04270-000 — São Paulo, SP
Fone: 6166-9000 — Fax: 6166-9008
E-mail: pensamento@cultrix.com.br
http://www.pensamento-cultrix.com.br
que se reserva a propriedade literária desta tradução.

Para Michelle, minha esposa maravilhosa...
Você é minha melhor amiga,
minha confidente e meu porto seguro na tempestade.
Obrigado por sempre acreditar em mim e nos meus sonhos.
Eu amo você!

# SUMÁRIO

**Agradecimentos** ................................................................. 9

**Introdução**
Por que os casais inteligentes estão assumindo o controle do seu futuro financeiro ................................................................. 13

**Primeiro passo**
Conheça os fatos e os mitos sobre casais e sobre dinheiro ............ 25

**Segundo passo**
Estabeleça o verdadeiro propósito do dinheiro na sua vida ............ 46

**Terceiro passo**
Planejem juntos... Vençam juntos ................................................. 68

**Quarto passo**
O fator café dos casais ................................................................. 95

**Quinto passo**
Construa a sua cesta da aposentadoria ......................................... 108

**Sexto passo**
Construa a sua cesta da segurança ................................................. 133

**Sétimo passo**
Construa a sua cesta dos sonhos .................................................. 164

**Oitavo passo**
Aprenda a evitar os dez maiores erros financeiros cometidos
por casais ........................................................................................ 182

**Nono passo**
Aumente os seus ganhos em 10% em nove semanas.................... 219

**Três palavras que fazem a diferença** ........................................ 243

**Apêndice 1** ................................................................................... 245

**Apêndice 2** ................................................................................... 248

**Apêndice 3** ................................................................................... 253

**Apêndice 4** ................................................................................... 254

# AGRADECIMENTOS

MUITAS PESSOAS CONTRIBUÍRAM para que meus livros *Smart Women Finish Rich* e *Casais Inteligentes Ficam Ricos* se tornassem *best-sellers*. Foi só graças ao apoio e ao amor dessas pessoas que eu consegui fazer essa viagem incrível e atingir tanta gente...

Em primeiro lugar, aos leitores de *Smart Women Finish Rich* e *Casais Inteligentes Ficam Ricos*: obrigado, obrigado, obrigado. O melhor de escrever um livro é ficar sabendo que há leitores que se sentiram motivados a agir. Para quem me enviou cartas ou e-mails, agradeço pela gentileza de me contar que o meu livro teve alguma influência na sua vida. Saber que consegui me comunicar com tanta gente é o que faz valer a pena o esforço de escrever, falar e viajar.

Para Suzanne Oaks, minha editora na Broadway Books: conseguimos! Mais uma vez obrigado pelo *feedback* e pelo apoio. Quando o assunto é dinheiro, suas idéias são certeiras. Para Claire Johnson, obrigado pela ajuda e pela paciência de juntar os pedaços deste livro. Para meus gurus de RP, Heidi Krupp e David Drake, obrigado pela ajuda incansável na promoção dos meus dois livros. O trabalho em equipe que vocês realizam em meu nome tem sido de valor inestimável e serei eternamente grato por isso! Para a brilhante equipe de vendas da Broadway, obrigado pelo apoio e por vender o meu livro nos mercados onde meus seminários acontecem. Esse esforço a mais gerou dezenas de milhares de vendas.

Para Allan Mayer: trabalhar com você nestes dois livros foi uma verdadeira alegria. Temos muita sintonia e eu me sinto grato por tê-lo como colaborador. Obrigado por fazer sempre o que se propõe a fazer. Você é excelente.

Um enorme muito obrigado para a minha equipe no Van Kampen Investments. Graças aos nossos esforços, atingimos mais de 250.000 mulheres com os seminários Smart Women Finish Rich® – e isso é só o começo! Em 2002, quando os seminários Smart Couples Finish Rich® percorreram o país de costa a costa, ajudamos sem dúvida mais alguns milhares de pessoas. Para Jack Zimmerman, Dominic Martellaro, Lisa Kueng, Scott West e Gary DeMoss: obrigado por acreditarem em mim e no poder deste projeto. À equipe insuperável da Van Kampen, que fez milhares de seminários, e aos milhares de consultores financeiros que agora apresentam meus seminários FinishRich® no mundo inteiro, muito obrigado por transmitirem a mensagem.

Para Larry Rifkin da Connecticut Public Television: obrigado por trabalhar tanto para levar o meu programa "Smart Women Finish Rich" para a PBS. Um programa de televisão precisa de patrocinador e eu tive a felicidade de ter três. Em primeiro lugar, obrigado a Rick Sapio, o incansável fundador da Mutuals.com. Eu lhe serei grato para sempre por ser o meu primeiro patrocinador. Muito obrigado também aos outros dois: Women.com e Van Kampen Mutual Funds.

À minha insuperável agente Jan Miller: eu sempre estarei em dívida com você por sua orientação e por sua sagacidade nos negócios. Para Shannon Miser Marvin: obrigado por retornar todos os meus telefonemas e por cuidar dos contratos e das centenas de detalhes que sempre precisam ser resolvidos. Você é a melhor!

Para Harry Cornelius, obrigado pela competência notável ao negociar meus contratos de serviços financeiros. Para Stephen Breimer, obrigado pela excelente orientação jurídica. Sou realmente grato a vocês por terem me ajudado a levar a FinishRich® Inc. a um novo patamar.

Quero também expressar a minha gratidão aos meus mentores e treinadores. Para Bill Bachrach, autor de *Values-Based Financial Planning*: serei sempre grato pelo programa TAC (*Trusted Advisor Coach*) e pela permissão para usar, em *Smart Women Finish Rich,* a sua abordagem de valores pessoais no processo de vendas. Para Bill Phillips, autor de *Body for Life*: seu livro fez maravilhas para melhorar não apenas a minha saúde, mas a de Michelle também. Para Dan Sullivan: obrigado por *Strategic Coach* e *Strategic Couples*. O seu programa de treinamento mudou sensivelmente a qualidade da nossa vida. Para Tony Robbins: você é um líder e um treinador fora de série. Obrigado por criar "Date with Destiny" – é graças a você e aos seus programas que fui capaz de ir atrás dos meus sonhos.

Para Kathleen Price, meu incrível "braço direito" no The Bach Group: eu sempre serei grato por tudo o que você faz. Obrigado por fazer o The Bach Group crescer e por deixar os clientes contentes e eu de bom humor enquanto escrevo, faço palestras, viajo e administro dinheiro – tudo ao mesmo tempo. Para o resto da equipe do The Bach Group – Marty Bach, Emily Bach, Tom Moglia, Jeff Borges, Sharon Hundal, Geraldine Kobayashi, Leonore Pearsall e Patricia Brown – obrigado por tornar o The Bach Group um grupo de administração financeira de tão alta categoria.

Para meus pais, Marty e Bobbi Bach: não há palavras para expressar o quanto eu os amo. Sou realmente grato por seu apoio e por seu amor que nunca acaba. Sua fé na minha capacidade e a "torcida" constante, nos bons e nos maus momentos, me permitiram seguir em frente. Obrigado por me darem um exemplo do que é um grande casamento e do que significa ser um Casal Inteligente que trabalha em conjunto para ter sucesso na vida.

Para minha irmã Emily, parabéns pelo sucesso. Obrigado por apresentar os seminários "Smart Women Finish Rich" e transmitir a mensagem. E, o que é mais importante, obrigado por ser uma irmã incrível e uma boa amiga. Para meu cunhado Tom Moglia: obrigado por fazer minha irmã tão feliz e por ser sempre um cara tão legal.

Para minha "segunda família", Joan, Bill, Nana e Michael: obrigado pelo estímulo constante e por falar do meu livro para todos os amigos. Para Joan e Bill, especialmente, obrigado por Michelle – e por terem deixado que ela se casasse comigo!

Para meu incrível grupo de amigos antigos – Betsey e T.G. Fraser, Jeff e Caroline Guenther, Donna e Jeff Odiorne, Jenny e Bill Holt, Steve Jones, Elliot Blumberg, David Kronick, Jeff e Dawn Adams, Tom Cooper, Andrew e Belinda Donner, Karen e Drew Warmington, Adam e Julie Young – obrigado por seu amor e por serem os melhores amigos que um cara pode pedir.

Finalmente, para a minha avó Rose Bach: obrigado por ter sido a minha primeira inspiração para escrever *Smart Women Finish Rich*. Eu a amo e sinto a sua falta todos os dias. Obrigado por torcer por mim no céu.

Sou grato a todos vocês do fundo do meu coração.

**David Louis Bach**
San Francisco, Califórnia

INTRODUÇÃO

# POR QUE OS CASAIS INTELIGENTES ESTÃO ASSUMINDO O CONTROLE DO SEU FUTURO FINANCEIRO

**NUNCA VOU ESQUECER DA PRIMEIRA** briga que tive com minha mulher, Michelle, por causa de dinheiro. Tínhamos acabado de voltar da lua-de-mel e a euforia por estarmos casados ainda estava no ar. O novo apartamento era maravilhoso e estávamos loucos para começar a nossa vida juntos.

Enquanto Michelle começava a desfazer as malas, eu me sentei à mesa da cozinha para dar uma olhada na correspondência. Como tínhamos ficado fora duas semanas, tinha bastante coisa acumulada. Comecei separando o que era importante do que não era, pegando as contas a pagar e arrumando-as em pilhas. Pilhas arrumadinhas, muito bem organizadas. Na minha cabeça, pagar as contas seria muito fácil. Afinal, Michelle e eu éramos profissionais na área das finanças. Eu administrava o dinheiro de centenas de casais, ela ajudava executivos de empresas a negociar suas ações. Além disso, eu dava aulas de administração financeira há cinco anos e estava escrevendo um livro sobre dinheiro para mulheres. Pagar as contas e administrar o nosso dinheiro como casal parecia uma brincadeira.

## CLARO E SIMPLES?

Ao separar as contas, criei uma pilha "David" e uma pilha "Michelle". Ia ser fácil. Eu pagaria as minhas contas (como as prestações do meu carro e as contas do meu celular) e Michelle pagaria as dela (como as prestações do seu carro e as contas do seu celular). Dividiríamos as contas da casa, o que significava que precisávamos de uma pilha "nós". E... hummm... quem paga as parcelas do seguro? Bom, depois a gente resolve. Talvez seja bom fazer também uma pilha "a discutir". Então, eram quatro pilhas.

A faxineira tem um ou dois atrasados a receber. Acho que isso pode ir para a pilha "nós". Mas e essa fatura do American Express com as despesas da lua-de-mel? Bom, o cartão está no meu nome e acho que cabe ao cara pagar as despesas da lua-de-mel. Então, essa vai para a pilha "David". Lavanderia? Bom, como agora a nossa roupa vai para a mesma lavanderia e a conta está no meu nome, acho que essa também é minha. Vamos ver... de quanto é? De jeito nenhum... isso tem que estar errado! Como pode uma conta de lavanderia triplicar de um mês para o outro?

Michelle estava no quarto arrumando seu *closet*. "Meu bem", gritei para ela, "você sabe que eles cobram $7 para lavar a seco um suéter? Como pode ser tão caro lavar a seco roupas de mulher? E só neste mês você mandou lavar a seco sete suéteres! Isso é loucura. É melhor separar as contas da lavanderia porque não vou pagar essa sua conta ridícula."

Michelle largou o que estava fazendo e veio para a cozinha. "É claro que eu sei que custa $7 para lavar um suéter", disse ela. Em seguida, olhou para as minhas pilhas arrumadinhas. "Ei, o que é isso?", perguntou.

Eu sorri para ela. "Estou organizando as coisas. Estou separando as contas para ver quem paga o quê."

Michelle me olhou de um jeito meio estranho. "Meu bem, não precisa perder tempo com isso. É muito fácil. Vamos pôr todo o nosso dinheiro numa conta conjunta e pagar tudo com ela."

"É mesmo?"

"É claro. Nós nos amamos, estamos casados e, de agora em diante, tudo o que temos é de nós dois."

"Para dizer a verdade", disse eu, "não era bem isso que eu tinha em mente." Sentindo um pouco de tensão no ar, acrescentei: "Pelo menos no começo, acho que seria mais fácil separar as coisas."

"Mas, David", argumentou Michelle, "você ganha mais e gasta mais do que eu. Não dá para pegar todas as contas e dividir pelo meio."

"Bom, é claro que não", disse eu. "Pensei em fazer uma divisão justa."

"E o que é justo?"

Boa pergunta, pensei. "Bom, preciso pensar melhor no assunto."

Michelle balançou a cabeça. "Não, não precisa. Vou lhe dizer o que é justo. Justo é pôr todo o nosso dinheiro numa conta e pagar nossas despesas com ela."

## ALGUMA COISA NÃO ESTÁ FUNCIONANDO

Vamos avançar alguns meses. Michelle e eu ainda não tínhamos entrado num acordo a respeito de quem pagava o quê. Infelizmente, as contas continuavam chegando com incrível regularidade, a cada trinta dias. Só que agora estavam sendo pagas com atraso (e com multa).

Aflito por desperdiçar tanto dinheiro com as multas, comecei a perder a cabeça e a culpar Michelle pelo problema. Ela, por sua vez, dizia que era tudo culpa minha e do meu estúpido "sistema de pilhas". Nem é preciso dizer que daquele jeito não estava funcionando. Em vez de se resolver, o problema só estava piorando. E em vez de nos sentar e discutir um jeito de reconciliar atitudes tão diferentes a respeito da administração do dinheiro, ficávamos fazendo suposições. Eu pressupunha que Michelle sabia como eu queria que o dinheiro fosse administrado e ela pressupunha que eu sabia o que ela queria. Cada um achava que era o outro que estava pagando esta ou aquela conta. Não estávamos na mesma sintonia – e por isso essa "coisa de dinheiro" estava gerando muito estresse.

## A BOA NOTÍCIA...

Com o tempo, Michelle e eu acabamos inventando um sistema para administrar, juntos, as nossas finanças. Como resultado, tenho prazer em informar que as coisas estão muito, muito bem para nós em questões de dinheiro. Agora, cuidamos juntos das nossas finanças e, em vez de fazer suposições um a respeito do outro, nós nos sentamos e trocamos idéias. Em suma, aprendemos que é uma prioridade discutir as nossas finanças e planejar juntos os nossos sonhos e metas financeiras. Isso muda tudo: acaba com as brigas e concentra a energia do relacionamento no que é positivo e não nos problemas.

Pensando bem, não é uma surpresa que Michelle e eu tivéssemos dificuldade para lidar com as nossas finanças, no início do casamento. Apesar da nossa formação financeira, nunca ninguém nos ensinou a administrar o dinheiro como casal. Assim, nunca tinha nos ocorrido como tudo fica diferente quando deixamos de ser duas pessoas sozinhas, administrando cada uma o próprio dinheiro, e passamos a ser um casal, administrando o dinheiro em conjunto.

É desnecessário dizer que essa situação pela qual Michelle e eu passamos não é nem um pouco incomum. Os casais em geral nunca aprenderam a planejar juntos o seu futuro financeiro. Com isso, a maioria dos casais não fala a respeito de dinheiro... a não ser quando brigam por causa dele. Com este livro, minha meta é mudar essa situação. Agora que já sou consultor financeiro há 10 anos e marido há 4, tenho o prazer de informar que é possível e divertido ser um Casal Inteligente que Fica Rico. A chave para "vencer financeiramente" é aprender a fazer a coisa certa na ordem certa. Na verdade, não é difícil – principalmente quando se age como casal.

Neste livro, vamos descobrir o que vocês dois podem fazer, como casal, para conseguir falar sobre dinheiro e lidar com ele de um jeito inteligente. Estejam vocês no começo da vida ou na meia-idade, no primeiro casamento ou no quarto, este livro lhes mostrará como sincronizar metas financeiras e valores pessoais, fazendo-os trabalhar em conjunto para tornar seus sonhos realidade! Além disso, caso tenham medos financeiros – como a maioria das pessoas tem – vocês aprenderão a enfrentá-los e superá-los como casal.

## UM ROTEIRO PARA VOCÊS
## VIVEREM BEM E FICAREM RICOS

Neste livro, a minha meta é oferecer um roteiro dirigido à ação que os capacite a controlar as suas finanças como casal. Nos capítulos seguintes, vamos ver tudo o que os casais têm que saber para viver bem e ficar ricos. E, mais especificamente:

- Como aprender a ganhar... juntos (sem brigar!)
- Como levar em conta valores e pôr o que lhes é mais importante na vida em primeiro lugar.
- Como usar o que chamo de "Fator Café" dos casais para transformar o dinheiro que vocês ganham num pé-de-meia de um milhão de dólares.

- Como proteger a família com uma "cesta da segurança", prover para o futuro com uma "cesta da aposentadoria" e financiar os sonhos com uma "cesta dos sonhos".
- Finalmente, como aumentar seu rendimento em 10% dentro de nove semanas.

É possível que você já tenha lido livros de investimentos que chegam a dar sono. Juro que este não é assim. Na verdade, investir é uma festa quando você sabe o que fazer e como fazer. O problema é que, em geral, os livros de investimentos e os consultores financeiros são difíceis de entender. Este não. Minha proposta envolve técnicas incrivelmente simples que podem mudar a sua vida quando forem postas em prática.

## SE OS MEUS AVÓS CONSEGUIRAM, VOCÊS TAMBÉM CONSEGUEM

Aprendi a investir com a minha avó, Rose Bach. Foi ela que me ajudou a negociar a minha primeira ação. Eu tinha só sete anos e a ação era da empresa proprietária do restaurante que eu mais gostava no mundo... o McDonald's.

Onde a minha avó aprendeu a investir? Essa é uma história incrível.

Meus avós não tinham dinheiro nem educação universitária. Durante a Grande Depressão, eles viviam em Milwaukee, Wisconsin, e como muitos americanos dessa época, lutavam para manter a cabeça fora d'água. Como meu avô costumava dizer, "Cuide bem dos centavos porque eles acabam formando um dólar". Felizmente para o meu avô – e também para mim e para toda a minha família – quando minha avó tinha trinta anos, ela tomou uma decisão que mudou a nossa vida.

Um dia, cansada da luta interminável para que o dinheiro durasse até o fim do mês, ela decidiu que um dia ficaria rica. Foi uma decisão notável para quem ganhava $10 por semana. E meu avô ganhava ainda menos... $5 por semana.

Ela decidiu então que o primeiro passo seria juntar um pequeno pé-de-meia. Assim, ela e o meu avô começaram a pôr de lado 10% do salário todas as semanas. O dinheiro ficava guardado na cozinha, dentro de um vidro de café.

Depois de um mês de economia, minha avó pegou o dinheiro que tinham juntado e foi a uma corretora de valores abrir uma conta. Ela não foi recebida exatamente de braços abertos. Escandalizado ao ver uma mulher casada entrar ali sozinha, o gerente lhe disse para ir embora – e não voltar sem o marido!

Outra pessoa teria ficado intimidada. Mas não a minha avó. Ela era uma mulher forte e irascível. "Cavalheiros", disse ela, "se não querem o meu dinheiro vou entrar na porta ao lado e abrir uma conta com o seu concorrente."

Assim, abriu a conta e começou a investir tudo o que ela e meu avô conseguiam economizar por semana. Para abreviar a história, seus investimentos acabaram fazendo dela uma milionária. (E inspiraram também uma tradição familiar: seu filho – meu pai, Marty – tornou-se consultor financeiro, assim como os seus dois netos – minha irmã Emily e eu.)

É claro que nem sempre as coisas correram bem. Há alguns anos, perguntei à minha avó como foi aquele primeiro ano. "Eu sei no que deu, vovó", disse eu, "mas como começou?"

Ela riu com a minha pergunta. "David", disse ela, "comprei quatro ações... que em menos de um ano não valiam mais nada!"

Fiquei pasmo. "Nada?", repeti. "E o que o vovô disse?"

Minha avó riu ainda mais, com os olhos brilhando. "Eu não contei a ele!", foi a sua resposta.

"Mas como você fez?", perguntei. "Como continuou investindo depois de perder todo o dinheiro economizado num ano inteiro?"

Ela me olhou nos olhos. "David", disse ela, "eu lhe disse que queria ser rica." Explicou-me então que o problema não era o mercado de ações, nem o corretor e nem mesmo as ações que tinha escolhido. "O problema era eu", disse ela. "Eu não sabia nada sobre investimento. Nunca tinha tido uma aula sobre isso. O seu avô não sabia nada sobre dinheiro. Era um cego guiando outro cego."

Foi então que ela compreendeu uma coisa que mudou a sua vida. "Para ficar rica, eu tinha que *aprender* a ficar rica! Tinha que fazer cursos, consultar livros, estudar o mercado de ações e fazer amizade com pessoas ricas." Essa revelação da minha avó trouxe uma lição que trago comigo desde então.

Minha avó me ensinou muitas coisas sobre dinheiro, mas a mais importante foi esta:

## SE VOCÊ QUER FICAR RICO, TEM QUE APRENDER A GANHAR

A verdade é que qualquer um pode se tornar um investidor. Hoje em dia, com a Internet, ficou ainda mais fácil começar. Mas tornar-se um investidor e enriquecer não são a mesma coisa. Se minha avó não tivesse entendido que precisava saber mais a respeito de dinheiro, ela e meu avô teriam terminado como 90% dos norte-americanos – lutando para sobreviver durante a aposentadoria.

A história da minha avó ilustra uma outra lição que vale a pena mencionar aqui. Ou seja...

## VOCÊ NÃO PRECISA SER RICO PARA SER UM INVESTIDOR

Meus avós começaram do nada, conseguindo economizar alguns poucos dólares por semana. Mas, com o tempo, conseguiram formar uma carteira de um milhão de dólares. Como? Planejando juntos, economizando juntos e investindo juntos. Se achassem que, sendo pobres e sem diploma universitário, seriam sempre pobres, é isso o que teria acontecido. Mas não foi assim. Eles resolveram mudar de vida. Resolveram ser um Casal Inteligente Que Fica Rico.

Eu sei que estou falando dos meus avós e que isso foi há muito tempo. E vocês? E hoje?

Será que um livro como este consegue mudar as suas idéias sobre dinheiro e ajudá-los a realizar seus sonhos financeiros?

A resposta é um inequívoco sim.

Será que administrar as finanças como casal pode mesmo ser divertido?

Com certeza. Na verdade, há poucas coisas que unem mais um casal do que planejarem juntos o futuro financeiro. Pense nisso. Em geral, os casais decidem viver juntos porque se amam sinceramente e querem construir juntos uma vida. Nunca conheci alguém que dissesse: "Seria maravilhoso viver com você. Assim, poderíamos brigar todo dia por causa de dinheiro!" Mas, mesmo que ninguém queira brigar por causa de dinheiro, o fato é que a maioria dos casais acaba brigando. Ou então evitam totalmente o assunto.

Segundo os especialistas, a principal causa do divórcio não é o sexo, nem a religião, nem os problemas com parentes. São as brigas por causa de dinheiro. Depois de aconselhar centenas de casais em minha prática de planejamento financeiro, posso afirmar que, administrando juntos o dinheiro, vocês terão uma probabilidade muito maior de serem bem-sucedidos financeiramente e de terem uma vida feliz como casal. A chave é fazer a viagem juntos – nunca separadamente.

Este livro é dirigido a casais dispostos a isso. Quem estiver procurando um livro que ensine como esconder bens do parceiro ou como manter as finanças em separado, pode parar de ler agora mesmo. Minha meta é fortalecê-los o máximo possível como casal e, para isso, a melhor maneira que conheço é fazerem juntos a viagem.

## ASSUMIR O CONTROLE JUNTOS: O SEGREDO DO SUCESSO

Você já deve ter percebido que eu me refiro à pessoa com quem você divide a vida como "parceiro". Faço isso de propósito porque, num bom relacionamento, é isso que um deve ser para o outro – parceiro.

Quando se trata de dinheiro, é de vital importância que vocês sejam realmente parceiros. Isso ficou evidente para mim quando publiquei o meu primeiro livro: *Smart Women Finish Rich*. Quando se escreve um livro, uma das boas coisas é o *feedback* dos leitores que compartilham com você o que funciona e o que não funciona. Poucos meses depois da publicação de *Smart Women Finish Rich*, eu comecei a receber todos os dias dezenas de e-mails de leitores falando do impacto que o livro teve sobre eles.

Quase todas as mensagens eram incrivelmente positivas, mas algumas me deixaram preocupado. Uma mulher, por exemplo, escreveu: "Seu livro mudou a minha vida. Estou agora motivada e comecei a controlar as minhas próprias finanças. O problema é que não consigo fazer meu marido mudar. Sem o apoio dele, não sei se o meu esforço vai valer a pena." Mais ou menos no mesmo tom, outra mulher escreveu: "Em teoria, suas idéias são ótimas, mas meu marido não quer saber de poupar, gasta todo o nosso dinheiro em 'brinquedos para homens' e não quer nem ouvir falar das suas idéias."

E não eram só mulheres reclamando de homens irresponsáveis. Embora *Smart Women Finish Rich* fosse dirigido às mulheres, recebi muitos e-mails de homens que tinham comprado o livro para as mulheres ou namoradas... só que elas não se interessaram. Um deles escreveu: "Eu li o seu livro antes de dá-lo à minha mulher, com a esperança de que ele a motivasse a ter mais interesse pelas finanças da família. Mas ela disse: 'Você cuida muito bem do dinheiro e eu não estou interessada nisso.'"

Recebi também um e-mail que resumia brilhantemente o problema e que mexeu muito comigo. Era de uma mulher de Omaha, Nebraska.

*David (escreveu ela), depois de ler o seu livro, eu me transformei num motor supersônico de um avião. Quero ir em frente e alcançar o destino dos meus sonhos. Infelizmente, o motor supersônico do meu marido está indo a todo vapor no sentido contrário. Eu sei que este avião (nosso plano financeiro) vai cair. Não dá para voar com um motor indo para a frente e o outro para trás. Eu não sei o que fazer. Estou pensando em pular fora antes que o avião caia. Alguma sugestão?*

Foi esse e-mail que me fez perceber a necessidade de escrever um livro sobre finanças pessoais para casais. Como disse essa mulher de Omaha, o planejamento financeiro de um casal é como um avião com dois motores. Os dois motores têm que ir na mesma direção e funcionar com potência semelhante, senão haverá problemas. Sem trabalho de equipe, o planejamento se transforma em batalha e não em vitória. E ignorar o problema só piora as coisas porque as contas aparecem todos os meses, gostemos ou não. Não há como contornar essa questão. As contas chegam, o estresse mensal ataca, as discussões começam – e de repente já se passou um mês e os problemas recomeçam.

## É HORA DE VOCÊS DOIS ASSUMIREM O CONTROLE

Essa é a nossa premissa básica: todos os casais têm que administrar juntos as suas finanças. E quando digo todos os casais, estou me referindo mesmo a *todos* os casais. A idade não importa. Sejam vocês um casal com vinte e poucos anos ou um casal de aposentados com mais de setenta, podem começar hoje mesmo o processo de planejar juntos as suas finanças. Para isso, precisam apenas de ferramentas. E é isso que eu pretendo lhes dar neste livro.

Muito do que você vai ler nos nove capítulos seguintes parecerá incrivelmente simples. Você pode até pensar: "Eu sei disso. Já ouvi isso antes."

Não vá por isso alimentar sentimentos de complacência. Quando se trata de dinheiro, ter ouvido falar de alguma coisa não basta: é preciso saber o que ela significa. E o simples fato de saber o que alguma coisa significa também não quer dizer nada se você não a puser em prática. Por exemplo, muita gente conhece o conceito "pague-se primeiro", mas, em geral, os casais não sabem quanto devem pagar a si mesmos e nem o que fazer com esse dinheiro. Como resultado, não fazem nada.

## UM MAIS UM É IGUAL A QUATRO

Duas pessoas que perseguem juntas uma meta tendem a alcançá-la na metade do tempo que levariam sozinhas. Isso é por certo verdade quando se trata de dinheiro. Quanto mais cedo vocês começarem a trabalhar juntos, mais depressa a sua situação financeira vai melhorar. A chave é acreditar que, seja qual for o ponto de partida – por mais desanimador que pareça – as coisas podem e vão melhorar. Se neste momento vocês estão atolados em dívidas ou se mal dá para pagar as contas, eu estou aqui para lhes dizer, na qualidade de alguém que já aconselhou financeiramente milhares de pessoas, que a situação pode e vai melhorar... se vocês dois partirem juntos para a ação.

Da mesma forma, se já alcançaram o sucesso financeiro mas sentem que, por uma razão ou por outra, o dinheiro não está realizando os seus sonhos, eu estou aqui para lhes dizer que não devem desistir – que é possível alinhar valores com sonhos e viver uma vida gratificante... se trabalharem juntos a questão do dinheiro.

## QUAL A MELHOR MANEIRA DE USAR ESTE LIVRO

Antes de começar, quero lhes dar algumas dicas para que aproveitem ao máximo o que este livro tem a oferecer. Em primeiro lugar, encarem este livro como um roteiro de viagem – mais especificamente, como um roteiro financeiro pessoal que os guiará ao destino financeiro que logo escolherão. Ao usar esse roteiro, quero que me vejam como um consultor financeiro pessoal, um guia amigo que pode ajudá-los a encontrar o caminho em meio aos obstáculos e levá-los rapidamente à riqueza e à felicidade que merecem.

E tenham em mente que assumir o controle das próprias finanças pode ser fácil e divertido, mas exige também um comprometimento real. Como eu já observei, muita gente compra livros sobre finanças pessoais com boas intenções, mas só lê os primeiros capítulos. Então, ao começar a ler este livro, façam um favor a si mesmos – assumam o compromisso de investir as horas necessárias para ler o livro inteiro e pôr os nove passos em ação. Eu lhes garanto que se vocês dois se dispuserem a pôr em prática os nove passos, por mais fáceis que pareçam, eles mudarão a sua vida. Como digo muitas vezes aos meus alunos e clientes, quem puser em prática dois ou três desses passos já estará em melhor situação do que 80% da população. Quem puser em prática cinco ou seis passos, estará melhor do que 90%. E quem puser em prática os nove passos acabará fazendo parte da elite financeira – do 1% do topo.

Organizei deliberadamente as coisas de modo que cada um dos nove capítulos a seguir cubra um dos passos da viagem de nove passos. Embora cada passo seja completo, cada um deles se soma aos que vieram antes. Então, sugiro que leia o livro na ordem certa. É até bom ler cada capítulo duas vezes antes de passar para o seguinte. Por que ler duas vezes cada capítulo? Porque, quando estamos lendo, geralmente deixamos passar alguma coisa da primeira vez e também porque a repetição é essencial para desenvolver qualquer habilidade.

Uma última sugestão: ao ler este livro, podem se dar conta de que vocês dois não estão agindo como deveriam agir com relação às finanças. Mas não usem essa constatação como desculpa para atacar o seu parceiro ou parceira – ou a si mesmo. O objetivo deste livro é melhorar o seu futuro financeiro e não fazer com que se sintam mal. Quando queremos melhorar de vida, tendemos a ser muito duros com nós mesmos. Se a vida financeira ainda não está onde vocês gostariam que estivesse, tudo bem – nós já vamos mudar essa situação. Sejam positivos. Lembrem-se de que a parte mais difícil da mudança... é decidir mudar. Vocês já tomaram essa decisão. Compraram o livro e já começaram a ler. Então, dêem-se um tempo – e um pouco de crédito.

A viagem que você e o seu parceiro estão prestes a fazer juntos pode mudar a sua vida para sempre. Então, divirtam-se no processo e tenham em mente que já foi dado o passo mais importante em direção ao controle do seu destino financeiro: vocês dois estão dispostos a viver de maneira inteligente e ficar ricos – juntos, como casal!

Agora, vamos começar!

PRIMEIRO PASSO

## CONHEÇA OS FATOS E OS MITOS SOBRE CASAIS E SOBRE DINHEIRO

JOHN CHEGOU AO MEU ESCRITÓRIO com um sorriso que ia de uma orelha à outra. Estava radiante. Depois de mais de 40 anos como vendedor de sucesso numa gráfica, estava agora a dois meses da aposentadoria. Ele e Lucy, com quem estava casado há mais de 30 anos, tinham vindo ao meu escritório para fazer alguns planos. Empolgados com o início dessa nova fase da vida, os dois estavam me entrevistando para ver se eu seria um bom planejador financeiro para eles. Como geralmente faço nessas situações, comecei a reunião com uma pergunta: "Agora que só faltam 60 dias, como vocês imaginam a aposentadoria?"

John se inclinou para a frente, seguro de si. "Vamos nos mudar para a Carolina do Sul, onde temos umas terras", disse ele, "e vamos construir uma casinha de dois quartos perto do lago e eu vou pescar todos os dias!"

Dito isso, ele se recostou na cadeira, sorrindo como um garotinho.

Lucy, no entanto, tinha uma expressão completamente diferente no rosto – uma combinação de raiva e incredulidade. Olhando com frieza para John, como se ele fosse um estranho que tivesse acabado de conhecer, ela perguntou, "E com quem você está planejando mudar para a Carolina do Sul?"

Foi a vez de John ficar chocado. "Com você, é claro", disse ele baixinho.

Lucy riu alto. "John", disse ela, "se você acha que vou deixar nossos filhos, nossos netos e nossa casa de cinco quartos em Danville para que você possa pescar no Timbuktu, está com um parafuso solto!"

*John me lançou um olhar de desamparo e se voltou para Lucy. "Mas compramos aquelas terras na Carolina do Sul para construir a casa dos nossos sonhos quando eu me aposentasse. Você não lembra, meu bem?"*

*"John, isso foi há 20 anos!", ela retrucou. "Você não fala nisso há uns 10 anos. Pensei que tivesse esquecido!"*

**PETER E MARY** chegaram ao meu escritório muito felizes. No dia anterior, depois de cinco anos de um meticuloso planejamento, os dois – ambos com cinqüenta e poucos anos – tinham se aposentado dos respectivos empregos. É isso mesmo: os dois se aposentaram em duas empresas diferentes no mesmo dia! Tinham passado a noite comemorando, primeiro na festa de despedida dele, depois na dela. A empolgação dos dois era contagiante. Pareciam dois adolescentes acabando de se formar no colegial.

O casal tinha vindo ao meu escritório para cuidar da transferência do dinheiro investido. Horas antes, tinham se reunido com o advogado e com o contador. No dia seguinte, iam viajar para realizar um sonho antigo – e que vinha sendo planejado há muito tempo: ficar dois anos numa ilha isolada da Mongólia, como parte de um programa patrocinado pela igreja, ajudando a construir uma nova escola para as crianças do local. Tinham posto todas as contas no débito automático, seus fundos de aposentadoria estavam muito bem investidos e suas despesas estavam cobertas por dois anos. Os filhos estavam na faculdade e o pagamento das mensalidades já estava programado. Tudo tinha sido antecipado. Peter e Mary mal podiam esperar para pegar o avião e começar a viver o seu sonho.

Comecei a nossa viagem com essas duas histórias contrastantes porque são ambas verdadeiras – na verdade, as duas aconteceram na mesma semana – e mostram como casais diferentes planejam o futuro de modo diferente. Tenho certeza de que o primeiro casal, John e Lucy, não são o modelo que vocês desejam imitar. O segundo casal pode não ser também o seu ideal (ainda mais se, como eu, vocês não imaginam a aposentadoria numa ilha isolada da Mongólia). Mas a verdade é que o futuro de Peter e Mary parece emocionante porque envolve um sonho que planejaram juntos e que agora realizarão juntos. Não dá para ouvir a história deles sem ficar feliz por eles.

Se você está com alguém com quem pretende viver bastante tempo, suponho que deseje para vocês dois um futuro brilhante, que consigam ficar ricos juntos. Mas isso não é uma coisa que simplesmente acontece. Exige ação e empenho positivo de sua parte.

## NÃO SE TRATA APENAS DE DINHEIRO...

Essa é outra parte importante deste processo que muitos casais negligenciam: não se trata apenas de dinheiro. John e Lucy têm dinheiro. O que eles não têm é um plano para a segunda metade da vida. Embora estejam casados há 30 anos, um não tem idéia de como o outro espera passar os seus anos dourados. John acha que vai pescar e Lucy quer saber com quem.

Depois de atuar como planejador financeiro para inúmeros casais ao longo dos últimos 10 anos, posso lhes dizer em primeira mão que há muitos casais como John e Lucy. Eles passam pela vida sem fazer planos para o futuro. Em muitos casos, nunca chegaram a discutir a questão. Cada um supõe que o outro sabe o que ele ou ela quer que aconteça (e que está de acordo). O resultado é invariavelmente um desastre.

Mas também já vi o oposto. Todos os dias, converso com casais casados há muitos anos, às vezes décadas, que funcionam como equipe... como uma só pessoa. Eles falam de dinheiro e planejam o seu futuro financeiro – em outras palavras, são Casais Inteligentes, que vivem bem e que ficarão ricos. Essa é a minha meta para vocês.

## FATOS E MITOS SOBRE CASAIS E DINHEIRO

Na verdade, administrar dinheiro não é assim tão difícil. Sabendo o que fazer e o que não fazer, tudo fica muito fácil. O problema é que não nos ensinam nada sobre dinheiro na escola. Como resultado, muito do que aprendemos a esse respeito vem dos amigos, do boca-a-boca e do marketing. É por isso que pessoas muito espertas em outras áreas passam a vida inteira fazendo coisas erradas com o próprio dinheiro.

Costumo dizer que tudo se resume no seguinte:

*Não é o que você sabe sobre dinheiro –
é o que você não sabe que pode liquidá-lo.*

Como muito do que nos ensinam sobre dinheiro é totalmente errado, um aspecto importante de se tornar um Casal Inteligente que acaba rico é desaprender o que vocês dois pensam que sabem sobre o assunto. Para isso, vou falar de alguns dos maiores mitos a respeito de dinheiro e de casais. Desmascarando esses mitos e conhecendo os fatos, vocês estarão instantaneamente mais preparados para tomar decisões melhores a respeito das suas finanças.

> **MITO Nº 1**
> Como nós nos amamos, não vamos brigar por causa de dinheiro.
>
> **FATO Nº 1**
> Dinheiro pouco tem a ver com amor... e tem muito a ver com brigas.

Repita comigo: amor nada tem a ver com dinheiro. Não importa se você ama o seu parceiro mais do que qualquer outra coisa no mundo. Se os dois têm valores conflitantes a respeito de dinheiro e tomam decisões financeiras incompatíveis com os sentimentos do outro sobre a questão, vocês terão sérios problemas de relacionamento.

O amor não supera tudo. Se superasse, um em cada dois casamentos não acabaria em divórcio. Em geral, o amor nos leva ao altar e mantém a paixão por alguns anos, mas um casamento sólido e duradouro exige mais do que amor. Então, pare por um segundo e considere alguns fatos básicos:

1. O jeito de vocês dois gastarem dinheiro nada tem a ver com o quanto se amam.
2. É provável que vocês tenham sido educados de maneiras diferentes em questões de dinheiro.
3. É provável que atribuam valores diferentes ao dinheiro.
4. É provável que gastem dinheiro de maneiras diferentes.

Há muitas diferenças. Então, se andam brigando por causa de dinheiro, tenho uma boa notícia: vocês são normais. E eis aqui uma notícia ainda melhor: ninguém tem que deixar de ser o que é ou modificar os próprios valores para ficar rico. E ninguém precisa ser um gênio financeiro. Como mostra este livro, as coisas que vocês precisam fazer para enriquecer são basicamente muito simples. Não exigem muita inteligência e nem muito conhecimento. Não exigem que vocês façam exercícios de pensamento positivo e nem que recitem mantras de memorização. Tudo o que exigem é o que chamo de "ação positiva".

Então, se vocês brigam muito por causa de dinheiro porque têm atitudes muito diferentes a esse respeito, tudo bem. Respirem fundo, expirem... e "deixem rolar". Quando terminarem de ler este livro, vocês verão com que rapidez e facilidade poderão transformar a sua vida e o seu relacionamento apenas seguindo os simples nove passos. No meio tempo, lembrem-se: amor nada tem a ver com riqueza... nada!

---

**MITO Nº 2**
É preciso dinheiro para fazer dinheiro.

**FATO Nº 2**
É preciso muito pouco dinheiro para fazer dinheiro...
desde que haja paciência e disciplina.

---

Meus avós tinham alguns poucos dólares por semana para investir. No entanto, ao longo de algumas décadas, eles ficaram ricos.

Consigo ver daqui o olhar de descrédito de vocês. Isso foi naquela época. Agora é agora. Bem, vamos mais devagar. Vamos examinar os números. Construir uma fortuna é basicamente um jogo de números, cujas regras não mudam muito com o tempo. Considere o seguinte:

## UM DÓLAR AINDA VALE MUITO DINHEIRO... SE FOR OBRIGADO A CRESCER!

Quero que vocês façam uma experiência. Numa manhã destas, fiquem na padaria ou num café durante uma hora contando quantos casais pedem uma xícara de café. Caso seja uma rede diferenciada, como a Starbucks[1], o preço de um *cappuccino* será de cerca de $2,50. Observem quantas pessoas normais gastam essa quantia todas as manhãs tomando café. Vocês já pararam para pensar quanto dinheiro isso representa ao longo do tempo? Quanto vocês ganhariam se gastassem $1 a menos em café todos os dias e pusessem essa economia num bom programa de investimento? Vamos dar uma olhada.

## UM DÓLAR POR DIA PODE VIRAR UM MILHÃO...

Eis o que acontece quando você faz com que esse dólar diário trabalhe a seu favor.

---

$1 por dia a 5% = 1 milhão em 99 anos ("tempo demais... não funciona")

$1 por dia a 10% = 1 milhão em 56 anos ("comece com 7 anos e será um milionário aos 63")

$1 por dia a 15% = 1 milhão em 40 anos ("comece com 7 anos e será um milionário aos 47")

---

Agora o seu cérebro está tendo algumas idéias. Muito bem, um dólar por dia mais os juros pode ser uma boa coisa, você está pensando, mas onde vou conseguir um retorno anual de 10 a 15%? (A resposta é: no mercado de ações, como vamos ver depois.) Agora, pode ser que você esteja pensando: "David, parece ótimo, mas não tenho sete anos." Está certo, nenhum de vocês dois tem sete anos. Mas talvez tenham filhos com essa idade. Se tiverem, façam um favor a eles mostrando-lhes esses números.

É claro que isso não resolve o seu problema. Você tem muito mais de sete anos e, por mais que queira, não dá para fazer o relógio voltar. Mas há uma forma de recuperar o tempo perdido: investir mais dinheiro. E como você tem mais de sete anos, é provável que possa investir mais de $1 por dia. Vamos ver o que acontece quando se economiza uma quantia adulta.

---

1. Maior cadeia multinacional de casas de café.

## $10 PODE VIRAR UM MILHÃO MUITO MAIS DEPRESSA DO QUE $1

Este é um fato surpreendente, mas provavelmente verdadeiro: quem consegue poupar $10 por dia, pode ficar rico.

Vou repetir: para enriquecer, basta se comprometer agora a pôr uma determinada quantia de dinheiro todos os dias num investimento rentável. (Não se preocupem agora com o tipo de investimento: vamos falar disso mais tarde.)

---

$10 por dia a 5% = $1 milhão em 54 anos ("ainda não funciona muito bem")

$10 por dia a 10% = $1 milhão em 34 anos ("não é tão mal... estamos chegando lá")

$10 por dia a 15% = $1 milhão em 25 anos ("estamos praticamente lá")

---

Agora, vamos mais fundo. E se o seu parceiro ou parceira *também* poupasse $10 por dia?

---

$20 por dia a 10% = $1 milhão em 27 anos.
$20 por dia a 15% = $1 milhão em 21 anos.

---

Não é um truque. Ficar rico é apenas uma questão de se comprometer e de se ater a um plano sistemático de poupança e investimento. Como estabelecer um plano e administrá-lo é uma questão que vamos discutir mais adiante. Por hora, quero me concentrar no fato de que não é preciso ter dinheiro para fazer dinheiro. É preciso apenas tomar as decisões certas – e agir em conformidade com elas. Verifique o quadro abaixo para ver como é que se junta um pé-de-meia de um milhão de dólares.

### Uma Conta de Aposentadoria de um Milhão de Dólares

*O Seu Primeiro $1.000.000*

Sugestões de Investimentos Diários e Mensais para Juntar $1.000.000 até os 65 Anos

**$1.000.000**
12% de Juros ao Ano

| IDADE INICIAL | POUPANÇA DIÁRIA | POUPANÇA MENSAL | POUPANÇA ANUAL |
|---|---|---|---|
| 20 | $ 2,00 | $ 61 | $ 730 |
| 25 | $ 3,57 | $ 109 | $ 1.304 |
| 30 | $ 6,35 | $ 193 | $ 2.317 |
| 35 | $ 11,35 | $ 345 | $ 4.144 |
| 40 | $ 20,55 | $ 625 | $ 7.500 |
| 45 | $ 38,02 | $ 1.157 | $ 13.879 |
| 50 | $ 73,49 | $ 2.235 | $ 26.824 |
| 55 | $ 156,12 | $ 4.749 | $ 56.984 |

O objetivo deste quadro é mostrar a vocês quanto dinheiro devem poupar por dia, por mês ou por ano para acumular $1.000.000 até os 65 anos. O cálculo pressupõe que vocês estão começando com zero dólar investido e que terão um rendimento anual de 12%. O quadro não leva em conta o impacto dos impostos.

## AINDA ESTÁ EM TEMPO... MESMO QUE VOCÊS ESTEJAM NA CASA DOS CINQÜENTA

Seja qual for a idade de vocês, poupar um pouco mais de dinheiro vai ajudá-los bastante a juntar um pé-de-meia razoável. Considere o plano a seguir para um casal na casa dos cinqüenta.

Digamos que Jim e Maureen decidam começar hoje a usar o *Fator Café dos Casais* (uma técnica que vamos discutir no Quarto Passo) para que cada um consiga investir $10 a mais nas suas atuais contas de aposentadoria (uma prática que vamos discutir no Quinto Passo). Isso representaria um investimento adicional de $600 por mês. Multiplique isso por 12 e temos agora $7.200 por ano a mais na poupança. Se, começando aos 50 anos, os dois continuarem a poupar dinheiro nesse ritmo até os 65, os resultados serão fenomenais.

Vamos supor que Jim e Maureen invistam o dinheiro extra numa carteira formada por ações de crescimento, sendo 75% de fundos mútuos de ações e 25% de títulos a curto prazo. Com essa combinação, deverão ter um retorno de mais ou menos 11% ao ano. (Não há garantias, mas nos últimos 30 anos tem sido esse o rendimento médio desses investimentos). Quando Jim e Maureen tiverem 65 anos, essa poupança extra deverá totalizar cerca de $275.000. E caso seus empregadores adotem a política de complementar cada contribuição que eles fazem para o plano de aposentadoria com, digamos, mais 50% da quantia depositada (como muitas empresas fazem hoje em dia), eles terão um total de mais de $412.000. Mesmo fazendo uns cortes, isso representa um pé-de-meia extra significativo para a aposentadoria.

A verdade é que...

*... em geral, as pessoas superestimam o que conseguem fazer financeiramente em um ano – e subestimam o que podem realizar financeiramente em algumas décadas.*

---

**MITO Nº 3**
Ainda não ganhamos o suficiente para ser investidores.

**FATO Nº 3**
Todo mundo ganha o suficiente para investir.

---

Quantas vezes você já ouviu alguém dizer, "Se eu ganhasse um pouquinho mais, dava um jeito nas minhas finanças"? Quantas vezes *você* já disse isso? Muitos casais acham que a fonte dos seus problemas financeiros está no fato de não ganharem o suficiente. Mas, no geral, o problema não é quanto ganham, mas quanto gastam. Se não acredita em mim, calcule quanto é provável que vocês dois juntos ganhem ao longo da vida.

Para ver como esse número é grande, use o quadro de ganhos a seguir.

| Previsão de Ganhos |||||
|---|---|---|---|---|
| Quanto dinheiro passará por suas mãos durante a sua vida e o que você fará com ele? |||||
| GANHO MENSAL | 10 ANOS | 20 ANOS | 30 ANOS | 40 ANOS |
| $ 1.000 | $ 120.000 | $ 240.000 | $ 360.000 | $ 480.000 |
| $ 1.500 | 180.000 | 360.000 | 540.000 | 720.000 |
| $ 2.000 | 240.000 | 480.000 | 720.000 | 960.000 |
| $ 2.500 | 300.000 | 600.000 | 900.000 | 1.200.000 |
| $ 3.000 | 360.000 | 720.000 | 1.080.000 | 1.440.000 |
| $ 3.500 | 420.000 | 840.000 | 1.260.000 | 1.680.000 |
| $ 4.000 | 480.000 | 960.000 | 1.440.000 | 1.920.000 |
| $ 4.500 | 540.000 | 1.080.000 | 1.620.000 | 2.160.000 |
| $ 5.000 | 600.000 | 1.200.000 | 1.800.000 | 2.400.000 |
| $ 5.500 | 660.000 | 1.320.000 | 1.980.000 | 2.640.000 |
| $ 6.000 | 720.000 | 1.440.000 | 2.160.000 | 2.880.000 |
| $ 6.500 | 780.000 | 1.560.000 | 2.340.000 | 3.120.000 |
| $ 7.000 | 840.000 | 1.680.000 | 2.520.000 | 3.360.000 |
| $ 7.500 | 900.000 | 1.800.000 | 2.700.000 | 3.600.000 |
| $ 8.000 | 960.000 | 1.920.000 | 2.800.000 | 3.840.000 |
| $ 8.500 | 1.020.000 | 2.040.000 | 3.060.000 | 4.080.000 |
| $ 9.000 | 1.080.000 | 2.160.000 | 3.240.000 | 4.320.000 |
| $ 9.500 | 1.140.000 | 2.280.000 | 3.420.000 | 4.560.000 |
| $10.000 | 1.200.000 | 2.400.000 | 3.600.000 | 4.800.000 |

Fonte – *The Super Saver: Fundamental Strategies for Building Wealth* de Janet Lowe (Longman Financial Services Publishing: Estados Unidos, 1990)

Então, que tal esses números? Quanto dinheiro vocês dois juntos ganharão provavelmente na próxima década? E em 30 ou 40 anos? Meu chute é que, ao longo dos anos, a renda disponível de vocês dois juntos chegue a qualquer coisa entre $2 milhões e $4 milhões. Não é de se jogar fora, é? Sugiro que pare de chamar a sua renda líquida de renda disponível e passe a chamá-la de renda "indispensável", como costumo dizer.

A verdade é que vocês dois estão trocando um tempo precioso da vida por essa renda. Por isso, eu acho – e espero que você também ache – indispensável não desperdiçar o dinheiro ganho, mas administrá-lo com sabedoria e eficiência. A chave para isso é começar a poupar agora.

> **MITO N⁰ 4**
> Os impostos e a inflação estão sob controle.
>
> **FATO N⁰ 4**
> Os impostos e a inflação nunca estarão totalmente sob controle.

Hoje em dia, parece haver duas enormes falácias econômicas assolando os Estados Unidos. Uma diz respeito à inflação e a outra aos impostos.

Segundo a falácia da inflação, o fato dos índices de inflação estarem baixos desde o início dos anos 1990 significa que aprendemos a controlá-la. Isso é absurdo. Onde moro, o custo da habitação dobrou em apenas cinco anos. O preço da gasolina também dobrou nos últimos cinco anos. Na minha opinião, e na opinião de muita gente que conheço, o custo das coisas está subindo tremendamente.

A casa de cinco quartos e três banheiros onde cresci custou cerca de $100.000 quando meus pais a compraram (novinha e num bom lugar), há pouco mais de 20 anos. Hoje, a mesma casa vale perto de um milhão de dólares. Essa é a realidade da inflação. A verdade é que muitas *commodities* e serviços essenciais não custarão menos no futuro. Custarão mais – em alguns casos, muito mais. Isso significa que o seu poder de compra (ou dinheiro disponível) terá que crescer mais depressa do que a inflação. Se a média da inflação é de 4% nos últimos vinte anos – e essa é provavelmente uma estimativa razoável – então o dólar que você tem hoje no bolso terá um poder de compra de cerca de 40 centavos dentro de 20 anos.

Da mesma forma, muita gente supõe que os aposentados pagam menos impostos porque não trabalham mais. Será mesmo? Pergunte a algum aposentado se ele paga menos impostos do que antes. Tenho certeza de que a resposta será não. Por quê? Porque a maior parte dos rendimentos de que você vai viver quando se aposentar é tributável. Mais especificamente, ao começar a sacar o dinheiro da sua conta de aposentadoria, você terá que pagar imposto de renda sobre as retiradas. O mesmo vale para as anuidades e para as apólices de seguro que vocês reservaram para a aposentadoria.

A boa notícia é que você pode melhorar essa situação. Benjamin Franklin disse uma vez que as únicas coisas certas na vida são a morte e os impostos. Ele estava errado. A morte pode ser certa, mas os impostos podem ser adiados – e no meio tempo reduzidos!

Muita gente paga impostos demais porque não sabe que há maneiras simples e legais de reduzir o tamanho da mordida dos impostos. Uma dessas maneiras se baseia num conceito simples, que chamo de "pague-se primeiro". Aplicado corretamente, ele pode reduzir a sua carga tributária em milhares de dólares por ano. Você vai aprender tudo sobre esse conceito no Quinto Passo.

> **MITO Nº 5**
> É só não falar de dinheiro que tudo se resolve.
>
> **FATO Nº 5**
> Se vocês dois não começarem a falar de dinheiro,
> é mais do que provável que morrerão sem nenhum.

Sou uma pessoa muito positiva mas, quando se trata de norte-americanos e administração de dinheiro, o quadro é assustador. Os ricos estão ficando mais ricos e os pobres não saem do lugar. Recentemente, a revista *Money* reportou que há 7 milhões de milionários nos Estados Unidos. Parece um monte de gente rica, não é? Não, pelo menos quando se considera que a população dos Estados Unidos é de quase 300 milhões. Faça os cálculos. Os milionários são cerca de 2,3% da população.

Você pode pensar: "E daí? Ninguém precisa ser milionário para viver numa boa."

Mas não é bem assim. Segundo um estudo da Public Agenda, uma organização de pesquisa sem fins lucrativos...

## 50% DOS NORTE-AMERICANOS COM MENOS DE 50 ANOS TÊM MENOS DE $10.000 EM INVESTIMENTOS

E os *baby-boomers*[2], de que tanto se fala? Eles também não estão muito bem de vida. Mesmo nos Estados Unidos, associações de aposentados, como a American Association of Retired Persons, informam que só uma entre cinco pessoas nessa faixa etária tem mais de $25.000 investidos. Além disso, de acordo com o U.S. Department of Health and Human Services, 95% dos norte-americanos acima dos 65 anos não conseguem manter o estilo de vida que tinham quando trabalhavam – uma estatística que não mudou muito em 20 anos.

Então, como é que fica? Como é possível que numa economia próspera, com um incrível mercado de ações, com dicas de investimentos em todas as revistas e programas de televisão, tantos norte-americanos ainda assistam o programa *Who Wants to Be a Millionaire?* (Quem quer ser milionário?) em vez de serem eles também milionários? A resposta é que embora a economia caminhe a todo vapor, a maioria não consegue tirar vantagem disso para acumular fortuna. Muita gente ganha bem hoje em dia, mas a maioria não poupa nada. Em fevereiro de 2002, o índice de poupança nos Estados Unidos era inferior a 2%.

Mais adiante, vamos ver em detalhes quanto dinheiro vocês dois juntos terão que poupar para ficarem ricos. Por hora, saibam que o norte-americano médio está se saindo muito mal no que diz respeito a poupar para o futuro. Então, se você sente que vocês não estão fazendo muita coisa para conseguir juntar um pé-de-meia, não precisa se mortificar por causa disso. Vocês não são os únicos e é muito provável que estejam fazendo mais do que os seus amigos.

Repetindo, a sua meta não é ficar dentro da média, mas enriquecer, o que significa fazer o que a maioria das pessoas não faz.

Então, por onde começar? É fácil. Assim como em tantos outros aspectos da vida, o melhor lugar para começar a pôr as finanças em ordem é em casa. Mais especificamente, vocês dois têm que aprender a falar de dinheiro. Digo isso porque, em geral, falar de dinheiro é um tabu. Pouca gente cresceu numa casa onde mamãe e papai falavam abertamente sobre as finanças da família um com o outro – e muito menos com os filhos à

---

2. Nome atribuído à geração nascida no pós-guerra.

mesa de jantar. Assim, crescemos sem saber nada sobre dinheiro e sem saber falar no assunto – até mesmo com a pessoa com quem estamos dispostos a dividir a vida.

## CASAIS INTELIGENTES FALAM DE DINHEIRO O TEMPO TODO

O fato de a maioria não ter sido criada para falar de dinheiro é uma tragédia. Mostre-me um casal que não fala de dinheiro e não planeja suas finanças juntos e eu lhe mostrarei um casal que terá problemas financeiros – se é que já não tem. Administrando juntos as suas finanças, vocês dois multiplicarão os resultados. Caso contrário, multiplicarão os erros que certamente vão cometer. Em geral, duas cabeças pensam melhor do que uma. Seja qual for a meta de cada um, fica muito mais fácil atingi-la quando se tem um parceiro que trabalha junto, que dá idéias e incentivo. Ou seja, vocês dois juntos conseguirão poupar muito mais do que qualquer um dos dois separadamente. O que nos leva a uma das questões básicas deste livro...

## CASAIS QUE PLANEJAM JUNTOS TÊM MAIS CHANCE DE SEREM FELIZES JUNTOS

No fundo, é disso que trata este livro. Planejando suas finanças juntos como casal, vocês terão muito mais chances de serem mais felizes e mais ricos juntos.

Mas tudo o que vale a pena exige esforço. Às vezes, parece que planejar as finanças é mais difícil para casais do que para pessoas sozinhas. Mas isso não é verdade. O truque é acertar os ponteiros no começo e trabalhar como equipe. Assim, o ponto de partida é uma conversa aberta sobre o que vocês dois sentem a respeito do dinheiro.

## DESCUBRA O QUE O SEU PARCEIRO OU PARCEIRA SENTE A RESPEITO DE DINHEIRO

Um relacionamento é uma coisa engraçada. Quando encontramos a pessoa que procurávamos, esperamos que essa pessoa seja capaz de nos "ler". Pensamos, "Nós nos conhecemos tão bem! Aposto que um *sempre* sabe o que o outro sente".

Todo mundo faz isso. Mas considere a seguinte pergunta: Você realmente sabe o que o seu parceiro ou parceira sente a respeito de dinheiro? Você sabe quais são os valores dele ou dela quando a questão é dinheiro? No Segundo Passo, você aprenderá uma técnica que ajudará vocês dois a identificar seus valores. No processo, vai descobrir o que você sente e o que seu parceiro ou parceira sente lá no fundo sobre dinheiro. Mas isso é depois. Por ora, vamos fazer o seguinte: numa escala de 1 a 10 (1 é "o dinheiro é a raiz de todos os males" e 10 é "o dinheiro é mais importante do que qualquer outra coisa"), você vai se perguntar: Quanto o dinheiro é importante para mim? E depois: Quanto o dinheiro é importante para o meu parceiro ou parceira?

Registre a sua resposta fazendo um círculo em volta do número que achar correto.

| **Dinheiro = mal** | | | | | | | | **Dinheiro = o mais importante** | |
|---|---|---|---|---|---|---|---|---|---|
| | | | | VOCÊ | | | | | |
| 1 | 2 | 3 | 4 | 5 | 6 | 7 | 8 | 9 | 10 |
| | | | | SEU PARCEIRO | | | | | |
| 1 | 2 | 3 | 4 | 5 | 6 | 7 | 8 | 9 | 10 |

Depois de marcar as suas respostas, faça ao seu parceiro as mesmas perguntas: quanto o dinheiro é importante para ele ou ela e quanto ele ou ela acha que o dinheiro é importante para você.

Suas respostas foram diferentes das respostas do seu parceiro ou parceira? As respostas dele ou dela foram muito diferentes do que você esperava? Suas respostas foram diferentes do que o seu parceiro ou parceira esperava?

As respostas a essas três últimas perguntas podem iniciar conversas muito valiosas entre vocês.

## NÃO SEI SE O MEU PARCEIRO VAI CONVERSAR COMIGO SOBRE DINHEIRO

Muita gente acha difícil puxar esse assunto com o parceiro ou parceira. Com isso, o assunto vai para debaixo do tapete – repetidas vezes. E espera-se que os problemas de dinheiro simplesmente desapareçam.

Mas pode estar certo de que isso não vai acontecer. Os problemas vão apenas piorar. Lidar com questões financeiras é uma coisa que qualquer casal consegue fazer: depende só dos dois. Se vocês dois não fizerem das finanças uma prioridade, ela não será uma prioridade. Mesmo que contratem um consultor financeiro, a administração das finanças tem que ser uma meta a ser perseguida por vocês dois.

Os casais que se saem melhor financeiramente são os que trabalham essa questão. São casais que buscaram juntos suas motivações mais profundas, planejaram juntos seus sonhos e agora traçam um plano para transformar suas metas e sonhos em realidade.

## O LUGAR PARA COMEÇAR É EM CASA – A HORA PARA COMEÇAR É AGORA

A melhor maneira de começar esse processo é descobrir o que cada um de vocês sabe sobre a sua vida financeira – e o que não sabe. Afinal, antes de começar a planejar como aproveitar melhor o dinheiro e como investi-lo com sabedoria, vocês precisam saber exatamente quanto dinheiro têm, onde ele está neste momento e se dá para mexer nele agora. Vocês precisam também saber quais são os seus compromissos financeiros – de cada um separadamente e dos dois como casal.

Para ajudá-los nessa tarefa, criei um teste para vocês dois. É melhor fazer o teste separadamente – com honestidade – e depois comparar as respostas. A meta não é ter uma boa pontuação e nem vencer o parceiro ou parceira, mas descobrir o grau de compreensão que vocês dois têm da sua atual situação financeira.

# TESTE DE CONHECIMENTO FINANCEIRO PARA "CASAIS INTELIGENTES"

VERDADEIRO OU FALSO:

V [ ]   F [ ]   Sei qual é o atual valor do nosso patrimônio líquido (ou seja, o valor dos nossos ativos menos o nosso passivo, ou obrigações).

V [ ]   F [ ]   Tenho uma boa idéia das nossas despesas fixas, incluindo impostos e seguros.

V [ ]   F [ ]   Sei o que o meu parceiro ou parceira pensa a respeito das nossas despesas mensais. Discutimos o tamanho e a natureza das nossas despesas e obrigações e estamos tranqüilos a esse respeito.

V [ ]   F [ ]   Sei quanto vale o meu seguro de vida e o dele ou dela. Sei exatamente quais são os benefícios em caso de morte, qual o valor das apólices e quanto esse dinheiro está rendendo (se for o caso).

V [ ]   F [ ]   Revi as apólices de seguro de vida nos últimos 12 a 14 meses e tenho certeza de que o valor dos prêmios que pagamos é competitivo no atual mercado de seguros.

V [ ]   F [ ]   Sei quanto vale hoje a nossa casa, de quanto é a hipoteca e como são corrigidas as parcelas. Sei também de quantos anos é a hipoteca e sei quanto teríamos que pagar por mês para quitá-la na metade do tempo estabelecido em contrato.

OU

Sei quanto pagamos de aluguel, quando expira o nosso contrato, quanto pagamos de depósito ao proprietário e quais os direitos de renovação que temos.

V [ ]   F [ ]   Sei que tipo de seguro residencial nós temos e de quanto é a franquia. Sei se a nossa apólice prevê ou não uma indenização equivalente ao preço atual de mercado caso a nossa casa e os nossos bens forem destruídos ou roubados.

V [ ]   F [ ]   Conheço a natureza e o montante de todos os nossos investimentos (incluindo dinheiro vivo, conta corrente, conta poupança, letras do tesouro nacional, títulos públicos, fundos mútuos, anuidades, ações, investimentos imobiliários e outros, como selos, moedas, obras de arte, etc.). Sei também onde estão guardados todos os documentos importantes.

V [ ]   F [ ]   Sei qual é em média o retorno anual de todos os investimentos acima mencionados.

V [ ]   F [ ]   Sei qual é o valor atual de todas as nossas contas de aposentadoria. Sei onde estão os demonstrativos desses planos e qual foi o desempenho deles no ano passado.

V [ ]   F [ ]   Sei quanto por cento do que ganhamos estamos poupando como casal.

V [ ]   F [ ]   Sei quanto depositamos em nossas contas de aposentadoria, se essa quantia corresponde ao teto, se a empresa também contribui com uma parte e se esta contribuição tem um tempo de carência.

V [ ]   F [ ]   Sei quanto cada um de nós vai receber da Previdência Social quando se aposentar e de quanto será o nosso benefício (se houver).

V [ ]   F [ ]   Sei se fizemos ou não um testamento ou *living trust*[3], se está atualizado e quais são suas disposições.

---

3. Documento legal usado em transmissão de bens que permite à pessoa criar um *trust* (espécie de fundação) ainda em vida. É semelhante ao nosso fideicomisso, mas é mais amplo.

V [ ]   F [ ]   Sei se temos ou não seguro contra invalidez, caso um de nós não possa mais trabalhar. Se temos, sei o montante da cobertura, quando começaríamos a receber os benefícios e se eles seriam tributáveis. Se não temos, eu sei por que não temos.

V [ ]   F [ ]   Sei qual é a vontade do meu parceiro ou parceira a respeito de tratamentos médicos (incluindo meios artificiais de manutenção da vida) caso ele ou ela fique seriamente doente ou sofra um acidente grave. Sei se o nosso testamento inclui ou não uma procuração válida para situações assim. Sei também se meu parceiro quer ser um doador de órgãos.

V [ ]   F [ ]   Sei se o meu parceiro ou parceira teve alguma aula de investimento nos últimos anos.

V [ ]   F [ ]   Sei como os pais do meu parceiro ou parceira administravam as suas finanças e sei o efeito que isso teve sobre a sua atitude a respeito da administração do nosso dinheiro.

PONTUAÇÃO:

Marque um ponto para cada vez que respondeu "verdadeiro" e zero para cada vez que respondeu "falso".

**14 a 18 pontos.** Excelente! É óbvio que vocês dois costumam planejar juntos e, por isso, conhecem bem o estado das suas finanças e a visão de cada um a respeito de dinheiro.

**9 a 13 pontos.** Vocês não estão totalmente no escuro, mas há algumas áreas em que o conhecimento é insuficiente.

**Menos de 9 pontos.** Vocês não têm o hábito de falar de dinheiro, não é? Por isso, têm grande probabilidade de sofrer prejuízos financeiros por falta de conhecimento. Vocês precisam aprender a trabalhar juntos para se protegerem de um futuro desastre financeiro.

Se o resultado do teste foi bom, parabéns! Mas ainda não é a hora de sair para celebrar. Mesmo entre administradores com muito conhecimento, é raro encontrar alguém que domine todos os aspectos das suas finanças e saiba exatamente o que fazer para garantir um futuro seguro. Por isso, mesmo que tenham feito mais de 12 pontos, tenho certeza de que vão descobrir dicas e idéias de grande valor para vocês.

## CHEGA DE MÁS NOTÍCIAS... DE AGORA EM DIANTE SÓ TEM COISA BOA

Se depois de fazer o teste – e de conhecer os mitos e fatos que apresentei no começo do capítulo – você ficou se sentindo um pouco imprestável, eu peço desculpas. Eu não suporto negativismo. Na verdade, tenho por norma ficar longe de pessoas negativas. Acho que é como se essas pessoas estivessem com gripe: quem fica muito tempo perto delas, corre o risco de "pegar" o que elas têm (seu negativismo).

Mas comecei este livro com um pouco da dura e fria realidade porque sei que, como casal, vocês querem ter uma vida incrível. Querem ficar ricos e realizar seus sonhos. Não querem que o dinheiro seja um empecilho, mas um incentivo. Acreditam no relacionamento que têm, acreditam em si mesmos e sabem, lá no fundo, que são inteligentes o suficiente para descobrir como fazer tudo dar certo.

E, mais importante ainda, pode ser que vocês tenham vontade de fazer algumas mudanças na vida. É por isso que você comprou este livro – porque está realmente motivado a mudar para melhor. Mas mudança exige ação e, às vezes, sofre-se um pouco até que a motivação para agir seja suficiente. Às vezes, é preciso chegar àquele ponto em que dizemos a nós mesmos: "Já chega. Quero mais coisas da vida." Ou então: "Chega! Não quero continuar neste caminho!"

A mudança é uma coisa engraçada. Muita gente fica dizendo que quer mudar – que quer uma vida melhor, com mais amor, mais sonhos e mais diversão – mas o fato é que a maioria tem medo de mudar. Diante de uma oportunidade real de mudar, olhamos para a vida que temos e decidimos que ela não está tão ruim, afinal. Antes um diabo que conhecemos do que um que não conhecemos, dizemos a nós mesmos. Tony Robbins, o grande palestrante motivacional (e meu mentor), chama essa atitude de "terra de ninguém" da alma. É um lugar em que a vida não está tão boa, mas também não está tão ruim. Está assim assim.

Mas acho que a vida precisa ser melhor do que "não está tão ruim" e mais do que "assim assim". A vida tem que ser empolgante, instigante – e completa.

Por ora, espero que este capítulo o tenha motivado a começar o processo que leva à ação. Não deixe que as estatísticas negativas que mencionei o derrubem. Lembre-se: a média não precisa ser a sua realidade. Afinal, vocês dois nada têm de medíocres! Por isso, continuem motivados.

Vamos agora passar ao Segundo Passo e continuar o processo de descobrir o que é mais importante para cada um de vocês quando se trata de dinheiro.

SEGUNDO PASSO

## ESTABELEÇA O VERDADEIRO PROPÓSITO DO DINHEIRO NA SUA VIDA

COMO CONSULTOR FINANCEIRO, sou especialista em fazer o que chamo de Planejamento Financeiro Focalizado em Propósitos (Purpose-Focused Financial Planning®). Isso significa que antes de tentar descobrir quanto dinheiro os meus clientes precisam para o futuro, eu os ajudo a enxergar com mais clareza o seu propósito na vida.

Em geral, esse conceito surpreende. A mídia e os especialistas em investimentos chamam tanto a nossa atenção para o que chamam de "planejamento da aposentadoria" que todo mundo acaba pensando que finança pessoal é saber quanto dinheiro será necessário na aposentadoria. Na verdade, muita gente imagina que uma consulta a um planejador ou consultor financeiro deve se concentrar em investimentos específicos, patrimônio líquido, impostos e cálculos de quanto tempo falta para a aposentadoria. Tudo isso é importante, mas não o mais importante. Acredito que o mais importante é ter primeiro uma conversa sobre o que é mais importante para vocês. O que é que vocês defendem e o que prezam mais do que tudo? Em outras palavras, quais são os seus valores?

## SÃO OS SEUS VALORES QUE DEVEM DETERMINAR TODAS AS SUAS DECISÕES IMPORTANTES

Pare por um segundo e reflita sobre isso: Há alguma coisa mais importante para uma pessoa do que os seus valores? Onde você mora, quanto gasta, ao que dedica mais tempo e energia – tudo é afetado pelos seus valores. Eles influenciam a sua maneira de se comunicar com o seu parceiro ou parceira, a educação que dá aos seus filhos, o que sente a respeito do que tem na vida. Eles determinam o quanto você está disposto a trabalhar para atingir suas metas, quanto dinheiro gasta agora e quanto será necessário na aposentadoria. Por isso, posso lhe dizer com segurança que, quando vocês dois tiverem clareza a respeito do que mais valorizam na vida, poderão criar um Plano Financeiro Focalizado em Propósitos realmente significativo.

Para isso, o Segundo Passo desta jornada é principalmente compreender quais são realmente os seus valores. Quando isso estiver bem claro para vocês dois, será fácil decidir que tipo de coisa querem e o que querem fazer (o que será tratado no Terceiro Passo). E, ao definir claramente os seus valores, o mais importante é que você e o seu parceiro ou parceira estarão muito mais motivados a fazer o esforço necessário para se ater ao Plano Financeiro Focalizado em Propósitos.

A melhor maneira de explicar esse processo de definição de valores é lhes dar uma idéia do que acontece quando apresento esse conceito nos meus seminários.

## AO VIVO DO HAVAÍ – UM SEMINÁRIO "CASAIS INTELIGENTES FICAM RICOS"!

Recentemente, dei um seminário "Casais Inteligentes Ficam Ricos" no Havaí. Ele fez parte de um evento que uma empresa ofereceu aos funcionários e funcionárias mais importantes e a seus parceiros ou parceiras. Assim, eu me vi numa sala cheia de casais que iam dos trinta aos sessenta e tantos anos. Alguns eram recém-casados e outros estavam juntos há mais de 30 anos, com filhos e netos.

Comecei o seminário me apresentando. "Minha meta", disse ao grupo, "é discutir com vocês como é possível fazer duas coisas: (1) viver bem, ou seja, viver uma vida de acordo com os seus valores e (2) ficar ricos, ou seja, conseguir se aposentar com pelo menos um milhão de dólares em recursos líquidos."

Fiz então uma pergunta: "Quem é a favor de viver bem e ficar rico?"

Quase todo mundo riu e levantou a mão.

Eu disse então a mesma coisa que disse a vocês no começo deste capítulo: para traçar um plano consciente e significativo que nos permita viver bem e ficar ricos, temos primeiro que entender quais são os nossos valores. "Para isso", eu disse, "quero fazer a todos uma pergunta muito simples."

## "QUAL É O PROPÓSITO DO DINHEIRO NA SUA VIDA?"

"Quando vocês pensam em dinheiro no contexto da sua vida e das coisas mais importantes para vocês, a que propósito ele serve?"

Como a sala ficou em silêncio, eu repeti a pergunta numa forma levemente diferente, "Dentro da sua maneira de viver, quais são os valores que o dinheiro lhes permite realizar?"

Quase todo mundo continuou a olhar para mim sem reação. "Muito bem", disse eu, "vou ajudá-los com alguns exemplos." Usando um projetor, eu lhes mostrei uma lista de valores, que incluía palavras e expressões como "liberdade", "felicidade", "amor", "saúde", "fazer a diferença".

"Estes são alguns exemplos de valores", expliquei. "Agora, vamos ver o que cada um de vocês tem a acrescentar. Na sua vida, que valores são importantes? O que estão buscando na vida?"

Uma mulher de uns trinta anos levantou a mão. "Ensinar meus filhos a serem boas pessoas", disse ela.

Eu me voltei para o quadro branco e escrevi o que ela tinha dito.

Então, o marido dela levantou a mão. "Segurança", disse ele. "Saber que estamos seguros e que nossa família está protegida."

Escrevi isso também. "E vocês?", perguntei para o grupo. "Qual é o propósito de estarem aqui neste planeta? Por que acham que estão aqui?"

"Para me divertir!", disse uma mulher dos seus cinqüenta anos.

"Liberdade!", disse um homem. "Quero ter liberdade para fazer o que quero quando quero."

"É isso aí", concordou um outro homem. "Como ter liberdade para ficar no Havaí mais de cinco dias."

Todo mundo riu. "'Divertir-se' e 'liberdade' são valores", disse eu, "mas ficar no Havaí mais de cinco dias é mais uma meta material. A pergunta é, que valor ficar no Havaí mais de cinco dias lhe permitira pôr em prática?"

A mulher dele sorriu. "Tomar Viagra", disse ela.

Agora todos riam alto. O cara ficou vermelho como um pimentão e eu também. "Na verdade", disse eu, "isso pode ser muito importante. Talvez ficar no Havaí mais de cinco dias pudesse melhorar o relacionamento. Neste caso, o valor seria paixão, amor, romance."

"Esqueça o romance", disse um homem grisalho chamado Tom. "Ficar no Havaí mais de cinco dias significaria jogar mais golfe. É isso o que pretendo fazer com o *meu* tempo."

Escrevi "golfe" no quadro branco, mas fiz um círculo em volta. "Golfe é uma meta", disse a Tom. "A pergunta é que valores o golfe lhe permite realizar."

Tom deu de ombros. "Não sei", disse ele, "mas é divertido."

Escrevi a palavra "diversão" e me voltei para o grupo. "Quem aqui joga golfe?", perguntei.

Metade das pessoas levantou a mão.

"Muito bem", continuei, "vocês com a mão levantada: que valores o golfe proporciona a vocês?"

Uma mulher de seus quarenta anos e aparência saudável, levantou. "O golfe me dá a oportunidade de passar quatro horas seguidas com o meu marido", disse ela. "É um tempo de qualidade que passamos juntos e uma forma de ficar ao ar livre fazendo uma coisa saudável."

"Muito bem", disse eu. "Então, que valores são esses?"

"Bom, acho que os valores no caso são casamento e saúde."

"E os valores casamento e saúde são importantes para você?", perguntei.

Ela fez que sim e eu escrevi "casamento" e "saúde" no quadro.

Outra mulher falou: "Acho que a espiritualidade é um valor importante. Acho importante ter uma vida espiritual."

Escrevi "espiritualidade".

Uma outra mulher levantou a mão. "Gosto de ajudar os outros e fazer a diferença", disse ela.

Eu nem bem tinha acabado de escrever "fazer a diferença e ajudar os outros" quando alguém mencionou outro valor, seguido de outra pessoa e mais outra. Em 10 minutos, tínhamos enchido dois quadros inteiros com uns 30 exemplos de valores que as pessoas da sala consideravam importante para elas.

Quando as coisas finalmente se aquietaram, pedi que todos examinassem a lista de valores por um minuto. "Não foi tão difícil, não é?", perguntei.

Ninguém tinha achado difícil.

"Agora vamos experimentar outra coisa", continuei. "Em vez de buscar valores, vamos pensar nas coisas que vocês querem. Que coisas gostariam de ter que o dinheiro pode comprar?"

A sala quase explodiu. "Quero um carro novo!", gritou um homem. "Não, jóias!", discordou a mulher. Todo mundo riu. "É isso aí", disse outra mulher. "Mais jóias!" Então, um outro homem disse que queria um barco novo e em seguida uma mulher disse que queria uma cozinha nova. O cara que tinha falado de golfe disse que queria jogar mais golfe. E a mulher que tinha mencionado Viagra, gritou: "Mais Viagra!"

A essa altura, todo mundo estava rindo e se divertindo. E as sugestões continuavam a surgir. Tínhamos levado pouco mais de 10 minutos para fazer uma lista de uns 30 valores, mas agora levamos menos de três minutos para formar uma lista de uns 30 tipos de coisas que as pessoas queriam comprar.

"Acho interessante", disse eu, "como é sempre mais fácil listar as coisas que queremos ter do que os valores que gostaríamos de preservar. Mas, na verdade, é muito mais importante entender quais são os nossos valores e viver de acordo com eles do que ter coisas. Infelizmente, muita gente passa a vida perseguindo coisas sem parar para pensar em valores. E sabem ao que isso leva?"

"A muitas dívidas no cartão de crédito!", disse uma mulher.

Todos nós rimos. "Isso também", disse eu, "mas estava pensando numa coisa ainda mais séria que acontece quando alguém passa 20 anos sem nunca se concentrar nos seus valores, mas apenas em ter mais coisas. Acontece que isso leva à crise de meia-idade que, por sua vez, leva a todos os tipos de infelicidade, incluindo o divórcio. Em geral, as crises da meia-idade ocorrem porque as pessoas chegam a uma certa idade com um monte de coisas que acumularam e de repente percebem que isso não as fez felizes – que as coisas em que investiram tanto tempo e esforço são, na verdade, as coisas erradas."

Expliquei então que isso quase nunca acontece com pessoas que conhecem claramente os seus valores. "Afinal", disse ao grupo, "quantas vezes alguém chega aos cinqüenta, olha em volta e diz, 'Vivi a vida inteira de acordo com os meus valores, mas acho que não gosto mais deles e então vou me divorciar e começar de novo'? Quase nunca."

Em suma, concluí, os valores são a chave que lhes permite viver bem e ficar ricos. Quanto mais cedo vocês começarem a pôr os seus valores em primeiro lugar – e as coisas em segundo – mais cedo começarão a viver uma vida estimulante e que lhes dará mais poder. Quem entende os próprios valores tende a viver a vida que realmente quer, quase que automaticamente. Em vez de ter que "se motivar" para fazer as coisas certas, você é arrastado na direção certa pelo poder dos seus valores. Ter coisas pode ser muito bom, mas isso raramente nos arrasta para algum lugar que valha a pena. Só os valores fazem isso.

## O QUE É REALMENTE IMPORTANTE PARA VOCÊS?

Como consultor financeiro, aprendi que, no final das contas, dinheiro é bom para três coisas básicas. Ele nos ajuda a...

1. Ser
2. Fazer
3. Ter

Vou explicar o que quero dizer com isso. Quando digo que o dinheiro nos ajuda a ser, quero dizer que ele nos permite viver de uma forma que define quem somos. Quando digo que o dinheiro nos ajuda a fazer, quero dizer que ele nos permite agir de maneira a criar a vida que desejamos. E quando digo que o dinheiro nos ajuda a ter, quero dizer que ele nos permite comprar coisas.

Num mundo ideal, a vida que levamos, as coisas que fazemos e as coisas que compramos estariam sempre de acordo com os nossos valores. O problema é que a maioria se concentra primeiro em "ter", depois em "fazer" e por último em "ser". Isso significa que muita gente, mesmo recorrendo a planejadores financeiros, faz tudo de trás para diante. Pior ainda, muita gente nem chega a "ser". Passam tanto tempo "tendo" e "fazendo" que nunca param para refletir se o que elas são é realmente o que querem ser.

Para criar um bom Plano Financeiro Focalizado em Propósitos, vocês dois têm que entender o que o dinheiro significa na sua vida, que valores ele pode ajudá-los a conquistar. Com isso, concentrarão o tempo e a energia no que realmente importa – não no que a sociedade, a propaganda ou os amigos dizem que importa, mas no que *vocês* dizem que importa. Ou seja, o processo é basicamente uma questão de buscar lá no fundo o que é mais importante e então planejar as finanças em função disso. Se você acha que isso parece mais um processo de planejamento de vida do que um processo de administração de dinheiro – bem, para falar com franqueza, é exatamente isso um bom planejamento financeiro.

## POR QUE MUITAS FERRAMENTAS DE PLANEJAMENTO FINANCEIRO NÃO FUNCIONAM

Considere este cenário. Você tem 45 anos, ganha $50.000 por ano e tem $25.000 no banco. Um dia, vem me procurar em busca de orientação para a aposentadoria e eu insiro esses números no meu incrível programa de planejamento para a aposentadoria. Um nanossegundo depois, o computador me diz que você precisará de uma bolada de $1,5 milhão para conseguir se aposentar com conforto aos 65 anos.

Enquanto você me olha com uma expressão de descrença, eu pergunto ao meu programa que tipo de investimentos você precisará fazer para conseguir acumular essa bolada. O computador zumbe silenciosamente e depois nos diz que, se você conseguir criar uma carteira que gere um retorno anual de 8%, tudo o que precisará fazer para juntar um pé-de-meia de $1,5 milhão, pagos os impostos, é investir cerca de $40.000 por ano nos próximos 20 anos.

"Mas, David", você diz, "eu *ganho* $50.000 por ano – e isso antes dos impostos."

"Humm", digo eu franzindo a testa. "Isso é um problema." Penso por um momento e de repente me ilumino. "Não se preocupe! Vamos dar à sua carteira de investimentos um retorno maior – digamos 15% ao ano." Insiro esse número no programa e o computador decide que, nessas circunstâncias, você terá que poupar apenas $17.000 por ano.

"Mas, David", diz você, "não tenho como investir $17.000 por ano – e 15% de retorno não é realista."

"Acho que você tem razão", respondo eu. Penso mais um pouco. "Há alguma chance de uma herança?", pergunto finalmente.

Não se preocupem, não sou assim tão ridículo com os meus clientes. Criei esse cenário para ilustrar o que acontece quando se faz um planejamento financeiro com base apenas em números e não com base na vida. O que acontece é que vocês podem acabar se convencendo de que nem adianta tentar. Conheço pessoas na casa dos cinqüenta que desistiram de planejar seu futuro financeiro antes dos quarenta porque acharam que já era tarde demais e que não havia mais esperança. Isso é triste, porque nunca é tarde demais.

O ponto é que um planejamento financeiro inteligente não é apenas uma questão de números: implica valores primeiro, coisas depois. Digamos que, embora valorizem a segurança, vocês sempre gastam mais do que ganham como casal. Como resultado, o dinheiro sempre acaba antes do fim do mês. Em outras palavras, estão vivendo a vida em enorme conflito com os seus valores, o que gera um enorme estresse. Num relacionamento, isso gera brigas constantes e pode acabar com a paixão.

Agora, situações assim não acontecem por acaso. Elas são o resultado de repetidas ações e decisões (como a de gastar demais regularmente) que entram em conflito com os valores. O seu comportamento financeiro simplesmente não casa com os seus valores.

E não pense que o problema é ganhar pouco. Digamos que o seu valor é a liberdade, que para vocês significa ter tempo para se exercitar todos os dias e fazer longas caminhadas juntos. Infelizmente, trabalham 60 horas por semana e nunca têm tempo para se exercitar e nem para se ver. Então, podem até ter atingido o sucesso financeiro (no sentido de ganhar muito dinheiro), mas será que estão felizes? Não muito, porque a vida não está de acordo com os seus valores.

Ou considere este dilema comum. O seu principal valor é a família, mas você está tão ocupado trabalhando para conseguir pagar as prestações da casa que pouco vê o seu parceiro ou parceira e os seus filhos. Alguém os convenceu a comprar uma casa mais cara do que podiam pagar e agora você está pagando o preço. Ninguém (incluindo você) levou em conta valores ao comprar a casa. Infelizmente, quando tomamos decisões importantes como essa sem levar em conta os nossos valores, acabamos acumulando estresse e infelicidade. Ninguém sai ganhando.

Então, como vocês podem ter uma idéia clara do que estão buscando na vida? A boa notícia é que não terão que fazer terapia profunda, meditação e nem se submeter à hipnose. Não terão que mergulhar no passado para descobrir onde erraram. Não precisarão recitar mantras dez vezes por dia na frente do espelho. Tudo o que têm a fazer é decidir quais são os seus cinco principais valores, anotá-los e depois começar a planejar a vida em função deles.

O bom desse processo é que não é assim tão difícil. Na verdade, não vai levar mais do que uns 10 minutos. É simples porque quase todo mundo sente – "sabe visceralmente", como costumo dizer – quais são os seus valores. E para ajudá-los, criei uma técnica muito simples usando o que chamo de Círculo de Valores (*Value Circle*®).

Para você ter uma idéia de como isso funciona, vou lhe dar uma amostra de uma conversa que tive com clientes sobre o Planejamento Financeiro Focalizado em Propósitos. Essa conversa vai lhe dar uma boa idéia de como funciona o processo. Depois, vou lhe mostrar como criar um Plano Financeiro Focalizado em Propósitos.

## O CÍRCULO DE VALORES DE KIM

Bill tinha 38 anos e sua mulher, Kim, 35. Eles tinham duas filhas, de 7 e 5 anos. Como sempre faço nessas situações, comecei a conversa perguntando, "Quem quer experimentar primeiro o Círculo de Valores?"

Kim olhou para Bill e depois para mim. "Eu quero", disse ela.

Concordei. "Você sabe que vamos falar de dinheiro", comecei, "mas antes vamos falar de valores. Quando você se pergunta sobre o seu propósito na vida, o que lhe parece que é *mais importante para você*? Especificamente, quais são os cinco principais valores em que gostaria de concentrar o seu tempo e a sua energia nos próximos meses?"

Como já tinha participado de um dos meus seminários, Kim não precisou de muitas explicações. "Um dos meus maiores valores é com certeza a segurança", disse ela. "Cresci numa família que nunca tinha dinheiro e vivo com medo de não conseguir pagar as contas. Então, um dos meus principais valores é a segurança."

Escrevi a palavra "segurança". "Vamos supor que você já tivesse essa segurança", disse eu. "O que haveria de tão importante nisso?"

Kim disse, "Se eu tivesse segurança, minha família estaria tranqüila: se alguma coisa me acontecesse, as meninas estariam protegidas. Isso é realmente importante para mim."

"Então você diria que a família é um dos valores mais importantes para você?", perguntei.

"Definitivamente", disse Kim.

Escrevi a palavra "família". "E o que faz a família tão importante para você?"

Kim sorriu. "Temos filhas maravilhosas e queremos que elas cresçam felizes, bem ajustadas e que sejam felizes na vida adulta."

"Muito bem", disse eu, "vamos ver se consigo transformar isso num valor em que você possa se concentrar. Supondo que o valor família esteja realizado e que você consiga criar bem suas filhas, o que mais é importante para você?"

Kim imediatamente olhou para Bill e apertou a mão dele. "O Bill, é claro", disse ela. "Quero que o nosso casamento seja feliz e duradouro, como o dos meus pais, que possamos envelhecer juntos. Temos amigos que já estão se divorciando e não quero que isso aconteça conosco. Um valor muito importante para mim é um casamento sólido."

Bill sorriu para ela.

"Então, um dos seus cinco principais valores é o casamento", eu disse. Anotei a palavra "casamento" também. "Agora, digamos que você esteja vivendo de forma a expressar seus valores de segurança, família e casamento. O que mais é importante para você? O que mais gostaria de acrescentar ao seu Círculo de Valores, como valores em que gostaria de se concentrar?"

Kim hesitou. Depois de um momento, ela olhou para Bill. "Você tem alguma idéia?", perguntou.

Balancei a cabeça. "Depois vamos falar dos valores de Bill. Agora é a sua vez. Se você pudesse concentrar seu tempo, sua energia e a sua paixão em mais dois valores, quais seriam eles?"

Kim suspirou e disse, "Acho que gostaria de me concentrar também no meu peso. Ganhei uns dez quilos desde que tive as meninas e me sinto mal por causa disso. Eu sei que preciso perder peso, mas parece que nunca tenho tempo para me exercitar. Então, vamos escrever 'exercício'."

Balancei a cabeça de novo. "Exercício não é bem um valor. É uma coisa que você faz. Pense desta forma: que valor o exercício promoveria?"

"Saúde", disse Kim com segurança. "Saúde é definitivamente um valor em que preciso me concentrar."

"Saúde", repeti, escrevendo a palavra. "Muito bem. Depois da saúde, qual seria o último dos seus cinco valores mais importantes?"

Kim franziu a testa, concentrando-se. "Essa é difícil de responder. Acho que se eu tivesse realmente uma saúde excelente e todos esses outros valores... eu não sei... acho que gostaria de passar mais tempo me divertindo."

"Isso é muito bom", disse eu. "O que 'diversão' significa para você?"

"Bom, antes das crianças nascerem, Bill e eu éramos mais espontâneos. Saíamos nos fins de semana e viajávamos mais. Saíamos só nós dois. Fazíamos mais coisas com os nossos amigos. Parece que isso foi há tanto tempo. Não estou reclamando porque realmente adoro ser mãe. Mas com o meu emprego, o emprego do Bill, a casa e as meninas, parece que não temos mais muito tempo para nós. Gostaria de saber que ainda podemos planejar mais tempo livre juntos."

"Então, diversão é um valor em que você gostaria de se concentrar?"

Kim concordou vigorosamente. "Sem dúvida. Vamos incluir diversão como um dos valores." Ela parou por um momento. "Mas sabe...", ela acrescentou, "eu também valorizo a minha carreira e isso não foi incluído. Será que podemos acrescentar a carreira? Porque quero me concentrar nela também."

"Kim", disse eu, "podemos incluir o que você quiser. Mas neste exercício, gostaria que você se concentrasse nos seus cinco principais valores. Até agora anotamos segurança, família, saúde, casamento e diversão. A sua carreira é um valor importante o suficiente para substituir um destes cinco?"

Ela pensou por um momento. Kim trabalhava para uma empresa de informática que tinha recentemente aberto o capital e ganhava um bom salário. "Para dizer a verdade", disse ela finalmente, "cuidando da carreira, estarei cuidando também da segurança. Então, acho que prefiro substituir segurança por carreira."

"Muito bem", eu respondi, "mas quero perguntar uma coisa. É a sua carreira que você valoriza ou a segurança que a carreira lhe traz?"

Kim não hesitou. "As duas coisas", disse ela. "Para mim, é um valor só."

"Perfeito", disse eu. "Vamos pôr segurança/carreira como um só valor no seu Círculo de Valores."

## O CÍRCULO DE VALORES DE BILL

Agora era a vez de Bill. Ele riu quando eu lhe disse para começar. "Posso dizer 'idem' e pronto?", perguntou.

"Não, Bill", disse eu sorrindo. "Você não pode dizer 'idem' e pronto."

"É que Kim e eu temos quase os mesmos valores", replicou ele.

"Disso eu tenho certeza", disse eu. "Mas mesmo assim precisamos fazer a sua lista. Você tem que passar pelo processo de se ouvir falando dos seus valores e depois vê-los escritos no papel. Então, coopere comigo por uns cinco minutos, está bem?"

Bill concordou. "A verdade é", disse ele, "que ao pensar nas coisas de que estamos falando – valores, propósito, dinheiro –, percebo que a segurança não é bem o que eu poria no topo da minha lista. Sei que sempre teremos um teto sobre a cabeça. Ganhamos razoavelmente bem e sei que sempre encontrarei trabalho." Bill tinha uma empreiteira e, com a economia a mil, sua empresa tinha mais clientes do que podia atender. "Eu quero mais liberdade", disse ele. "Com a empresa, trabalho seis dias por semana, cuido de uma equipe de 20 homens e enfrento dores de cabeça de todos os tipos. Quero mais liberdade na minha vida."

"Está bem", disse eu, "vamos escrever 'liberdade'. Agora, se já tivesse essa liberdade, que valor viria depois?"

"Se eu tivesse mais liberdade, teria mais tempo. É isso o que realmente quero – mais tempo para fazer o que quiser quando quiser."

"E o que seria?", perguntei.

Bill balançou a cabeça com tristeza. "Eu praticava *windsurf* e jogava golfe. Agora não faço mais nada. Não pego num taco de golfe há três anos. Fico triste quando lembro disso. Minha empresa vai muito bem, mas não tenho tempo para fazer mais nada além de trabalhar."

Olhei para ele com simpatia. "E se você pudesse jogar golfe e praticar *windsurf*", perguntei, "que valor isso promoveria na sua vida?"

"Como Kim, eu gostaria de me divertir mais", disse Bill. "Nós dois estamos indo bem, temos uma bela casa, nossas filhas são lindas, mas não temos mais tempo para nos divertir. Nossa vida é um tédio."

"Então qual é o valor, Bill?"

Ele olhou para mim e quase pulou da cadeira. "Emoção!", exclamou. "Quero mais emoção na minha vida."

Kim riu. "Para um cara que só vê televisão todas as noites..."

Tive que rir também. "Muito bem", disse eu, "vamos escrever 'emoção'. E o que mais, Bill? Se você tivesse liberdade e emoção na vida, que outros valores priorizaria também?"

Bill olhou para Kim. "Família e casamento, com certeza. Mas para mim isso é um valor só. Acho que se tiver um bom casamento, terei uma boa família. E que se não tiver um bom casamento, será difícil ter uma boa família. Então, vamos escrever as duas coisas como um só valor."

Concordei e fiz como ele pediu.

Então Bill pareceu um pouco triste. "Sabe qual seria o outro valor?", perguntou. "Amigos! Quase não vejo mais meus amigos. Tenho grandes amigos, mas quase nunca nos encontramos. Estamos todos muito ocupados com a família. Sinto falta de sair com eles de vez em quando para jogar conversa fora."

Escrevi "amigos". "Falta um, Bill", disse eu. "Que outro valor é importante para você?"

"Isso é fácil", disse ele. "Meus pais. Eles vivem a uns dois mil quilômetros de nós e não podem nos visitar a toda hora. Então, as meninas quase não vêem os avós. Eu realmente gostaria de fazer um esforço para conversar mais com eles e vê-los mais vezes."

"Então 'pais' é um dos cinco valores mais importantes para você?", perguntei.

Bill olhou para Kim. "Sei que estamos muito ocupados, meu bem, e o dinheiro não está sobrando, mas preciso inventar um jeito de dedicar mais tempo a eles. Você sabe que eles não vão estar aqui para sempre."

"Por mim tudo bem", disse ela. "Mas você sabe que não é só uma questão de viajar para vê-los. Nós temos telefone, eles têm e-mail e você também pode escrever cartas."

"Eu sei", disse Bill num tom quase culpado. "Você tem razão." Ele se voltou para mim. "Por ora, vamos escrever 'pais'."

"Ótimo", disse eu. "Terminamos."

## O SEU COMPORTAMENTO FINANCEIRO ESTÁ DE ACORDO COM O SEU CÍRCULO DE VALORES?

Ao anotar os valores de Kim e Bill, eu não estava simplesmente fazendo uma lista. Estava criando Círculos de Valores para eles. Veja como ficaram (página seguinte).

Observe que não anotei os cinco valores principais de Kim e Bill numa coluna, mas num anel. Há um ponto inicial nesse anel, mas não uma ordem de importância. Assim, não se passa a idéia de que um dos valores é mais importante do que os outros. Afinal, nosso esforço tem que se distribuir com justiça por *todos* os nossos principais valores para que a vida não fique desequilibrada. Por exemplo, todo mundo conhece pessoas que conquistaram muita segurança na vida (ou seja, ganharam muito dinheiro) mas que acabaram divorciadas, odiadas pelos filhos, com a saúde em frangalhos – porque dedicaram pouco tempo (ou nenhum) a outros valores, como família, diversão ou saúde. O Círculo de Valores nos permite ver quais são os nossos cinco valores principais e serve também para nos lembrar da importância do equilíbrio em nossa vida.

Mas o que toda essa conversa sobre valores tem a ver com dinheiro? Bem, vamos ver o que descobrimos ao comparar os valores referidos por Kim e Bill com a vida que eles estavam vivendo. O primeiro valor que ocorreu a Kim mencionar foi a segurança. Quando eu estendi o assunto, ela explicou que o importante era saber que suas filhas ficariam protegidas caso alguma coisa lhe acontecesse. No entanto, quando examinei a situação financeira de Bill e Kim, descobri que eles nunca tinham se dado ao trabalho de fazer um testamento e, embora tivessem seguro de vida, a cobertura contratada era insuficiente. Em suma, não estavam vivendo de acordo com seus valores de segurança e família.

Quando fiz essa observação, eles ficaram embaraçados. "É", disse Bill, "sabemos que temos que fazer essas coisas. Mas fomos adiando. Bem idiota, não é?"

"Na verdade", disse eu, "é perfeitamente normal. Testamento e seguro de vida são coisas que todo mundo adia. Mas agora que vocês reviram seus valores, isso será uma prioridade e não uma coisa para se fazer um dia."

E assim fomos examinando todos os valores da lista para ver se o comportamento financeiro deles era consistente com o que consideravam mais importante. Por exemplo, quando Kim admitiu que não se exercitava

**60** | Casais Inteligentes Ficam Ricos

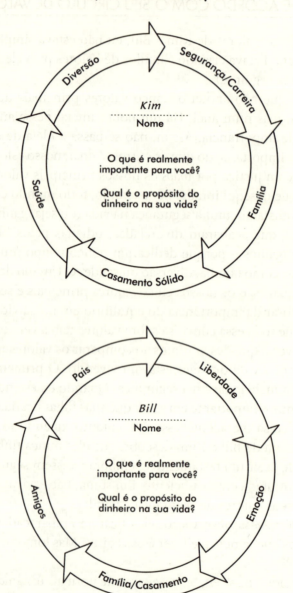

porque não tinha coragem de gastar $50 por mês numa academia, eu observei que $50 era um preço baixo a pagar por um valor tão importante.

Da mesma forma, quando Bill refletiu melhor sobre a sua vontade de ficar mais tempo com os amigos, percebeu que isso não acontecia com a freqüência que desejava porque sempre pensava num grande fim de semana entre amigos, quando a maior parte deles não podia passar um fim de semana inteiro fora ou não queria gastar tanto dinheiro. "Nem sei por que vejo tantos problemas nisso", disse ele afinal. "Posso organizar um jogo de golfe mensal, num sábado. Todos nós gostamos de golfe e podemos jogar num lugar barato." Ele sorriu para Kim e para mim. "Com isso, cuido de dois valores – amigos e emoção – pelo preço de um."

"Isso se chama sinergia de valores", disse eu. "Muitas vezes, cuidar de um valor ajuda a realizar o outro."

Kim, que estava em silêncio, perdida em pensamentos, falou de repente. "Bill", disse ela, "estamos sempre reclamando que não vamos a lugar nenhum porque viajar fica tão caro, não é?" Ela olhou para mim. "Em geral, fazemos uma viagem grande por ano", ela explicou. "No ano passado, gastamos $3.000 numa viagem ao Havaí." Voltou-se então para o marido. "Sabe? Acho que prefiro fazer três ou quatro viagens pequenas, de fim de semana, do que uma viagem grande. Podíamos ir acampar, por exemplo. Sairíamos mais e provavelmente nos divertiríamos do mesmo jeito. E gastaríamos bem menos."

Kim disse então que "essa coisa de gastar dinheiro" era uma grande fonte de estresse para ela e Bill. "Acho que gastamos muito mais do que o necessário", disse ela. "E acho que é por isso que trabalhamos tanto. Gostaria de ter mais controle sobre as despesas de modo a poder me concentrar mais nas coisas que realmente importam para nós – o que pusemos nos Círculos de Valores."

## A VIRADA DE KIM E BILL

Graças ao Círculo de Valores, Kim e Bill conseguiram bem mais do que algumas idéias gerais sobre as coisas que precisavam fazer. Na verdade, conseguiram chegar a um Plano Financeiro Focalizado em Propósitos detalhado e completo. Numa folha de papel, listamos os cinco valores que cada um deles tinha decidido priorizar no ano seguinte. Ao lado dos valores, anotamos cinco idéias de "coisas para fazer" – ou seja, ações necessárias para harmonizar a vida com os valores. (Falaremos disso no próximo capítulo, Terceiro Passo.) E, ao lado dessas idéias de "coisas para fazer", anotamos idéias de "coisas para ter" – ou seja, metas materiais que viver de acordo com seus valores lhes permitiria conquistar.

Esse processo pode ser simples, mas não se deixem enganar. Ele é também muito poderoso. Na verdade, cinco semanas depois de concluir o plano, Bill e Kim pediram a um advogado para redigir um testamento para eles – uma coisa de que falavam há mais de cinco anos mas que nunca se decidiam a fazer. Aumentaram também a cobertura do seguro de vida. Kim entrou numa academia. Bill planejou seu primeiro jogo de golfe com os amigos. E eles elaboraram um plano para diminuir seus gastos.

Fato é que esse exercício simples os fez focalizar o que consideravam realmente importante na vida. Assim, eles conseguiram enxergar através da confusão e se concentrar menos em ter e mais em ser. É ótimo ter dinheiro, mas nem todo o dinheiro do mundo vai fazê-los felizes se o que fizerem com ele entrar em conflito com seus valores.

## CRIE O SEU CÍRCULO DE VALORES

Com isso em mente, vamos criar para vocês dois um Plano Financeiro Focalizado em Propósitos, a partir do Círculo de Valores. Vocês podem fazer este exercício separadamente, mas é bem melhor que o façam juntos. Assim, se um de vocês ficar sem idéias, o outro pode ajudar fazendo perguntas como "O que esse valor significa para você?" e "Nesse valor, o que é importante para você?"

Então, vamos começar!

Façam de conta que estão chegando nos escritórios do The Bach Group, em Orinda, Califórnia. Vocês vão se reunir comigo para criar os seus Círculos de Valores.

Na mesa à sua frente há uma folha com um Círculo de Valores em branco, esperando que cada um diga a si mesmo e a mim (o anotador de valores) o que acha mais importante na vida.

Estas são algumas dicas para ajudá-los nesse processo.

1. **Primeiro, relaxe.** Isto não é um teste. É para ser divertido. O nosso objetivo é simplesmente a honestidade. Escreva só o que sentir que é certo no nível visceral. Não escolha um valor só

porque acha bonito. Se o valor não refletir o que você sente visceralmente, ele não significará nada e você não vai se concentrar nele e nem agir de acordo com ele.
2. **Comece com uma pergunta simples**: O que é realmente importante para você? Quando você pensa na vida que leva e nas coisas que mais preza, que valores aparecem como os mais importantes? Qual é o propósito do dinheiro na sua vida?
3. **Lembre-se de se concentrar em valores** – não em metas e nem em coisas para ter ou fazer. Se, por exemplo, você se preocupa muito com dinheiro, pode ficar tentado a escrever "ter um milhão de dólares". Mas isso não é um valor: é uma meta. Neste caso, o valor subjacente é provavelmente segurança ou liberdade. O milhão de dólares é apenas uma forma de realizar um desses valores. Da mesma forma, muita gente diz que quer viajar. Mas "viajar" não é um valor: é uma coisa para fazer. O valor que a viagem promove pode ser diversão, emoção ou crescimento pessoal.
4. **À medida que os valores forem surgindo**, anote-os no Círculo de Valores até listar cinco valores com que possa se comprometer nos próximos 12 meses. Seu parceiro ou parceira fará o mesmo. É provável que surjam mais de cinco valores. Alguns de meus clientes e alunos chegam a enumerar 10 valores. Isso não é mau, contanto que você leve o compromisso a sério. Mas, na minha experiência, é difícil se concentrar em mais de cinco valores por vez.
5. **É isso aí**. Vocês dois terminaram o Círculo de Valores. Merecem um tapinha nas costas.

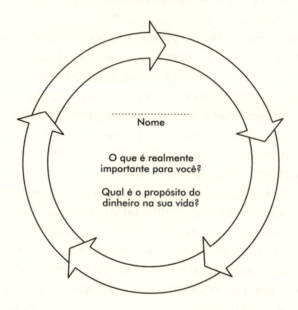

## SE VOCÊ PERCEBER QUE EMPACOU...

Não quero parecer um disco quebrado, mas o Círculo de Valores tem que se basear em valores, senão não funciona. Muitas pessoas têm dificuldade para perceber a diferença entre valores e metas. Lembre-se, os valores estão na esfera do que se é: eles definem um modo de vida. As metas estão na esfera de ter e fazer: elas envolvem coisas. Para ajudá-lo a estabelecer a diferença entre os dois, fiz uma lista de valores e metas mais comuns. Use esses exemplos como inspiração para começar: não é para copiá-los. Para que este exercício funcione mesmo, você e o seu parceiro ou parceira não podem esquecer que os valores escolhidos têm que ser visceralmente importantes para cada um.

| VALORES vs. METAS ||
|---|---|
| VALORES | METAS |
| Segurança | Aposentar-se com um milhão de dólares |
| Liberdade | Quitar as prestações da casa |
| Felicidade | Ficar livre das dívidas |
| Paz de espírito | Não se preocupar com as dívidas |
| Diversão | Viajar |
| Emoção | Esquiar com amigos |
| Poder | Ser o patrão |
| Família | Passar mais tempo com os filhos |
| Casamento | Planejar mais passeios a dois |
| Amigos | Viajar anualmente com amigos ou amigas |
| Fazer a diferença | Doar para obras de caridade |
| Espiritualidade | Ir à igreja ou ao templo |
| Independência | Parar de trabalhar |
| Crescimento | Voltar à escola |
| Criatividade | Aprender a pintar |
| Aventura | Fazer uma viagem à África |
| Satisfação | Permanecer casado |
| Confiança em si mesmo | Exercitar-se |
| Equilíbrio | Planejar melhor a vida |
| Amor | Ter um grande casamento |
| Saúde | Perder peso |

## POR FAVOR, NÃO PULE ESTE PASSO

É fácil pular um passo que obriga a parar, pensar e agir – ainda mais quando envolve uma coisa pouco habitual, como rever valores. Alguns dos meus alunos – e alguns dos meus clientes prospectivos – pensam que estes exercícios são uma perda de tempo, que não passam de papo de Nova Era, do tipo sinta-se bem. Mas, acredite em mim, não há nada de Nova Era numa revisão de valores. Sócrates, o grande filósofo grego, já falava desse tipo de coisa lá pelo ano 400 a.C. A chave para o avanço humano, ele ensinava, pode ser expressa em poucas palavras: "Conhece-te a ti mesmo."

Então, se você e o seu parceiro ou parceira acharem melhor continuar a ler em vez de parar agora para criar os Círculos de Valores, eu insisto: superem a hesitação e façam o exercício. A jornada de nove passos que vocês pretendem fazer é cumulativa. No próximo capítulo, vamos analisar os Círculos de Valores que vocês fizeram e estabelecer coisas para "fazer" e "ter" compatíveis com os cinco valores escolhidos. Então, concluir este passo tornará o próximo passo muito mais fácil para vocês.

## UMA ÚLTIMA PALAVRA SOBRE VALORES

É uma incógnita para mim como tantas pessoas conseguem ficar casadas durante anos, às vezes décadas, sem saber quais são os valores do parceiro. Na verdade, poucas coisas têm tanto impacto sobre um relacionamento quanto saber o que é importante para cada um. Infelizmente, não aprendemos na escola a olhar profundamente dentro de nós mesmos para fazer esse tipo de descobertas. E também não aprendemos a compartilhá-las com as pessoas que são mais importantes para nós.

Se vocês têm filhos, considerem a possibilidade de fazer este exercício com eles. Não há nenhuma razão para seus filhos não começarem a vida de acordo com os próprios valores. Pensem no impacto que vocês podem ter sobre os seus filhos se souberem quais são os valores deles e os ajudarem a torná-los reais. Pensem como a vida poderia ser muito melhor se vocês tivessem começado a fazer isso quando ainda eram crianças.

Há também uma razão muito prática para definir os nossos valores com o máximo de clareza. Sei por experiência que as pessoas agem mais prontamente com relação às suas finanças quando compreendem que suas ações estão relacionadas com os seus valores. A verdade é que fazemos mais para proteger os nossos valores do que qualquer outra coisa na vida. Os valores são, com certeza, muito mais poderosos do que o senso de obrigação ou de responsabilidade. Os valores não são listas de "coisas a fazer" disfarçadas, nem tampouco resoluções de ano-novo como "poupar mais", "gastar menos" ou "perder peso". Não perdemos a motivação nem ficamos entediados com os nossos valores. Depois de defini-los claramente e anotá-los, eles raramente nos deixam.

Finalmente, são os valores que motivam e moldam a vida. Na verdade, eles já motivaram e moldaram a sua vida, mesmo que você não se dê conta disso. A diferença é que agora você escolheu ser mais proativo a esse respeito, decidindo conscientemente em que valores quer se concentrar.

Agora que os Círculos de Valores estão prontos, é melhor que fiquem bem à mão porque vamos usá-los para estabelecer as suas metas financeiras. Mas, antes disso, temos que descobrir onde vocês dois estão financeiramente neste momento...

*Porque não podemos planejar para onde queremos ir antes de saber de onde estamos partindo.*

TERCEIRO PASSO

## PLANEJEM JUNTOS...
## VENÇAM JUNTOS

AGORA QUE CRIARAM os Círculos de Valores, é hora de começar a criar o Plano Financeiro Focalizado em Propósitos. Para isso, vocês dois têm que estar em concordância – ou seja, os dois devem se organizar financeiramente e planejar o futuro como equipe. O trabalho em equipe é a chave desta tarefa. Ao longo dos anos, nem sei quantas vezes vi casais com ganhos modestos que ficaram ricos usando o senso comum e trabalhando juntos.

O melhor exemplo disso que conheço é o de Jerry e Lisa.

Jerry me telefonou numa segunda-feira de manhã. Na sexta-feira seguinte, depois de trinta anos num emprego público, ele ia se aposentar. Será que ele e a mulher poderiam vir na quinta-feira para discutir seus planos?

Procurei a sua conta de aposentadoria no computador e verifiquei o saldo: $153.215. Jerry tinha 52 anos.

Ai, ai, ai, pensei. Ou Jerry tinha herdado um monte de dinheiro ou estava prestes a ter uma decepção – e eu uma reunião terrível.

No entanto, fui eu que tive uma surpresa. Quando Lisa e Jerry entraram no meu escritório na quinta-feira, vinham de mãos dadas como recém-casados, borbulhando de entusiasmo. Enquanto Jerry falava dos seus planos e do que faria com o tempo livre, Lisa comentava: "Não é maravilhoso ele se aposentar tão jovem?"

Depois de uns 10 minutos, tive que interrompê-los. "Tem alguma coisa que eu não esteja sabendo?", perguntei a Jerry. "Vejo apenas $153.000 na sua conta de aposentadoria. Como você pode pensar em se aposentar?"

Jerry sorriu. "David", disse ele, "posso me aposentar porque Lisa e eu estamos planejando isso há 30 anos." Ele me explicou então que logo depois de se casar (ele com 20 anos, ela com 18), ele entrou para o serviço público. Continuou nesse emprego desde então, ganhando um salário anual de mais ou menos $40.000 nos últimos anos. Lisa trabalhava meio período como cabeleireira, ganhando cerca de $17.000 por ano.

Ao longo desses anos, ele continuou, tinham comprado a casa onde moravam e uma outra, que estava alugada. Ambas estavam totalmente pagas. Eles tinham também três carros e um barco, que também já tinham acabado de pagar. "As crianças já terminaram a faculdade", concluiu ele, "e Lisa pretende trabalhar mais uns 10 anos. Com o salário dela e o meu benefício, David, nem vai dar para gastar tudo! Não temos problemas!"

Fiquei pasmo. Como consultor financeiro, tinha muita experiência com milionários que viviam com problemas financeiros porque gastavam mais do que ganhavam. No entanto, aí estava um casal que nunca tinha ganhado mais de $60.000 por ano – olhando o mundo de cima.

"Mas como vocês conseguiram?", perguntei. "Como fizeram para comprar as duas casas, pagar a faculdade, poupar dinheiro para a aposentadoria e para o resto – e tudo com um salário de funcionário público e um salário de cabeleireira?"

Foi então a vez de Jerry e Lisa serem os meus consultores financeiros. O que eles me ensinaram mudou a minha vida. E pode também mudar a de vocês.

## UM POUCO DE PLANEJAMENTO PODE GERAR GRANDES RECOMPENSAS

A história de Jerry e Lisa começa com os pais deles. Tanto os pais de Jerry quanto os de Lisa eram muito conservadores em questões de dinheiro e ensinaram seus filhos a usar o cartão de crédito com responsabilidade e a nunca assumir dívidas desnecessárias. "Eles nos disseram que, para comprar uma casa, o melhor é fazer uma hipoteca de 15 anos e trabalhar para pagá-la o quanto antes", Jerry explicou. "Meu pai dizia que não se deve comprar o que não se tem dinheiro para pagar à vista. Minha mãe dizia que o melhor momento para começar a planejar o futuro é o primeiro ano de casados. 'A cada ano, estabeleçam juntos as suas metas financeiras', disse ela. 'O importante é fazer isso com prazer e cumpri-las com prazer.'"

"Mas e a casa que está alugada?", perguntei. "Como conseguiram pagá-la?"

Como disse Jerry, foi fácil. "Compramos a primeira casa quando eu tinha 20 anos e, quando fiz 35, ela já estava paga. Sem as prestações para pagar, sobrava dinheiro todo mês. Lisa e eu percebemos que podíamos comprar outra casa para alugar. Ou senão gastar o dinheiro. Se comprássemos outra casa, ela estaria paga quando eu fizesse 50 anos, a idade com que planejava me aposentar, e teríamos o dinheiro do aluguel para acrescentar aos nossos ganhos."

E os três carros mais o barco? Isso também foi "fácil". Os carros são todos usados – nenhum tem menos de sete anos – mas muito bem conservados, já que eles os mantêm como se fossem novos. Já o barco era um antigo sonho de Jerry e Lisa, que 10 anos de poupança disciplinada tornaram realidade.

Será que pode mesmo ser tão simples? Você começa a planejar na juventude, trabalha para atingir suas metas e realizar seus sonhos, administra o dinheiro com responsabilidade – e consegue se aposentar com cinqüenta e poucos anos? Olhei para Jerry, ainda céptico. "Eu acho", disse eu, "que a sua sorte é que Lisa quer continuar a trabalhar. Se ela não quisesse, você não poderia parar."

Jerry balançou a cabeça. "Não se trata de sorte", replicou. "Como eu disse, Lisa e eu planejamos isso há muito tempo. Há uns 10 anos, eu disse a ela que não queria continuar naquele emprego público para sempre e ela disse, 'Então trabalhe até começar a receber o benefício que eu vou trabalhar meio período até os 60 anos'."

Definida essa meta, Lisa começou a buscar um trabalho a seu gosto, que lhe desse flexibilidade e a oportunidade de ser a sua própria patroa. Depois de algumas tentativas, optou por trabalhar como cabeleireira.

"Estou lhe dizendo", disse Jerry, "que qualquer casal pode fazer o que fizemos. É só uma questão de planejar juntos."

Comecei este capítulo com a história de Jerry e Lisa porque ela é um dos melhores exemplos que conheço de um casal feliz que nunca ganhou muito dinheiro mas que, mesmo assim, conseguiu atingir todas as suas metas porque planejaram juntos o seu futuro financeiro. Nunca é demais enfatizar esse ponto: se Jerry e Lisa conseguiram fazer o que fizeram com salários de funcionário público e de cabeleireira, não há nenhuma razão para que vocês também não consigam! Só é preciso planejar!

## DEIXAR DE PLANEJAR JUNTOS É COMO *PLANEJAR* PARA FRACASSAR JUNTOS

Infelizmente, a maioria dos casais não é como Jerry e Lisa. Eles não planejam juntos. Ao contrário, deixam apenas que a vida financeira aconteça.

Deixar que a vida financeira simplesmente aconteça é como entrar num avião que ninguém sabe para onde está indo. Nem é preciso dizer que, se você quer ir de San Francisco para Nova York, não adianta nada embarcar no aeroporto de Oakland. Da mesma forma, chegar na hora ao aeroporto de San Francisco, mas pegar um avião para Los Angeles, também não funciona. Finalmente, mesmo que você vá ao aeroporto certo e pegue o avião certo, nada garante que vá chegar ao seu destino, a menos que haja um piloto na cabina de comando que saiba o que está fazendo.

Tudo isso é óbvio quando se trata de viajar. Não deveria ser óbvio também que os mesmos princípios se aplicassem quando se trata de planejar a sua vida financeira?

## TRÊS VERDADES FUNDAMENTAIS DO PLANEJAMENTO FINANCEIRO

1. Não dá para planejar as finanças quando não sabemos de onde estamos partindo.
2. Não dá para planejar as finanças quando não sabemos onde queremos ir.
3. Para manter a rota do ponto de partida até o destino final, temos que monitorar o progresso que fazemos.

Neste passo – "Planejem juntos... Vençam juntos" – discutiremos algumas ferramentas e estratégias que podem nos ajudar na tarefa aparentemente terrível de pôr ordem nas finanças de modo que nos permita manter a rota. Vamos discutir também a importância das metas na relação com o parceiro e na criação de um rico futuro financeiro.

## ENTÃO... VOCÊS REALMENTE SABEM ONDE ESTÃO NESTE MOMENTO?

Se eu pedisse agora para você me descrever a sua atual situação financeira, você saberia me dizer qual é o seu patrimônio líquido? Você sabe de quanto vocês dispõem, quais são as suas obrigações e despesas? Você consegue fazer com facilidade uma lista dos investimentos que vocês têm, de quantas prestações faltam para quitar a casa, das dívidas que têm no momento? Todas essas informações estão bem-organizadas? Se precisar, você sabe exatamente onde encontrá-las? Ou isso é uma tarefa impossível?

Não queira se enganar a respeito das respostas a estas perguntas. Seja honesto. Pense naquele teste que vocês dois fizeram no Primeiro Passo. Qual foi a pontuação de cada um?

Se vocês são como a maioria dos casais, é muito provável que fizeram menos pontos do que gostariam de fazer. Tudo bem. Na verdade, isso é normal. Neste momento, a meta é começar a resolver esses problemas. Lembre-se: você não comprou este livro para ser normal, mas para ficar acima da média – para ser extraordinário. Você comprou este livro – e está investindo seu tempo na leitura – para que vocês dois fiquem ricos.

## OITO FUNDOS DE PENSÃO INDIVIDUAL, SEIS CERTIFICADOS DE AÇÕES, DEZ CARTÕES DE CRÉDITO...

Bill e Nancy eram um casal "normal" com quase quarenta anos. Vieram juntos ao meu escritório porque queriam resolver juntos a sua vida financeira. Casados há 10 anos, com dois filhos, os dois pretendiam há anos organizar suas finanças.

Trouxeram com eles uma caixa cheia de papéis – declarações de imposto de renda, extratos anuais, cheques cancelados, recibos antigos e muito mais. "Está tudo aqui", disse Bill. "Por onde começamos?"

Examinar os registros financeiros das pessoas pode ser uma experiência incrível. E assim foi no caso de Bill e Nancy. Há anos que eles jogavam tudo o que fosse vagamente financeiro naquela caixa. A boa notícia é que tinham guardado muita coisa. A ruim é que nunca mais olharam o que tinha na caixa. Muitos extratos e informes bancários ainda estavam nos envelopes em que tinham chegado – e muitos envelopes nunca tinham sido abertos.

Dando uma olhada no conteúdo da caixa, descobri que eles tinham pelo menos oito contas de aposentadoria. Oito fundos de pensão para um casal que ainda não tinha feito quarenta anos. Tinham também cinco contas bancárias, 10 cartões de crédito, uma hipoteca da casa, vários títulos públicos, seis certificados de ações e muito mais. Levamos uma boa parte da tarde para descobrir quanto dinheiro eles tinham e onde esse dinheiro estava.

Loucura, certo? Exceção total, certo?

Errado.

Pode ser que vocês não sejam assim tão desorganizados, mas sei por experiência que a maioria dos casais não tem um sistema razoável para organizar as finanças e mantê-las organizadas. Isso não se aprende na escola e, em geral, as pessoas estão tão ocupadas durante a semana inteira que não têm tempo para descobrir sozinhas. Então deixam por isso mesmo.

Mas não se preocupe. Depois de muitas reuniões como a que tive com Bill e Nancy, eu criei um sistema para ajudar os casais a pôr as finanças em ordem com facilidade. Ao longo dos anos, milhares de pessoas usaram esse sistema para assumir o controle da própria vida financeira, e agora vou compartilhá-lo com vocês.

## UMA FAXINA NAS FINANÇAS

Quando alguém telefona para o meu escritório no The Bach Group para agendar uma conversa sobre suas finanças pessoais, a primeira coisa que fazemos é enviar-lhe a minha Planilha de Inventário (*FinishRich Inventory Planner*®). Desenvolvi essa ferramenta para ajudar as pessoas a organizar seus documentos financeiros. Organizar-se – fazer uma "faxina financeira" – é o primeiro passo quando se decide levar a sério um planejamento financeiro. Você tem que arrumar a bagunça antes de começar a avançar.

No Segundo Passo, você aprendeu a identificar seus valores relativos a dinheiro. Agora é hora de arregaçar as mangas e começar a trabalhar. No Apêndice no fim do livro, você encontrará uma cópia da Planilha de Inventário. Está na página 248 e você pode dar uma lida. Mas não é para preencher agora, é só para dar uma olhada.

Preencher a Planilha de Inventário é um dos exercícios mais importantes deste livro: é uma tarefa que pode mudar a sua vida. Mas não pare de ler agora. Deixe para preencher a planilha quando terminar de ler o livro. É uma "lição de casa", que você fará com o seu parceiro ou parceira.

Embora eu não queira que você pare agora para preencher a Planilha, quero que faça uma coisa. Quero que você, junto com o seu parceiro ou parceira, organize seus documentos financeiros para que depois seja mais fácil preencher a Planilha.

Se vocês são como a maioria dos meus alunos, tenho certeza de que todas as suas informações financeiras estão organizadas em ordem alfabética em arquivos organizados por cor, com rótulos impressos. Como vocês têm tudo cuidadosamente guardado numa bela gaveta de arquivo, arrumadinha e de fácil acesso, será fácil localizar o que é necessário para preencher a Planilha de Inventário. Não mais do que 15 minutos. Certo?

Brincadeirinha. Sei muito bem que o sistema de arquivo de quase todo mundo consiste numa caixa de sapatos em que se joga informes bancários, certificados de ações, apólices de seguro e toda aquela papelada que você sabe que precisa guardar mas não tem vontade nenhuma de ver do que se trata. Não se preocupe. Mesmo que seus "arquivos" estejam numa sacola de compras rasgada, guardada no fundo do guarda-roupa, o meu sistema facilitará tanto a organização da papelada que nunca mais vocês ficarão desorganizados.

## É HORA DE ACHAR AS SUAS COISAS

Antes de entrar em detalhes, quero dizer uma coisa do fundo do coração. Este livro pode ser capaz de entretê-lo e de fazê-lo pensar em algumas questões importantes, mas nunca conseguirá mudar a sua vida se vocês dois não estiverem realmente dispostos a agir. O meu sistema é tão simples que vocês não devem levar mais de 30 minutos para fazer tudo. Mas, justamente por causa disso, você pode ficar tentado a dar uma lida nas próximas páginas, dizendo: "Isso é interessante – mas depois a gente faz."

Não é para deixar para "depois". Comprometam-se um com o outro, agora mesmo, a fazer esse exercício nas próximas 48 horas. Aproveitem enquanto estão motivados. É tudo para melhorar a vida financeira de vocês dois. Não me importa se vocês têm ou não um lindo sistema de arquivo. O que me importa é que tenham um sistema fácil que lhes permita ter sempre à mão todas as informações financeiras – e que tenham uma visão clara (e por escrito) do que têm, devem e gastam.

Se vocês são um desses raros casais que compraram um programa de administração de dinheiro, como o *Quicken*, e que começaram a usá-lo de verdade há mais de 90 dias, este processo será fácil porque vocês já devem ter as coisas bem-organizadas. Se não, não se preocupem. Como eu disse, isso não deve levar mais de meia hora. Se levar mais, tudo bem. É um sinal de que isso era realmente necessário.

## SISTEMA DE ARQUIVO
## (*FINISHRICH FILE FOLDER SYSTEM*®)

Eis o que eu quero que façam. Primeiro, quero que comprem umas 12 pastas suspensas com visor e uma caixa com pelo menos 50 pastas simples com visor para pôr dentro delas. Depois, quero que rotulem as pastas da seguinte forma:

1. Na primeira pasta suspensa, ponham o rótulo "**Impostos**". Dentro dela, ponham oito pastas simples, uma para cada um dos sete últimos anos e uma para o ano corrente. Marquem o ano no visor de cada pasta e guardem nela todos os documentos daquele ano referentes a impostos: declarações, devoluções, informes, comprovantes. Espero que tenham pelo menos guardado as declarações. Se não guardaram, mas elas foram feitas por um contador, entrem em contato com ele e peçam uma cópia. Como regra, é importante guardar as declarações pelo mínimo de sete anos, um prazo razoável caso vocês caiam na malha fina da Receita. Eu recomendo um prazo maior, mas vocês é que sabem.

2. Na segunda pasta, ponham o rótulo "**Contas de Aposentadoria**". É nela que ficarão todos os extratos das contas de aposentadoria. É bom criar uma pasta para cada conta que vocês têm. E não se esqueçam de escrever em cada pasta de quem é cada aposentadoria. É importante guardar os extratos trimestrais, mas *não é* preciso guardar todos os prospectos que as companhias de fundos mútuos costumam mandar. No entanto, se vocês têm um plano

de aposentadoria da empresa onde trabalham, é muito importante guardar o pacote de inscrição porque ele traz as opções de investimento que vocês têm – e que é bom rever todos os anos.

3. Na terceira pasta, ponham o rótulo "**Previdência Social**". Nela ficam os demonstrativos dos benefícios mais recentes. Caso não tenham, podem pedir pela Internet. Se não tiverem acesso à Internet, telefonem para o posto mais próximo da Previdência Social.

4. Na quarta pasta, ponham o rótulo "**Contas de Investimento**". Cada conta de investimento, que não seja uma conta de aposentadoria, deve ter a sua pasta. Se vocês têm fundos mútuos, contas de corretagem ou ações individuais, todos os extratos e demonstrativos de cada um desses investimentos devem ir para a sua respectiva pasta. Se vocês têm contas individuais e conjuntas, criem pastas para cada uma delas.

5. Na quinta pasta, ponham o rótulo "**Poupanças e Contas Correntes**". Se vocês têm várias dessas contas, criem pastas separadas para elas. Guardem aí seus extratos mensais.

6. Na sexta pasta suspensa, ponham o rótulo "**Contas da Casa**". Se a casa onde moram é de vocês, essa pasta tem que conter as seguintes pastas: "Escritura", onde ficarão a escritura, o registro de imóveis e todos os documentos relacionados (se faltar algum documento, procurem no cartório ou com a imobiliária); "Melhorias", onde ficarão os recibos de todas as melhorias e reformas que fizerem (como essas despesas podem ser acrescentadas à base do preço da casa em caso de venda, é bom guardar esses documentos enquanto tiverem a casa); "Hipoteca da casa", onde deve ficar o contrato e todos os comprovantes de pagamento das parcelas. Se vocês moram em imóvel alugado, a pasta deve conter o contrato de locação, os recibos do depósito ou seguro-locação e do pagamento dos aluguéis.

7. Na sétima pasta, ponham o rótulo "**DÍVIDA de Cartão de Crédito**". Escrevam DÍVIDA em letras maiúsculas para que chame a atenção e incomode sempre que baterem os olhos na pasta. Não estou brincando. Vou explicar depois como lidar com dívidas de cartão de crédito. Por hora, só espero que esta não seja uma de suas pastas mais cheias. É bom criar uma pasta separada para cada cartão de crédito que tiverem. No caso de muitos casais, essa pasta pode conter mais de uma dúzia de subpastas. Sei de casais que têm quase 30. Seja quantas forem as subpastas, guardem nelas todos os extratos mensais. Guardem mesmo. Assim como as declarações de imposto de renda, eu guardo os meus extratos de cartão de crédito por sete anos, caso venha a sofrer uma auditoria.

8. Na oitava pasta, ponham o rótulo "**Outras Obrigações**". Nela, ficam todos os documentos relativos a dívidas sem relação com a hipoteca da casa nem com os cartões de crédito, como mensalidades escolares, prestações do carro, outras prestações. Cada dívida deve ter a própria subpasta, que deve conter todos os comprovantes de pagamento.

9. Na nona pasta, ponham o rótulo "**Seguro**". Ela conterá pastas separadas para cada uma das apólices de seguro: seguro de vida, seguro do carro, seguro residencial, etc. Em cada pasta, guardem a apólice e os comprovantes de pagamento.

10. Na décima pasta, ponham o rótulo "**Testamentos**". Esta pasta deve conter uma cópia do testamento mais recente, assim como um cartão do advogado que redigiu esses documentos.

11. Se vocês têm filhos, criem uma pasta com o rótulo "**Contas dos Filhos**". Ela deve conter todos os extratos e outros documentos relacionados a poupanças e outros investimentos que vocês tiverem feito para os seus filhos.

12. Finalmente, criem uma pasta chamada **Planilha de Inventário** (***FinishRich Inventory Planner***). É aí que vocês vão guardar a

planilha da página 248, depois de preenchida. Essa pasta conterá também uma subpasta em que vocês guardarão um registro semianual do seu patrimônio líquido – uma informação vital para saber a quantas anda o seu progresso financeiro.

É isso. Acabamos. Doze pastas suspensas – 11 se não tiverem filhos. Não foi tão difícil, foi?

Quando começarem a organizar o sistema de pastas, pode ser que descubram que não têm alguns documentos. Em alguns casos (como o de um testamento, por exemplo), pode ser porque nunca tiveram o documento em questão; em outros (cópias de antigas declarações de imposto de renda, por exemplo) pode ser que tenham inadvertidamente jogado fora. Seja qual for a razão, não se preocupem. Organizem as pastas da melhor forma possível e anotem o que falta. Quando chegarem ao fim deste livro, estarão tão organizados que será mais fácil preencher todas as lacunas.

Por hora, devem ter orgulho do progresso que já fizeram. Agora que já começaram a pôr em ordem as finanças, estão em situação muito melhor do que estavam quando começaram a ler este livro.

## E SE O MEU PARCEIRO NÃO QUISER FAZER ESTE EXERCÍCIO COMIGO?

Vamos encarar os fatos. Por melhor que seja o relacionamento de vocês, são poucas as chances de acordarem numa bela manhã e dizerem um ao outro: "Sabe de uma coisa? Acho que devemos ir agora mesmo à livraria e comprar um livro que ensine os casais a administrar juntos o seu dinheiro. Depois, vamos ler o livro e deixar as nossas finanças totalmente organizadas. Vai ser superdivertido e contribuir para o nosso futuro."

O mais provável é que um de vocês tenha comprado o livro sozinho por estar preocupado ou preocupada com o futuro financeiro do casal. Então, quem comprou o livro está disposto a fazer os exercícios, enquanto o outro está menos motivado – talvez muito menos motivado.

Por que digo isso? Porque, por alguma razão, parece que os opostos se atraem. Isso é fato no caso de muitos casais que conheço. Uma pessoa superorganizada acaba se juntando com uma pessoa bagunceira. Uma pessoa que sabe como é importante apertar o tubo de pasta de dentes de baixo para cima acaba se juntando com uma pessoa que só aperta o tubo no meio.

Não pretendo fingir que sou terapeuta e que sei por que isso acontece... acontece e pronto. E embora as diferenças possam acrescentar tempero ao relacionamento, podem também causar problemas. Na verdade, nada me motivou mais a escrever este livro do que aquela história que contei na Introdução, da mulher que comparou seu casamento a um avião com dois motores: um indo com força total para a frente e o outro com força total para trás. Ela queria pular fora do avião antes que ele caísse. É uma história triste. E é mais comum do que parece.

## O MELHOR JEITO DE COMEÇAR A TRABALHAR COM O SEU PARCEIRO É SE ORGANIZAR

Muita gente que nunca cuidou das finanças junto com o parceiro, me pergunta qual é a melhor maneira de começar. Ou seja, como fazer para que isso não acabe inevitavelmente numa briga.

Minha resposta é simples. Combinem um dia para "fazer uma faxina na papelada". Na verdade, o Sistema de Arquivo não passa disso. Você diz ao seu parceiro ou parceira: "Ei! Está na hora de dar uma organizada na nossa papelada." É como se fossem arrumar a garagem – uma tarefa que ficamos adiando mas que nos sentimos muito bem quando terminamos!

Então, caso este livro não tenha sido uma compra conjunta mas uma iniciativa só sua, por achar que é hora de começar a levar as finanças a sério, recomendo o seguinte: fale deste capítulo com o seu parceiro e pergunte que tal tirar umas duas horas para arrumar melhor a papelada. Senão, tenho uma sugestão mais furtiva. Se o seu parceiro não estiver mesmo interessado, comece sozinho. Sente-se à mesa da cozinha (ou onde for) e comece a preparar as pastas. É mais do que provável que daí a pouco ele ou ela queira participar.

Juntar todos os documentos e começar a organizar um novo arquivo tende a despertar o interesse dos mais relutantes. Afinal, isso é um pouco mais sério – e mais importante para o futuro – do que arrumar a garagem.

## NÃO SEJA AGRESSIVO DEMAIS: OFEREÇA MEL... NÃO VINAGRE!

O entusiasmo é uma grande coisa. Mas quando passa do ponto pode ser contraproducente. Uma das piores coisas que você pode fazer – se quiser dar um impulso positivo no relacionamento e administrar melhor as finanças – é começar a bombardear o parceiro ou parceira com tudo o que ele ou ela deveria fazer.

Isso eu aprendi muito bem quando comecei a fazer os seminários "Smart Women Finish Rich". As mulheres saíam dos seminários tão empolgadas e motivadas que chegavam em casa e já iam anunciando: "Estamos fazendo tudo errado. Acabei de ter uma aula com um consultor financeiro e agora me dei conta de que você pode morrer antes de mim ou me trocar por alguma vagabunda e por isso quero que me explique agora mesmo onde está o nosso dinheiro para que eu possa arrumar essa bagunça em que você nos meteu!"

O que não era bem o que eu tinha em mente.

Depois de receber alguns telefonemas de maridos e namorados zangados, querendo saber o que eu tinha dito para as suas mulheres ou namoradas (e responder sem jeito, "Era só para fazer a lição de casa e organizar as finanças"), compreendi a importância da diplomacia.

Como dizia minha avó Bach: "É melhor pegar moscas com mel do que com vinagre." Em outras palavras, para tornar o planejamento das finanças um processo divertido, de que os dois participem de boa vontade, é melhor levantar a questão com jeito.

Foi exatamente isso que fez uma cliente minha chamada Betsy. Ela participou de um dos meus seminários e percebeu imediatamente que precisava conversar com o marido, Victor, a respeito da "papelada" que, nas palavras dela, estava uma "bagunça total". Felizmente, ela percebeu que, se fosse muito direta, ele não reagiria bem.

"O que eu fiz", contou-me depois, "foi dizer ao Victor, 'Meu bem, tenho um monte de lição de casa desse seminário de que participei e acho que vou precisar da sua ajuda. Será que dá para você me ajudar no fim de semana?'"

Essa foi a maneira perfeita de levantar a questão. Ninguém estava acusando ninguém de nada (como deixar as finanças na maior confusão). E nem deu a impressão de que ela pretendia controlar sozinha as finanças do casal. Como Betsy introduziu a questão pedindo a ajuda de Victor, ele aceitou com prazer. Ela me disse ainda, "Quando mostrei a Victor qual era a tarefa, ele admitiu na hora que devíamos ter feito aquilo há anos."

No fim, Victor ficou grato a Betsy pela oportunidade de arrumar a garagem financeira – e por ela lhe ter chamado a atenção para o fato de que era muito melhor os dois cuidarem juntos das finanças. "Tenho que admitir que foi muito bom quando acabamos de preencher a planilha do organizador financeiro naquele fim de semana", disse ele depois. "Pela primeira vez em muitos anos, Betsy e eu conversamos de verdade sobre a nossa vida financeira. Depois de pôr no papel tudo o que temos e tudo o que devemos, conseguimos finalmente avaliar com clareza a nossa situação e o patrimônio da nossa família. Eu sempre tive uma idéia de tudo, mas essa planilha deixou tudo mais claro e fácil de administrar. Tenho que admitir também que o fato de Betsy querer participar mais de nossas questões financeiras tirou um peso dos meus ombros. Agora eu me sinto menos pressionado."

Então, vá em frente e não deixe o projeto de lado!

## PEQUENOS SUCESSOS AUMENTAM A CONFIANÇA E O ENTUSIASMO

Criar em casa um sistema de arquivo para organizar as finanças não é uma tarefa momentosa. Na verdade, é uma coisa bem simples e, por isso mesmo, é fácil arrumar argumentos racionais para deixá-la para depois. Você diz a si mesmo, "É uma boa idéia, mas até que está tudo bem arrumado."

Mas pare por um momento e imagine como seria se você fosse em frente e levasse a cabo a tarefa. Imagine se você realmente marcasse um dia com o seu parceiro ou parceira para criarem esse sistema de arquivo e conseguissem deixar tudo organizado. Imagine se todo mês, na hora de pagar as contas e outras obrigações financeiras, bastasse abrir uma gaveta de arquivo, sabendo que está tudo lá, bem-organizado.

Se o único benefício deste exercício for lhes trazer um pouco mais de confiança financeira, ele já vale seu peso em ouro. Muitas pessoas passam mais de sete horas por dia vendo televisão. Tudo o que peço é que vocês reservem duas horas nos próximos dias para organizar todas as suas informações financeiras.

Acredite em mim – às vezes, para mudar a vida para melhor, basta uma pequena ação ou um pequeno sucesso. Depois de ajudar muita gente com esse sistema de arquivo, sei que ele pode motivá-lo a melhorar muito a sua vida financeira... e no fundo é isso que este livro se propõe a fazer.

## PEGUEM SEUS VALORES E OS TORNEM REAIS

Agora que vocês dois estão se organizando financeiramente, vamos cuidar das suas metas. Depois de dar mais de mil palestras e seminários nos últimos sete anos, sei por experiência que nada pode mudar mais depressa a vida de alguém do que definir metas específicas e significativas e depois anotá-las por escrito. Acredite em mim: pôr no papel algumas metas importantes pode literalmente transformar o seu futuro em questão de dias.

Mas há um problema que atrapalha essa abordagem. A idéia de "estabelecer metas" é um conceito tão superexposto que, quando se toca no assunto, quase todo mundo se fecha. O cérebro reage, "Ah! Não! Não essa coisa de metas de novo! Me contem algum segredo novo!" Se é assim que você reagiu, eu entendo. Mas me ouça e depois teste a minha sugestão. Vai levar uns 10 minutos. Você veio até aqui? O que são mais alguns minutos?

Então, por que é necessário estabelecer metas? Esse é o ponto decisivo...

## A VIDA É DIFÍCIL

O fato é que não é fácil ter boas notas, acabar a faculdade, encontrar alguém para amar e ter um grande relacionamento (ou casamento). Não é fácil ter sucesso no trabalho ou nos negócios. Não é fácil ter algum dinheiro. Não é fácil criar bem os filhos. Não é fácil continuar magro.

Poderia continuar indefinidamente, enumerando coisas que não são fáceis. Mas você já entendeu. A vida não é fácil. Mas essa não é a única verdade que importa neste contexto. É verdade também que uma "vida ruim", em que não se consegue o que se quer, consome tanto esforço quanto uma "vida boa", em que se consegue o que se quer. Então, podendo escolher, por que não optar pela boa?

Mesmo que no fim não dê certo, vale a pena procurar viver bem. Afinal, ganhe você ou não no final, é melhor ter jogado. Infelizmente, muita gente nem chega a jogar, deixando simplesmente que a vida aconteça. Vivem como quem desce a correnteza numa canoa sem remos. Vão para onde o rio as levar. E sabe onde quase sempre essa gente acaba? Na pior!

É triste, mas é verdade. Muita gente "segue a correnteza" e depois reclama porque não foi parar onde queria. Sai por aí dizendo que a vida é injusta. Eu discordo. A vida é totalmente justa. Conseguimos o que fazemos por conseguir. Não vá atrás de nada e nada conseguirá. Vá atrás do que pretende e, mesmo que não atinja a meta principal, vai conseguir muitas coisas boas no caminho.

Não estou falando por falar. Estabelecer metas funciona. Isso é um fato. O mundo é cheio de pessoas que começam do nada e acabam tendo mais do que sonharam – porque estabeleceram metas para si mesmas. Um exemplo fenomenal disso é o de uma mulher que todo mundo conhece e adora: Oprah Winfrey. Ela cresceu pobre, sofreu abuso sexual quando criança, teve que ouvir que não valia nada e, mesmo assim, tornou-se uma das pessoas mais influentes do nosso tempo. Mas Oprah não acordou numa bela manhã, quando era adolescente, e disse, "Acho que a partir de amanhã vou ter o meu próprio programa na TV e influenciar milhões de pessoas todos os dias." Ela passou décadas trabalhando, estabelecendo metas e batalhando contra obstáculos de todos os tipos para chegar lá.

Pode-se dizer o mesmo de um homem que todos conhecem: Michael Jordan. Provavelmente o maior jogador de basquete de todos os tempos. Michael não acordou um dia, já com mais de vinte anos, e disse, "Acho que vou ser a maior estrela do basquete que já existiu." Ele nem foi aceito na equipe da escola na sua primeira tentativa. Quando era jovem, as pessoas lhe diziam para esquecer o basquete. Mas Michael tinha sonhos, tinha metas, e trabalhou contra todas as dificuldades para torná-los reais.

Isso tem algum impacto sobre você? Ninguém precisa ser a Oprah nem o Michael Jordan. Não estou lhe pedindo para mudar o mundo ou para ser o melhor de todos os tempos. Estou sugerindo apenas que pegue os cinco valores que escolhemos no Segundo Passo e estabeleça cinco metas específicas (pelo menos uma delas deve ter alguma relação com finanças) que pretende atingir nos próximos 12 meses. E que o seu parceiro ou parceira faça o mesmo. Assim, vocês criarão o Plano Financeiro Focalizado em Propósitos de que venho falando.

## TRACE O SEU PLANO FINANCEIRO FOCALIZADO EM PROPÓSITOS®

O que é um Plano Financeiro Focalizado em Propósitos? Um Plano Financeiro Focalizado em Propósitos nada mais é do que uma lista de coisas a fazer (metas) que vai ajudá-los a viver uma vida de acordo com seus valores mais importantes. A seguir, sete dicas para você e o seu parceiro ou parceira definirem essas metas e depois uma planilha que os ajudará a criar o plano.

> **REGRA Nº 1**
> **Verifique se as suas metas têm base nos seus valores.**

Como discutimos no Segundo Passo, identificar cinco valores principais parece ser uma coisa de pouca importância, mas é um exercício que pode transformar a sua vida. Quanto mais clareza você tiver a respeito dos seus valores, mais fácil será basear neles as suas metas – e se as suas metas forem baseadas nos seus valores, você terá muito mais probabilidade de atingi-las. Afinal, o que pode motivá-lo mais a planejar seus gastos e investimentos do que as coisas que realmente importam para você? E o que pode ser mais importante do que os valores que você escolheu para pautar a sua vida e o seu crescimento?

É claro que viver uma vida baseada nos valores que escolheu não é uma coisa que simplesmente acontece: você tem que fazê-la acontecer. Você tem que planejá-la. Isso significa usar o Círculo de Valores do Segundo Passo e definir claramente os seus valores. E lembre-se, não fique obcecado pela perfeição. Não há valores "perfeitos" e nem mesmo "corretos". O importante é começar a pensar e a agir proativamente, com base no que é mais importante para você.

Idealmente, cada um desses cinco valores deveria levá-lo a uma meta básica. Ponha no papel um valor e, ao lado, uma meta relacionada a ele, em que pretenda concentrar tempo e energia.

> **REGRA Nº 2**
> **Estabeleça metas específicas, detalhadas e com linha de chegada.**

Nunca será demais ressaltar como é importante especificar ao máximo essas cinco metas principais. Na planilha, há cinco campos que vão ajudá-lo a fazer isso.

Muitos casais querem ser mais ricos. Outros querem ser mais românticos. Outros ainda querem ter uma família unida. Quase todos nós queremos ter alguma coisa que não temos no momento.

Infelizmente, querer uma coisa e consegui-la são duas coisas diferentes. Para atingir uma meta, você tem que saber exatamente o que está buscando. Em outras palavras, tem que pegar aquelas idéias e pensamentos vagos a respeito da vida que gostaria de ter e torná-los específicos.

Por exemplo, eu adoraria ter uma casa de veraneio. Então, eu poderia dizer que uma das minhas metas é comprar uma casa para passar as férias e escrever na planilha: "Ter uma segunda casa." Mas de que adiantaria isso? Não adiantaria muito porque uma frase genérica como "ter uma segunda casa" não nos ajuda, nem a mim nem à minha mulher, a nos concentrar no que é preciso fazer para chegar onde queremos. Onde seria essa segunda casa? Quanto custaria? Como seria ela? Quando daria para comprá-la? Quanto tempo levaria para economizar esse dinheiro?

Por outro lado, eu poderia detalhar a minha meta e defini-la da seguinte maneira: "Nos próximos três anos, pretendo comprar uma casa de cinco quartos e três banheiros na margem oeste do Lago Tahoe, com um *deck* do qual Michelle e eu possamos mergulhar." Bom, isso é uma coisa que dá literalmente para ver. Dá para visualizar exatamente como seria essa nossa segunda casa. É possível também descobrir quanto custa uma propriedade assim. E se esse é um sonho realista para nós. Com isso, podemos traçar um plano para começar a poupar dinheiro para realizá-lo.

Podemos até traçar um cronograma. Podemos estabelecer, por exemplo, que nossa intenção é comprar a casa no lago antes da primavera de 2003 e já passar o verão lá.

Agora a minha meta começa a ficar mais real e mais empolgante. E, como fizemos um cronograma, é possível saber se estamos no bom caminho para atingi-la ou se estamos apenas nos enganando. Se, por exemplo, na metade de 2002 ainda nem tivermos começado a poupar dinheiro para comprar a casa e nem pesquisado o tipo de propriedades disponíveis nos lugares que gostamos, essa será uma indicação de que precisamos repensar a seriedade das nossas intenções.

Nem é preciso dizer que você não precisa ter, como meta, uma casa dos sonhos no Lago Tahoe. Pagar as dívidas do cartão de crédito nos próximos 12 meses pode ser uma meta específica e mensurável. Assim como ir para o Havaí dentro de dois anos para passar as férias dos seus sonhos. Ou limpar a casa de cima a baixo nos próximos três meses.

> **REGRA Nº 3**
> **Ponha suas cinco metas principais no papel.**

Pode ser clichê, mas é verdade: quem escreve suas metas financeiras fica rico. Isso é um fato. Muitos estudos comprovam que pôr as metas no papel aumenta a probabilidade de atingi-las. Depois de anos fazendo isso, posso lhes garantir que se você escrever suas metas numa folha de papel, elas terão grandes probabilidades de se realizar, mesmo que a folha fique guardada numa gaveta e você nem olhe para ela durante muito tempo.

Pôr as metas no papel é realmente uma coisa incrível. Isso faz alguma coisa com você no nível subconsciente que acaba aproximando-o da meta. Por um lado, escrevendo as metas, você as torna mais específicas. Por outro, faz com que elas pareçam mais reais para você. Quanto mais reais forem as metas, mais animados vocês dois ficarão – e quanto mais animados ficarem, mais provável será que atinjam a linha de chegada.

Ao escrever as metas, você aumenta a sua importância. Ao escrever metas importantes, você torna a vida mais significativa.

> **REGRA Nº 4**
> **Comece a agir dentro de 48 horas para atingir a sua meta.**

Conheci o poder da ação num seminário chamado "Encontro com o Destino", de Anthony Robbins. "Não basta pôr as metas no papel", disse ele, "é preciso agir." Ele tinha como regra que, estabelecida uma meta, não se deve deixá-la "parada": nas 48 horas seguintes, é preciso fazer alguma coisa para atingi-la. Segundo ele, quando não se age imediatamente, é grande a chance de nunca se fazer nada.

Nada do que aprendi sobre metas teve tanto impacto sobre mim – e nos resultados que tive – quanto essa dica. Nestes últimos 10 anos, aprendi com Tony Robbins que uma causa posta em movimento se torna uma vida posta em ação. É por isso que a planilha do Plano Financeiro Focalizado em Propósitos inclui um campo para a sua "ação nas primeiras 48 horas". Pode ser qualquer coisa – mas tem que ser alguma coisa.

Vamos voltar ao meu exemplo da casa no Lago Tahoe. Mesmo achando que será impossível comprá-la nos próximos 5 anos, há coisas que posso fazer agora mesmo para me aproximar da minha meta. Posso entrar em contato com alguns corretores de imóveis da região e lhes pedir para me enviar informações sobre casas como a que eu quero. Posso assinar um jornal de Tahoe para ir dando uma olhada nos anúncios de imóveis. Posso alugar uma casa em Tahoe por algumas semanas para que Michelle e eu possamos sentir como é ficar lá mais do que um dia ou dois.

A idéia é que eu posso "fazer alguma coisa" – e nas próximas 48 horas. Tomando providências imediatas e específicas, minha meta se torna ainda mais real para mim e, com isso, mais empolgante. É essa empolgação que vai acabar criando a energia mais duradoura que nós dois precisamos para tornar a nossa meta realidade.

---

**REGRA Nº 5
Consiga ajuda.**

---

Há um mito que eu gostaria de eliminar: o mito da pessoa que se faz sozinha. As pessoas costumam usar essa expressão quando ao falar de algum sucesso que tiveram ou da fortuna que acumularam e – sendo justo – para se diferenciar de pessoas que herdaram sua fortuna ou posição. Tudo bem, mas a verdade e que não existe ninguém que se faça sozinho. Ninguém alcança uma meta importante sem alguma ajuda de outras pessoas. Em qualquer circunstância, os seres humanos precisam de outros seres humanos para ir em frente.

Então, ao estabelecer suas metas, pare um segundo e pense. A quem você pode recorrer para ajudá-lo a atingir as suas cinco metas principais? Não pense que você e o seu parceiro ou parceira têm que fazer tudo isso sozinhos. Há muitos recursos maravilhosos esperando para ajudá-los a tornar as suas metas uma realidade. Alguns deles podem estar dentro da sua casa. Se vocês têm filhos, pode ser que eles possam ajudá-los. E os amigos? Algum deles pode ajudar de algum jeito? Agora, vá além das pessoas conhecidas e comece a pensar em pessoas que talvez precise conhecer.

Embora nada seja mais importante do que compartilhar seus sonhos e metas com as pessoas em quem confia, também não faz nenhum mal compartilhá-los com estranhos. Nunca se sabe – a pessoa sentada a seu lado numa festa ou numa palestra pode estar na posição perfeita para ajudá-lo a realizar os seus sonhos. Se guardar as metas para si mesmo, pode acabar perdendo grandes oportunidades.

Num dos meus seminários, conheci uma mulher que trabalhava como assistente administrativa numa escola para adultos, mas tinha o sonho de ser artista gráfica. Seguindo as mesmas regras que discuti aqui, ela especificou a sua meta, estabeleceu um prazo, pôs tudo no papel – e começou a falar das suas pretensões com todo mundo que encontrava. Não deu outra: alguém que ela conheceu numa festa lhe falou sobre uma possibilidade de trabalho e, quatro semanas depois, ela começou a trabalhar como diretora de criação numa empresa emergente, criando cartões de felicitações online. Garanto que não foi só um acaso feliz. Foi uma questão de compartilhar o sonho – e de não ter medo de correr atrás.

Mais adiante, vamos tratar de coisas como contas de aposentadoria, testamento, seguro, planos de depósitos programados, como aumentar sua renda em nove semanas e muito mais. Muitas dessas coisas vão exigir que vocês dois peçam ajuda. Tudo bem. Não há nada de errado nisso. Então, incluam na planilha uma lista de pessoas a quem vocês podem recorrer para ajudá-los a atingir suas cinco metas principais.

> **REGRA Nº 6**
> Procure ter uma idéia de quanto dinheiro
> vocês vão precisar para atingir suas metas.

Ao definir suas cinco metas principais, você vai descobrir que algumas nada têm a ver com dinheiro, enquanto outras têm tudo a ver. Para realizar algumas delas, vocês não precisarão poupar por muito tempo, enquanto outras exigirão muito tempo e investimento. Como é importante saber qual é qual, parte do Plano Financeiro Focalizado em Propósitos envolve uma estimativa de quanto dinheiro você acha que vai precisar para custear suas cinco metas principais.

Então, faça a si mesmo algumas perguntas: Quanto essa meta vai custar? Quanto precisamos começar a pôr de lado, toda semana ou todo mês, para conseguir chegar lá?

No caso de metas que custam dinheiro, se vocês não começarem a planejar e a poupar para esse fim, elas não serão atingidas. Mais tarde, no Sétimo Passo, vamos discutir os tipos de investimento mais convenientes para custear seus sonhos e metas. Por ora, anote na planilha, no espaço apropriado, uma estimativa de quanto dinheiro acha que será necessário. (Se não tiver uma quantia em mente, não se preocupe: pode preencher o espaço depois.)

É importante preencher esse espaço porque pode ser que você descubra que suas metas mais importantes não exigem dinheiro. Isso significa que é possível atingi-la em pouco tempo. Por outro lado, você pode descobrir que uma das cinco metas é tão cara que nem vale a pena pô-la no papel. Isso não quer dizer que você deve esquecê-la, mas isso pode ser um sinal de que precisa repensar algumas coisas. Algumas metas que à primeira vista parecem ser caras demais acabam tendo soluções mais baratas depois de um exame mais demorado. Por exemplo, talvez você descubra que ter uma casa na praia é tão caro que você precisaria ganhar na loteria. Mas alugar uma casa por algumas semanas todo ano pode não estar fora de questão – e essa pode ser uma boa maneira de vocês começarem a pegar a estrada em direção à meta final.

O importante é que vocês dois precisam ter uma idéia de quanto vai custar atingir suas várias metas. Isso lhes permitirá fazer duas coisas: (1) perceber até que ponto as metas são realistas (ou não) e (2) iniciar um plano de poupança e investimentos sistemáticos para juntar o dinheiro que precisarão para atingi-las.

> **REGRA Nº 7**
> Verifique se as suas metas estão de acordo com os seus valores... como um casal.

Nunca é demais ressaltar a importância de verificar se as metas estão de acordo com os valores de *vocês dois*. Lembra da minha meta de um dia ter uma casa de férias em Tahoe? Tenho essa meta desde que passei um verão lá, quando tinha 18 anos. Mas agora que sou casado, minhas metas não são mais minhas... são nossas. E o fato de eu querer muito alguma coisa não significa que Michelle também queira (e vice-versa).

Michelle e eu ainda não temos filhos e já falamos muito de viajar bastante antes de nos tornar pais. Mas adivinhem. Como tantos casais, conversamos muito a respeito disso mas não viajamos. Nós dois trabalhamos tanto que, nos últimos dois anos, tivemos só uma semana de férias. Há pouco tempo, quando Michelle e eu discutíamos nossas cinco metas principais, ela observou que não estamos ficando mais jovens a cada dia que passa e que, se queremos viajar, a hora é agora.

Dessa perspectiva, a minha meta de comprar uma casa em Tahoe dentro de três anos não faz muito sentido. Na verdade, depois de discutir a questão, Michelle e eu achamos que o meu sonho da segunda casa terá que esperar. Por ora, temos que nos concentrar no sonho de viajar.

Sempre me surpreendo com o número de casais que não estabelecem suas metas juntos e nem compartilham seus sonhos um com o outro. Para que viver com alguém se não é para compartilhar nossos sonhos e pensamentos mais íntimos? Algumas pessoas têm parceiros que não as incentivam, parceiros cujos sonhos e metas são tão diferentes dos seus que nem dá para chegar a um acordo. Se a sua situação é essa, então vocês têm um problema – um problema que este livro não pode resolver. Muitas pessoas me dizem que não têm o apoio do parceiro mas, felizmente, sua situação não é tão séria assim. Em geral, é só uma questão de dar mais crédito ao parceiro.

Então, não guarde para si as suas cinco metas mais importantes. Compartilhe-as com o seu parceiro. Se vocês têm filhos, compartilhe seus sonhos com eles, também. Pergunte-lhes o que gostariam de fazer com a família nos próximos três anos. Converse com eles sobre valores e depois procure fazer uma lista para a família inteira, com cinco coisas que todos gostariam de fazer juntos. Nada aproxima mais as pessoas de uma família do que planejar todas juntas suas metas mais importantes. Ao discutir nossas metas, valores e sonhos, Michelle e eu demos início ao processo de criar juntos o nosso futuro. Vocês podem fazer a mesma coisa com a sua família.

Mas chega de falar de ferramentas. É hora de começar a trabalhar e estabelecer algumas metas.

## MÃOS À OBRA!

Use a planilha do Plano Financeiro Focalizado em Propósitos para começar a pensar sobre as cinco principais coisas que gostaria de realizar nos próximos 12 anos. Lembre-se: as metas devem ser específicas e mensuráveis – coisas como pagar a dívida do cartão de crédito ou juntar dinheiro para quitar a casa. No final do livro, você encontrará duas outras planilhas – uma para o seu parceiro ou parceira e outra para vocês preencherem juntos, como casal.

Enquanto você pensa nas cinco principais coisas que gostaria de realizar nos próximos 12 meses, o seu parceiro ou parceira deve fazer a mesma coisa. Quando terminarem, sentem-se juntos e usem a terceira planilha para descobrir quais são as suas metas como casal.

Para começar a definir as metas, use o que chamo de Pergunta Esclarecedora. É exatamente o que eu pergunto nos meus seminários para que meus alunos comecem a se concentrar nos seus planos de ação.

*"Daqui a doze meses, quais as cincos coisas que vocês deverão ter realizado para sentir que fizeram um bom progresso financeiro na vida?"*

> **PLANO FINANCEIRO FOCALIZADO EM PROPÓSITOS®**
> Projetando um Ano Proativo
>
> A meta de um Plano Financeiro Focalizado em Propósitos é pôr no papel aquilo em que você vai concentrar a sua energia nos próximos 12 meses. Para isso, siga os seis passos abaixo e preencha a planilha da página ao lado.
>
> 1. Relacione os seus cinco principais valores. O ideal é que já tenha feito isso no capítulo três, quando discutimos a criação do Círculo de Valores. Lembre-se de que esses valores estão relacionados à questão de quem você quer "ser" como pessoa.
>
> 2. Com base nos seus cinco principais valores... escreva o que você quer "fazer". Suas principais "coisas a fazer" serão suas cinco principais metas nos próximos 12 meses.
>
> 3. Agora é hora de tornar essas metas específicas e mensuráveis. Lembre-se: quanto mais detalhadas e palpáveis melhor.
>
> 4. No quarto campo da página ao lado, é o momento de atacar o "plano de ação". O que você pode fazer nas próximas 48 horas para se aproximar das suas metas? Lembre-se: "Não sei" não é resposta. A resposta para "Eu não sei" é... "Eu sei que você não sabe mas, se soubesse, o que você faria nas próximas 48 horas?"
>
> 5. A quem você vai pedir ajuda? Seja específico. Se a sua meta é das que valem mesmo a pena, você precisará de ajuda. Nesse espaço, especifique quem pode ajudá-lo a atingir a sua meta.
>
> 6. Quando você vai começar e qual é o seu prazo final?

PLANEJEM JUNTOS... VENÇAM JUNTOS | 93

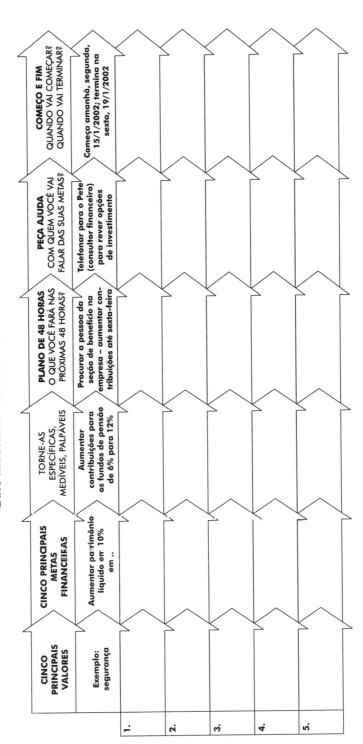

## PARABÉNS!

Antes de passar ao próximo capítulo, quero cumprimentá-lo por ter lido o livro até este ponto e, espero, por ter aderido a todos os exercícios. Muitas vezes, quem compra livros de investimento quer ir direto aos "fatos": no que devo investir, que fundo de pensão é melhor, a cobertura do meu seguro é suficiente, etc.

Todas essas coisas são importantes, mas este livro não é apenas sobre princípios básicos de investimento. É também sobre princípios básicos de planejamento de vida. Espero que os dois últimos passos o tenham feito pensar na vida. Agora é hora de passar ao que é mais específico – ou seja, como exatamente vocês dois vão ganhar mais dinheiro e investi-lo com mais sabedoria, de modo a ficarem ricos?

QUARTO PASSO

# O FATOR CAFÉ®
# DOS CASAIS

## O PROBLEMA NÃO É QUANTO GANHAMOS... É QUANTO GASTAMOS!

**SE FOR PARA GUARDAR SÓ UMA COISA** deste livro, que seja a frase acima. A realidade é que quase todo mundo ganha o suficiente para ser rico. Então, por que isso não acontece? O problema não é quanto ganhamos... é quanto gastamos!

O que a maioria das pessoas faz com o seu dinheiro suado? Desperdiça uma boa parte. É isso mesmo – desperdiça um monte de dinheiro todos os dias com "coisinhas". Eu ponho essa expressão entre aspas porque, como vamos ver, ela é enganosa. As chamadas "coisinhas" acabam custando quantias assombrosas em pouco tempo.

No quarto passo da viagem para ser um Casal Inteligente que fica rico, você e o seu parceiro ou parceira aprenderão como qualquer um pode ficar bem de vida, seja qual for a sua renda. No processo, aprenderão também a reconhecer o poder do dinheiro e a importância da riqueza, pela qual você trabalha tanto.

Em geral, nós não prestamos atenção em como gastamos o nosso dinheiro – ou, quando prestamos, nós nos concentramos apenas nos itens maiores. E ignoramos os gastos pequenos mas constantes que acabam com o nosso dinheiro. Não paramos para pensar o que nos custa ganhar dinheiro e não nos damos conta da fortuna que teríamos se, em vez de gastar, nós o investíssemos. Ao entender o que eu chamo de Fator Café dos Casais, vocês mudarão esse quadro. A questão é que vocês trabalham duro pelo dinheiro que ganham e esse dinheiro tem que trabalhar duro para vocês!

## GASTAR DEMAIS PODE SER UM PROBLEMA SÉRIO

Eu sei que você não gasta demais, gasta? Mas acredite em mim – se você não gasta, seus amigos e vizinhos gastam. O fato é que a dívida dos consumidores norte-americanos está mais alta do que nunca, totalizando hoje mais de $1,3 trilhão. Mais de um milhão de pessoas por ano declaram falência nos Estados Unidos. É quase patriótico gastar até ficar pobre.

Não é difícil descobrir por que há tanta gente "dura". Hoje em dia, é possível comprar qualquer coisa sem ter que pagar... pelo menos na hora. Você pode ir a uma loja de móveis e decorar a casa inteira porque aquela gente simpática só mandará a conta daí a 18 meses. Ou talvez você queira um carro novo, ou um barco... quem sabe os dois. Não tem problema. Você vai a uma concessionária, sorri e – *presto*! – sai de lá com um BMW ou um Mercedes novinho com suaves prestações mensais para pagar.

Com todas essas oportunidades – todas essas tentações – quem não acaba cedendo? Afinal, trabalhamos duro. O mundo não nos dá trégua. Merecemos coisas boas. Não é só: merecemos coisas boas agora! Esqueça a poupança. Quero minhas coisas hoje. Mandem pelo Sedex. E, antes que me esqueça, debitem daquele cartão de crédito que oferece programas de milhagem. Eles não estão fazendo uma promoção este mês, em que podemos ganhar milhas extras? Talvez fosse melhor gastar um pouco mais para aproveitar a promoção.

Se acha que eu estou parecendo meio idiota, você tem razão – isso tudo é idiotice. Mas não é um papo conhecido? Você conhece gente assim? Intimamente, talvez?

Concordo, nem todo mundo é assim. Nem todo mundo sai por aí comprando um BMW financiado a cada dois anos. Você, pelo menos, não. Mas será que isso significa que você merece um tapinha nas costas? Não necessariamente.

Muitas vezes, a atenção com as coisas grandes nos dá a sensação de que podemos nos dar ao luxo de não dar atenção às pequenas. Não gostamos de admitir tal coisa, mas é verdade. Temos uma tendência para pensar: "Não esbanjo dinheiro mas, que diabo, tenho o direito de tomar uma bela xícara de café com bisnaga de manhã. E de alugar um filme e pedir uma pizza hoje à noite. É o mínimo. Gastar cinco dólares aqui e ali não é muita coisa, é?"

Talvez seja. Cinco dólares aqui e ali podem se transformar num milhão de dólares se investidos corretamente.

Agora você se interessou, não é? E não estou exagerando. É verdade. Há uma forma simples e segura de obter ótimos resultados com pequenas economias de cinco dólares aqui, cinco ali. Na verdade, isso é tão simples que pode ser resumido em três palavras – três palavras essenciais no vocabulário de qualquer Casal Inteligente... elas são... O Fator Café.

## O FATOR CAFÉ DOS CASAIS®

O que é o Fator Café? O Fator Café é um conceito muito simples que se desenvolveu a partir de um seminário que fiz, quando um casal alegou não ter $5 ou $10 por dia para poupar para a aposentadoria. Mas, conversando, eu e o casal descobrimos que eles ganhavam mais do que o suficiente para ficar muito bem de vida. Como eu disse no começo deste capítulo, o problema não era quanto ganhavam, mas quanto estavam gastando. A melhor maneira de explicar esse conceito simples mas eficaz é contar a vocês a história deles.

## JIM E SUSIE TOMAM CONHECIMENTO DO FATOR CAFÉ DOS CASAIS

No terceiro dia de um dos meus seminários de administração financeira, um cara chamado Jim levantou-se e, em poucas palavras, quase acabou com tudo que eu tinha ensinado em nove horas de aula.

Jim estava na casa dos trinta e tinha vindo ao seminário com a mulher, Susie. "David", disse ele, "o seminário está sendo maravilhoso, suas histórias são interessantes e a sua idéia de ir pondo dinheiro num plano de aposentadoria é muito razoável. Mas na vida real isso não funciona. Você fala como se poupar $5 a $10 por dia não fosse grande coisa. Mas, na vida real, não temos $10 por dia para poupar. Na vida real, ganhamos só para pagar as contas. Na vida real, somos duros."

Chocado, olhei para ele sem acreditar. Meu cérebro de consultor financeiro pensou: "Você deve estar brincando. Todo mundo consegue poupar $10 por dia."

Mas então olhei pela sala e percebi que muita gente estava balançando a cabeça, concordando com o que Jim tinha dito. Quase todo mundo achava que não havia como poupar $10 por dia.

Será que eu estava errado? Será que era totalmente fora da realidade pensar que todo mundo pode dar um jeito de poupar $10 por dia? Havia só um jeito de descobrir. Voltei-me para Jim e pedi que me descrevesse um dia típico da sua vida e me contasse como gastava o seu dinheiro.

"Vamos começar pela manhã", eu disse. "Você toma café?"

Jim olhou à sua volta nervosamente, como se eu tivesse feito uma pergunta capciosa. "Tomo", disse ele finalmente.

"Muito bem", respondi. "E onde você toma café? Em casa?"

Jim se remexeu na cadeira e olhou para a mulher, Susie, que estava sentada ao seu lado. "Tomamos café a caminho do trabalho", disse ele.

"Quer dizer que vocês dois tomam café juntos a caminho do trabalho? Isso é muito bom. Vocês vão a algum lugar especial para tomar café?"

Susie respondeu primeiro, "É claro que não", exclamou. "Vamos à Starbucks!"

A classe caiu na risada.

"Está certo", disse eu. "Nada de muito luxuoso. Só a Starbucks. E o que vocês tomam na Starbucks?"

Resultou que os dois tomavam café *latté light*, dos grandes.

"Muito bem", disse eu. "E quanto vocês gastam toda manhã tomando esses cafés *latté light* nessa cafeteria baratinha?"

Jim olhou para Susie. No que lhe dizia respeito, agora o *show* era dela.

Ela disse que os dois cafés custavam cerca de $6.

"E vocês não pedem nada para comer?", perguntei.

"Bom, em geral comemos uma bisnaga ou uns biscoitos", respondeu Susie.

"E quanto custa isso?"

"Bom, os biscoitos custam $1,75 cada. Então, acho que $3,50."

"Três e cinqüenta para comer biscoitos?", perguntei.

"É que são *light*!", disse Susie.

"Ah! Está explicado", disse eu. "Vocês compram jornal?"

Susie fez que sim.

"Ótimo", disse eu, "vamos somar isso tudo. Seis dólares pelos cafés. Três e cinqüenta pelos biscoitos sem gordura e, digamos, 50 centavos pelo jornal. Então, os dois já gastaram $10 e ainda nem chegaram ao trabalho. Interessante."

Passamos mais alguns minutos falando do dia de Jim e Susie. A cada gasto que mencionavam, eu fazia uma anotação no quadro-negro. Eis como ficou a lista dos seus gastos diários:

**Jim**
Café *latté light* duplo: $3,50
Biscoitos *light*: $1,75
Jornal: $0,50
Coca-cola e barra de chocolate antes do meio-dia: $2,00
Almoço (geralmente um burrito de frango, fritas e uma Coca-Cola): $8,00
Estacionamento: $10,00 por dia
Aluguel de dois filmes para as crianças: $7,50

**Susie**
Café *latté light* duplo: $ 3,50
Biscoitos *light*: $1,75
Suco e barra de proteína antes do meio-dia com as amigas: $6,25
Almoço (geralmente uma salada e um chá gelado): $9,50
Café com leite duplo no meio da tarde: $3,50
Comida pronta para ela, Jim e as crianças: $25,00
Multa por não entregar os filmes no prazo (Jim acha que essa despesa é dela): $3,00

Quando somei tudo, o total chegou a $85,75. Acrescentando algumas gorjetas, Susie e Jim estavam gastando quase $90 por dia – nas chamadas "coisinhas"!

A esta altura, o resto da classe olhava para eles como se fossem os piores perdulários que já tinham visto. Mas sabem de uma coisa? Havia pelo menos seis pessoas na sala com copinhos de café cremoso nas mãos! Bebiam e riam ao mesmo tempo.

Mas a questão não é parar de tomar café e nem mesmo de ir a lugares de maior luxo, como a Starbucks. Eu gosto da Starbucks. A questão é que esse era um casal típico: achava que não tinha condições de poupar mas gastava $90 por dia em coisas que eram, na verdade, extravagâncias.

É claro que, quando eu disse isso, a primeira reação de Susie e Jim não foi muito boa. "Como assim, extravagâncias?", questionou Jim. "Desde quando café e almoço são extravagâncias?"

"Calma", respondi. "Ninguém quer que vocês passem fome. Mas e se fizessem café em casa e comessem uma maçã em vez de comprar biscoitos *light*? Em vez de gastar $10 na Starbucks, acho que gastariam uns 50 centavos por dia. Há sempre também a possibilidade de levar o almoço de casa algumas vezes por semana. E que tal deixar de alugar filmes todas as noites? E, se tiverem que alugar um filme, pelo menos façam o possível para devolvê-lo no prazo."

A esta altura, Jim olhava para mim sem saber se me dava um soco ou se me agradecia.

"Olha só", continuei, "não estou querendo criticar o jeito que vocês vivem. A questão é que se pararem para pensar no assunto, sei que descobrirão que cada um tem pelo menos $10 por dia que poderia poupar em vez de gastar."

Mas a discussão só se encerrou quando eu expliquei o valor que poderia ter para eles esses $10 por dia. O cálculo é surpreendente. Poupar $10 por dia (excluindo os fins de semana) resulta numa poupança de $200 por mês, ou $2.400 por ano. Se Jim e Susie (que estavam na casa dos trinta) pusessem essa quantia numa conta de aposentadoria com retorno anual de 12%, aos 65 anos teriam um *pé-de-meia de mais de 2,3 milhões!*

Quando acabei de escrever esses números no quadro negro, Jim e Susie olharam para mim e depois um para o outro. Finalmente, Susie disse, "David, você está querendo dizer que os nossos cafés vão acabar custando $2,3 milhões?"

A classe riu, mas Susie tinha entendido muito bem.

## A SOCIEDADE ESTÁ DETERMINADA A NOS AJUDAR A CONSUMIR O NOSSO FUTURO EM XÍCARAS DE CAFÉ

Há um motivo para tanta gente consumir o futuro em forma de café. E isso é muito fácil. Em qualquer cidade dos Estados Unidos, você não anda dois quarteirões sem passar por um *fast-food*, uma casa de sucos ou um lugar agradável para tomar um café. Pare em qualquer um deles regularmente e acabará facilmente gastando $5 por dia. Beba duas cocas por dia e gastará $2. E eu nem mencionei coisas como cigarro, que pode custar $5 por dia, ou a bebidinha com os amigos depois do trabalho, que consome rapidamente mais $10 por dia.

Não há escapatória. Dinheiro é fácil de gastar. E é especialmente fácil gastar em coisinhas. É isso o Fator Café: uma metáfora para todas as pequenas quantias de dinheiro que gastamos em coisinhas. O problema é que as coisinhas se somam – e sem que você perceba, acabam lhe custando milhões.

## O DESAFIO FINANCEIRO DE SETE DIAS PARA CASAIS INTELIGENTES®

Com isso em mente, gostaria que você e o seu parceiro ou parceira fizessem um exercício. A partir de amanhã, quero que cada um pegue um bloquinho de anotações para anotar todas as despesas dos próximos sete dias. Não é complicado. Basta anotar cada despesa que fizerem, seja grande ou pequena.

Para que isso funcione, vocês dois têm que me prometer – e a si mesmos – duas coisas:

1) Vão anotar tudo o que gastarem durante sete dias.

2) Não mudarão de repente seus hábitos caso fiquem embaraçados com o que descobrirem. Continuem sendo os maravilhosos seres humanos que sempre foram e gastem como sempre gastaram.

Por que sete dias? Porque sete dias é tempo suficiente para lhes dar uma boa idéia de como gastam dinheiro – e não é tempo demais, que dê para se cansarem de fazer a lista.

No final da semana, sentem-se juntos e examinem as listas, de olho em pequenas coisas que possam ser eliminadas dos gastos habituais. Aliás, é bom que cada um comece dizendo o que pretende cortar em vez de ir logo sugerindo ao parceiro o que ele deve cortar. Lembre-se: com mel, você consegue mais do que com vinagre!

## ESSA É A COISA MAIS BESTA QUE JÁ OUVI...

O Desafio Financeiro de Sete Dias é outra dessas idéias que podem ser ignoradas, de tão simples que são. Mas não a ignore – pelo menos até pensar um pouco na seguinte história.

Há pouco tempo, eu estava em Nova York sendo entrevistado – ao vivo – num programa de rádio que tem literalmente milhões de ouvintes. No meio da entrevista, o apresentador do programa disse que o meu Desafio Financeiro de Sete Dias era a coisa mais besta que já tinha ouvido. "David", disse ele incrédulo, "você está me dizendo que se eu anotar as minhas despesas durante sete dias vou mudar financeiramente a minha vida? Dá um tempo. Essa é a coisa mais besta que já ouvi."

"É mesmo?", repliquei. "Então por que não experimenta? Se, daqui a sete dias, você ainda achar que essa é a coisa mais besta que já ouviu, eu lhe dou cem dólares."

Ele me telefonou uma semana depois. Infelizmente, essa conversa não foi transmitida ao vivo pela rádio. "Estou sem jeito", disse ele, "mas tinha que lhe telefonar. Você estava certo. Anotei minhas despesas durante sete dias e, como você previu, fiquei pasmo com o que descobri."

"E o que foi?", perguntei.

"Por exemplo", disse ele, "na semana passada gastei $500 comendo fora." (Se você achar que é demais, garanto que em Manhattan, onde vive o apresentador, é fácil gastar $500 numa semana comendo fora.)

Ele me contou que foi fácil perceber que $500 por semana equivalem a $2.000 por mês. Em outras palavras, ele estava gastando $24.000 por ano comendo fora! Por outro lado, não estava participando do plano de aposentadoria que a rádio oferecia e nem aproveitando o programa de compra de ações da empresa. Por quê? Porque embora ganhasse um salário de seis dígitos, sempre se sentia sem dinheiro!

Depois do meu Desafio Financeiro de Sete Dias, o apresentador passou a jantar fora três noites por semana em vez de seis e se inscreveu no plano de aposentadoria.

A moral dessa história é óbvia. Não ignore essa idéia simples antes da hora. Antes, dê-lhe uma chance. Passe uma semana anotando as suas despesas. Depois, seja brutalmente honesto consigo mesmo. Quanto dinheiro você gasta por dia? Por semana? Por mês? E você e o seu parceiro juntos? Em outras palavras, qual é o seu Fator Café?

Reflita sobre isso durante alguns minutos. Esse conceito é muito importante: se você e o seu parceiro ou parceira conseguirem acreditar que têm $10 por dia para poupar e pôr numa conta de aposentadoria (que é do que vamos tratar no próximo capítulo), vocês começarão a tirar vantagem do conceito chamado "milagre dos juros capitalizados".

## O QUE É O MILAGRE DOS JUROS CAPITALIZADOS?

Certa vez, perguntaram a Albert Einstein, considerado uma das mentes mais brilhantes de todos os tempos, qual o fenômeno mais incrível com que já tinha se deparado. Ele respondeu que eram os juros capitalizados. Segundo ele, essa é uma coisa "milagrosa" quando você a observa e mais ainda quando a põe em prática.

Einstein não estava brincando. O milagre dos juros capitalizados é incrivelmente simples, mas capaz de mudar a nossa vida. Resume-se a isto...

*Ao longo do tempo, o dinheiro se multiplica.*
*Ao longo de muito tempo, o dinheiro se*
*multiplica assombrosamente!*

Você não precisa acreditar em mim. Nas páginas a seguir, encontrará tabelas que ilustram esse conceito. Dê uma boa olhada nelas e reflita sobre o Fator Café. Agora que – espero – vocês dois descobriram um jeito de poupar $5 a $10 por dia (ou mais), vamos ver como essa "pequena" economia pode transformar o seu futuro financeiro. Não se preocupe agora com os investimentos que deve fazer (vamos tratar disso depois): observe apenas o que um pouco de dinheiro, poupado "sistematicamente", pode fazer por vocês dois.

| PARA CONSTRUIR FORTUNA, PAGUE-SE PRIMEIRO... TODOS OS MESES |||||||
|---|---|---|---|---|---|---|
| INVESTIMENTO MENSAL | IDADE | TOTAL DE INVESTIMENTOS MENSAIS ATÉ OS 65 ANOS | COM ÍNDICE DE 4% DE RETORNO | COM ÍNDICE DE 7% DE RETORNO | COM ÍNDICE DE 9% DE RETORNO | COM ÍNDICE DE 12% DE RETORNO |
| $100 | 25 | 48.000 | 118.590 | 264.012 | 471.643 | 1.188.242 |
|  | 30 | 42.000 | 91.678 | 181.156 | 296.385 | 649.527 |
|  | 40 | 30.000 | 51.584 | 81.480 | 112.953 | 189.764 |
|  | 50 | 18.000 | 24.691 | 31.881 | 38.124 | 50.458 |
| $150 | 25 | 72.000 | 177.294 | 393.722 | 702.198 | 1.764.716 |
|  | 30 | 63.000 | 137.060 | 270.158 | 441.268 | 964.644 |
|  | 40 | 45.000 | 77.119 | 121.511 | 168.168 | 281.827 |
|  | 50 | 27.000 | 36.914 | 47.544 | 56.761 | 74.937 |
| $200 | 25 | 96.000 | 237.180 | 528.025 | 943.286 | 2.376.484 |
|  | 30 | 84.000 | 183.355 | 362.312 | 592.770 | 1.299.054 |
|  | 40 | 60.000 | 103.169 | 162.959 | 225.906 | 379.527 |
|  | 50 | 36.000 | 49.382 | 63.762 | 76.249 | 100.915 |

Agora, pense nisso de outra forma. E se você puser esse dinheiro sistematicamente numa conta de aposentadoria? Dê uma olhada na tabela a seguir. Lembre-se: para pôr essa tabela para funcionar, basta poupar $5,50 por dia! Não é muita coisa... desde que se leve a sério!

## O VALOR DO DINHEIRO NO TEMPO
### Invista agora e não depois

| BILLY<br>Investindo aos 14 anos<br>(10% de retorno anual) ||| SUSAN<br>Investindo aos 19 anos<br>(10% de retorno anual) ||| KIM<br>Investindo aos 27 anos<br>(10% de retorno anual) |||
|---|---|---|---|---|---|---|---|---|
| IDADE | INVESTIMENTO | VALOR TOTAL | IDADE | INVESTIMENTO | VALOR TOTAL | IDADE | INVESTIMENTO | VALOR TOTAL |
| 14 | $2.000 | $2.200 | 19 | $2.000 | 2.200 | 19 | 0 | 0 |
| 15 | 2.000 | 4.620 | 20 | 2.000 | 4.620 | 20 | 0 | 0 |
| 16 | 2.000 | 7.282 | 21 | 2.000 | 7.282 | 21 | 0 | 0 |
| 17 | 2.000 | 10.210 | 22 | 2.000 | 10.210 | 22 | 0 | 0 |
| 18 | 2.000 | 13.431 | 23 | 2.000 | 13.431 | 23 | 0 | 0 |
| 19 | 0 | 14.774 | 24 | 2.000 | 16.974 | 24 | 0 | 0 |
| 20 | 0 | 16.252 | 25 | 2.000 | 20.871 | 25 | 0 | 0 |
| 21 | 0 | 17.877 | 26 | 2.000 | 25.158 | 26 | 0 | 0 |
| 22 | 0 | 19.665 | 27 | 0 | 27.674 | 27 | $2.000 | 2.200 |
| 23 | 0 | 21.631 | 28 | 0 | 30.442 | 28 | 2.000 | 4.620 |
| 24 | 0 | 23.794 | 29 | 0 | 33.486 | 29 | 2.000 | 7.282 |
| 25 | 0 | 26.174 | 30 | 0 | 36.834 | 30 | 2.000 | 10.210 |
| 26 | 0 | 28.791 | 31 | 0 | 40.518 | 31 | 2.000 | 13.431 |
| 27 | 0 | 31.670 | 32 | 0 | 44.570 | 32 | 2.000 | 16.974 |
| 28 | 0 | 34.837 | 33 | 0 | 48.027 | 33 | 2.000 | 20.871 |
| 29 | 0 | 38.321 | 34 | 0 | 53.929 | 34 | 2.000 | 25.158 |
| 30 | 0 | 42.153 | 35 | 0 | 59.322 | 35 | 2.000 | 29.874 |
| 31 | 0 | 46.368 | 36 | 0 | 65.256 | 36 | 2.000 | 35.072 |
| 32 | 0 | 51.005 | 37 | 0 | 71.780 | 37 | 2.000 | 40.768 |
| 33 | 0 | 56.106 | 38 | 0 | 78.958 | 38 | 2.000 | 47.045 |
| 34 | 0 | 61.716 | 39 | 0 | 86.854 | 39 | 2.000 | 53.949 |
| 35 | 0 | 67.888 | 40 | 0 | 95.540 | 40 | 2.000 | 61.544 |
| 36 | 0 | 74.676 | 41 | 0 | 105.094 | 41 | 2.000 | 69.899 |
| 37 | 0 | 82.144 | 42 | 0 | 115.603 | 42 | 2.000 | 79.089 |
| 38 | 0 | 90.359 | 43 | 0 | 127.163 | 43 | 2.000 | 89.198 |
| 39 | 0 | 99.394 | 44 | 0 | 139.880 | 44 | 2.000 | 100.318 |
| 40 | 0 | 109.334 | 45 | 0 | 153.868 | 45 | 2.000 | 112.550 |
| 41 | 0 | 120.267 | 46 | 0 | 169.255 | 46 | 2.000 | 126.005 |
| 42 | 0 | 132.294 | 47 | 0 | 188.180 | 47 | 2.000 | 140.805 |
| 43 | 0 | 145.523 | 48 | 0 | 204.798 | 48 | 2.000 | 157.086 |
| 44 | 0 | 160.076 | 49 | 0 | 226.278 | 49 | 2.000 | 174.094 |
| 45 | 0 | 176.083 | 50 | 0 | 247.806 | 50 | 2.000 | 194.694 |
| 46 | 0 | 193.692 | 51 | 0 | 272.586 | 51 | 2.000 | 216.363 |
| 47 | 0 | 213.061 | 52 | 0 | 299.845 | 52 | 2.000 | 240.199 |
| 48 | 0 | 234.367 | 53 | 0 | 329.830 | 53 | 2.000 | 266.419 |
| 49 | 0 | 257.803 | 54 | 0 | 362.813 | 54 | 2.000 | 295.261 |
| 50 | 0 | 283.358 | 55 | 0 | 399.094 | 55 | 2.000 | 326.988 |

*(continua)*

*(continua)*

## O VALOR DO DINHEIRO NO TEMPO
### Invista agora e não depois

| BILLY<br>Investindo aos 14 anos<br>(10% de retorno anual) ||| SUSAN<br>Investindo aos 19 anos<br>(10% de retorno anual) ||| KIM<br>Investindo aos 27 anos<br>(10% de retorno anual) |||
|---|---|---|---|---|---|---|---|---|
| IDADE | INVESTIMENTO | VALOR TOTAL | IDADE | INVESTIMENTO | VALOR TOTAL | IDADE | INVESTIMENTO | VALOR TOTAL |
| 51 | 0 | 311.942 | 56 | 0 | 439.003 | 56 | 2.000 | 361.886 |
| 52 | 0 | 343.136 | 57 | 0 | 482.904 | 57 | 2.000 | 400.275 |
| 53 | 0 | 377.450 | 58 | 0 | 531.194 | 58 | 2.000 | 442.503 |
| 54 | 0 | 415.195 | 59 | 0 | 584.314 | 59 | 2.000 | 488.953 |
| 55 | 0 | 456.715 | 60 | 0 | 642.745 | 60 | 2.000 | 540.048 |
| 56 | 0 | 502.386 | 61 | 0 | 707.020 | 61 | 2.000 | 596.253 |
| 57 | 0 | 552.625 | 62 | 0 | 777.722 | 62 | 2.000 | 658.078 |
| 58 | 0 | 607.887 | 63 | 0 | 855.494 | 63 | 2.000 | 726.086 |
| 59 | 0 | 668.676 | 64 | 0 | 941.034 | 64 | 2.000 | 800.895 |
| 60 | 0 | 735.543 | 65 | 0 | 1.035.148 | 65 | 2.000 | 883.185 |
| 61 | 0 | 809.098 | | | | | | |
| 62 | 0 | 890.007 | | | | | | |
| 63 | 0 | 979.008 | | | | | | |
| 64 | 0 | 1.076.909 | | | | | | |
| 65 | 0 | 1.184.600 | | | | | | |
| Total investido = $10.000<br>Ganhos além do investimento<br>= $ 1.174.600 ||| Total investido = $ 16.000<br>Ganhos além do investimento<br>= $ 1.019.148 ||| Total investido = $ 78.000<br>Ganhos além do investimento<br>= $ 805.185 |||
| Billy ganhou $ 1.174.600 ||| Susan ganhou $ 1.019.148 ||| Kim ganhou $ 805.185 |||
| Billy investiu $ 68.000 a menos do que Kim e tem $ 369.415 a mais!<br>COMECE A INVESTIR CEDO! |||||||||

Está motivado agora? Como poderia não estar? Aliás, você tem a minha permissão para copiar essas tabelas e mostrá-las aos amigos. Bom seria se, quando eu era mais jovem, alguém as tivesse mostrado para mim. Comecei a trabalhar aos 16 anos, mas só abri uma conta de aposentadoria aos 24.

## VÁ EM FRENTE... VOCÊ ESTÁ INDO MUITO BEM

Enquanto ainda está motivado, vamos passar ao próximo capítulo (Quinto Passo) e tratar de coisas mais específicas. Vamos ver onde exatamente vocês dois devem pôr o dinheiro do Fator Café. Não basta poupar dinheiro e gastar menos: é preciso saber o que fazer com essas economias recém-descobertas. É exatamente isso o Quinto Passo. Nesse capítulo, a cesta da aposentadoria, vamos discutir dois conceitos que podem enriquecer as pessoas. O primeiro é "pague-se primeiro" e o segundo é o destino desse dinheiro... especificamente, as contas de aposentadoria com contribuições não tributadas. Combinando o Fator Café com o poder do Quinto Passo, vocês serão um casal invencível no caminho para a fortuna. Então, continue a ler... vocês dois estão indo muito bem!

QUINTO PASSO

## CONSTRUA A SUA
## CESTA DA APOSENTADORIA

A ESTA ALTURA, ESPERO QUE VOCÊ tenha entendido visceralmente que é possível poupar dinheiro para o futuro. Agora é hora de passar do pensamento visceral para a ação visceral. Como eu disse na Introdução, este não é um livro de pensamento positivo, mas de ação positiva. Lembre-se: não é pensando que se fica rico, mas fazendo.

Minha avó costumava dizer que não se deve pôr todos os ovos na mesma cesta. Ela estava certa. Na minha opinião, há três cestas em que se deve pôr os ovos. Eu as chamo de cesta da aposentadoria, cesta da segurança e cesta dos sonhos. A cesta da aposentadoria salvaguarda o futuro, a cesta da segurança protege você e a sua família contra o inesperado (como emergências médicas, a morte de um ente querido ou a perda de um emprego) e a cesta dos sonhos permite que vocês dois realizem aqueles desejos que fazem a vida valer a pena. Essa abordagem das três cestas pode parecer simples, mas não se deixe enganar. Se encherem corretamente essas cestas, vocês criarão uma vida financeira cheia de abundância e, o que é mais importante, de segurança.

A primeira cesta de que vamos tratar é a cesta da aposentadoria. Para ser mais específico, no Quinto Passo você e o seu parceiro ou parceira aprenderão como fazer para juntar um pé-de-meia de um milhão de dólares para a aposentadoria. Nem é preciso dizer que podem ir além de um milhão de dólares – na verdade, isso pode ser necessário, dependendo da idade que têm –, mas seja qual for a quantia mais conveniente para vocês como casal, a meta aqui é a mesma. Ao longo deste capítulo, você aprenderá exatamente o que vocês devem fazer para construir uma conta de aposentadoria substancial – em outras palavras, para encher a cesta da aposentadoria.

## NÃO É O GOVERNO QUE VAI ENCHER A SUA CESTA DA APOSENTADORIA, MAS VOCÊS MESMOS!

Depender da Previdência Social para viver depois da aposentadoria é procurar encrenca. Na melhor das hipóteses, a Previdência vai apenas mantê-los com a cabeça fora d'água. No Brasil, o teto de benefício da Previdência Social é de R$ 2.894,28 (reajustado em maio de 2007) para os que se aposentaram aos 65 anos ou contribuíram com 35 anos. Suponho que isso seja melhor do que nada, mas certamente não é o bastante para manter um estilo de vida confortável.

Já faz mais de uma década que os políticos falam da "crise" que ameaça a Previdência Social e da necessidade de modernizar o sistema. Mas não esperem muita coisa. Como a minha avó percebeu há 55 anos, quem quer ficar rico tem que esquecer a ajuda do governo. Ou seja, são vocês mesmos que devem planejar o seu futuro financeiro. Em outras palavras, você e o seu parceiro ou parceira têm que transformar a cesta da aposentadoria numa prioridade.

## PAGUE-SE PRIMEIRO!

Nos dias de hoje, são poucas as maneiras de se juntar uma fortuna substancial. Você pode herdá-la, ganhá-la, casar-se com ela... ou pagar-se primeiro. Mas, como você está lendo este livro, o mais provável é que não tenha sido agraciado pelas três primeiras possibilidades. Então, terá que construir a sua fortuna por conta própria. Isso significa pagar-se primeiro.

## EU SEI QUE VOCÊ JÁ OUVIU ISSO ANTES... MAS FIQUE COMIGO MAIS UM POUCO

"Pague-se primeiro" é um conselho que provavelmente todo mundo já ouviu. Isso pode ser um problema porque, quando ouvimos alguma coisa pela segunda ou terceira vez, o nosso cérebro reage assim: "Já ouvi isso um monte de vezes. Nem adianta. Quero alguma coisa nova."

Mas, desta vez, não deixe o seu cérebro fazer isso. Só porque todos nós já ouvimos falar de alguma coisa, isso não quer dizer que a conhecemos ou que já a experimentamos. Nos meus seminários, quando pergunto quem já ouviu o conselho "pague-se primeiro", todo mundo levanta a mão. Mas quando pergunto quem já o pôs em prática, quase todo mundo abaixa a mão.

O fato é que quase ninguém sabe o que significa "pagar-se primeiro". Quase ninguém sabe quanto deveriam se pagar e nem o que fazer com esse dinheiro.

Talvez você esteja entre essas pessoas. Seja como for, quero lhe explicar essa idéia.

## OS TRÊS PRINCÍPIOS DE "PAGUE-SE PRIMEIRO"

### 1. O real significado de "pague-se primeiro"

Pagar-se primeiro significa pôr de lado uma determinada porcentagem de cada dólar que você ganha e investi-la para o seu futuro numa conta de aposentadoria, antes de serem pagos os impostos.

Isso parece muito simples e sensato, mas a maioria faz exatamente o oposto. Pegamos nosso dinheiro suado e pagamos todo mundo primeiro. Pagamos a prestação da casa, a prestação do carro, a conta de luz... E, no topo da lista, o governo, que pagamos antes de todo mundo.

Graças ao milagre do imposto retido na fonte, todas as vezes que ganhamos um dólar, corremos para a Receita Federal (em sentido figurado, é claro) e dizemos, "Aqui estou – por favor, peguem um terço do meu salário".

Somando toda essa generosidade, damos quase metade do nosso dinheiro suado para o governo *antes de pôr as mãos nele*! Isso é que é ser generoso.

Eu sou patriota como todo mundo, mas acho que é burrice você se oferecer para pagar ao governo quase a metade do que ganha! Por quê? Porque não é necessário. A realidade é que existe uma forma totalmente legal para evitar – ou pelo menos reduzir significativamente – a mordida que o governo dá no dinheiro que ganhamos. O que nos leva ao segundo princípio.

2. **Para onde deve ir o dinheiro que você paga a si mesmo?**

A má notícia é que o governo adora pegar o nosso dinheiro. A boa notícia é que ele também tem interesse em estimular as pessoas a poupar. Então, nos últimos vinte anos, o Congresso aprovou uma série de leis que permitem a quem é esperto minimizar a sua carga de impostos – e, ao mesmo tempo, criar um pé-de-meia para o futuro – pondo parte dos seus ganhos no que conhecemos como fundos de investimento orientados à aposentadoria.[4]

## PARA FICAR RICOS, VOCÊS TÊM QUE SE PAGAR PRIMEIRO CONTRIBUINDO COM O MÁXIMO POSSÍVEL PARA UM FUNDO DE INVESTIMENTO ORIENTADO À APOSENTADORIA

Há vários tipos de fundos de aposentadoria.[5] Você só precisa saber que todas essas contas funcionam basicamente da mesma maneira: o dinheiro depositado nelas não é sujeito a nenhum imposto (de renda ou de ganhos sobre o capital) até ser sacado.

O bom das contas de aposentadoria com contribuição não tributada é que permitem que você ponha o dinheiro para trabalhar sem primeiro pagar 40 centavos em impostos sobre cada dólar suado.[6]

---

4. Fundo de investimento orientado à aposentadoria, como por exemplo o Plano Gerador de Benefícios Livres (PGBL), cujo modelo foi inspirado no plano 401(K) dos EUA, ou ainda o Plano Vida Gerador de Benefício Livre (VGBL). (N.R.)
**PGBL**: é indicado para quem contribuiu para o INSS e faz a declaração do Imposto de Renda no modelo completo. Nele, o que você investir até o limite de 12% da sua renda bruta anual tributável poderá ser deduzido da base de cálculo do seu Imposto de Renda.
**VGBL**: é o plano indicado para quem declara o Imposto de Renda no modelo simplificado ou é isento. É o ideal também para quem quer melhorar a sua aposentadoria e contribuir com mais que os 12% de renda bruta anual tributável.
**Atenção**: a tributação do Imposto de Renda ocorre no momento do recebimento da renda ou resgate com base no regime de tributação escolhido pelo investidor, de acordo com a legislação vigente na época do pagamento. No PGBL o Imposto incide sobre o valor total e, no VGBL, somente sobre o ganho de capital.
5. No Brasil, o equivalente é o PGBL.
6. No Brasil, as contribuições podem ser deduzidas do Imposto de Renda até o limite de 12% da renda bruta. (N.R.)

Eis como funciona. Digamos que você tire $100 do salário todos os meses para depositar numa dessas contas. Pois bem, são $100 por mês que não estarão sujeitos ao imposto de renda!

Normalmente, quem ganha $100, têm que dar cerca de $35 para o governo. Pagará mais ou menos $28 em impostos federais e, dependendo de onde mora, mais $5 a $9 em impostos estaduais. Com isso, restam apenas $65 para investir, e os ganhos sobre o capital ou dividendos que ganhar também serão reduzidos pelos impostos.

Mas, numa conta com contribuições não tributadas, você põe os $100 inteiros para trabalhar para você e, enquanto deixar o dinheiro na conta, não terá que pagar impostos sobre os ganhos de capital ou dividendos: os impostos são diferidos. Ou seja, você não terá que pagar nenhum imposto sobre esse dinheiro – por mais que a conta engorde – até começar a sacá-lo.

Pense nisso. Se ganhar um dólar e pagar primeiro os impostos, ficará com cerca de 65 centavos para investir. Mas se puser o dinheiro numa conta de aposentadoria que lhe permita diferir os impostos, você terá o dólar inteiro para usar.

O que você prefere investir? Um dólar ou 65 centavos? Se o seu investimento cresce a uma taxa anual de 10%, o seu dólar não tributado terá crescido para $1,10 em um ano. No investimento tributado de 65 centavos, por outro lado, você terá apenas 72 centavos. É uma diferença grande, não é? Agora multiplique isso por uma quantia de verdade, deixe passar 20 anos, e logo estaremos falando de uma diferença que pode chegar a dezenas de milhares de dólares. Deixe passar 30 ou 40 anos e a diferença entrará no território dos seis dígitos.

O quadro a seguir ilustra o poder do investimento com impostos diferidos. Depois de refletir um pouco sobre isso, você nunca mais vai querer pagar o governo primeiro.

| \multicolumn{6}{c}{**Investimento com Imposto Diferido vs. Investimento Tributável**} |
|---|---|---|---|---|---|
| IDADE | INVESTIMENTO MENSAL ATÉ OS 65 ANOS | TAXA DE RETORNO | ACUMULAÇÃO TRIBUTÁVEL | ACUMULAÇÃO COM IMPOSTO DIFERIDO | DIFERENÇA DO INVESTIMENTO COM IMPOSTO DIFERIDO |
| 30 | $100 | 4% | 72.581 | 91.373 | +18.792 |
|  |  | 7% | 115.762 | 180.105 | +64.343 |
|  |  | 9% | 162.036 | 294.178 | +136.142 |
|  |  | 12% | 277.603 | 643.096 | +365.493 |

O exemplo acima é meramente ilustrativo. Ele mostra uma pessoa de 30 anos investindo $100 por mês até a idade de 65 anos e compara o crescimento do dinheiro investido numa conta tributável vs. uma conta com imposto diferido. A primeira conta seria tributada à alíquota de 28%.

3. Quanto você deve se pagar?

Esta é uma regra prática: se não quiser ficar lutando para manter a cabeça fora d'água quando se aposentar, você deve poupar 10% de todos os seus ganhos anuais, antes de serem descontados os impostos. Ponto final.

É isso mesmo: 10% da sua renda bruta, antes da tributação. Não o dinheiro que você leva para casa, já com todos os impostos descontados, mas o pagamento bruto. Se vocês dois juntos ganham $75.000 por ano, devem reservar pelo menos $7.500 por ano para a aposentadoria. E só para a aposentadoria. Qualquer poupança que estejam fazendo para comprar uma casa ou um carro novo, ou para aquelas férias dos sonhos, deve ser *além* desses $7.500. Esses 10%, que vocês estão se pagando primeiro, são apenas para a aposentadoria e para nada mais.

## SE VOCÊS NÃO ESTÃO SE PAGANDO OS PRIMEIROS 10% DO QUE GANHAM, ENTÃO ESTÃO VIVENDO ALÉM DAS SUAS POSSIBILIDADES

Isso parece impertinente, mas é verdade. Ou vocês depositam 10% da sua renda não tributada numa conta de aposentadoria com contribuições não tributadas, ou terão dificuldades. Não estou sendo pessimista nem querendo ser desagradável. A esta altura, espero que vocês já tenham sentido que eu realmente me interesso por vocês dois e que sou grato pela oportunidade de ser seu "orientador financeiro". Por isso, atente para esta orientação.

Conheço muitas pessoas que parecem muito bem de vida, que vivem em belas casas e dirigem belos carros, que usam roupas bacanas e freqüentam clubes com outras pessoas bacanas que também têm e fazem coisas bacanas – e que, no entanto, não estão poupando 10% da sua renda. Como eu disse antes, isso acontece com a maioria das pessoas. Mas adivinhem! Muitas pessoas, ao chegar à idade da aposentadoria, não terão dinheiro suficiente para manter um estilo de vida confortável ao longo dos seus supostos "anos de ouro". Isso acontece porque muita gente, que parece rica, na verdade, não é. Na verdade, estão se acabando de tanto trabalhar e, por trás da fachada, não há riqueza e segurança, mas estresse e dívidas.

Vocês dois merecem muito mais. Só que isso não acontece do nada. Vocês têm que se propor a agir e a fazer com que aconteça.

## SE QUEREM SER REALMENTE RICOS, VOCÊS DEVEM POUPAR 15% DO QUE GANHAM

O que significa ser "realmente rico"? Todo mundo tem a própria definição, mas este é um critério razoavelmente objetivo: para serem considerados realmente ricos, vocês têm que ter um patrimônio líquido de pelo menos $1 milhão, acima e além do valor da sua casa.

Não é uma riqueza como a de Bill Gates. Nem como a de alguém que ganha sozinho na loteria. Mas é um pé-de-meia confortável. E é uma quantia que qualquer um pode juntar. Vocês não precisam ter sorte, mas disciplina suficiente para pôr de lado 15% do que ganham.

Você quer mais? Então poupe mais. Para entrar na categoria do 1% de americanos mais ricos, vocês dois têm que poupar 20% do que ganham.

É importante observar que quanto antes se começa a poupar, melhores serão os resultados. Na verdade, a melhor época para começar a poupar e a investir é na casa dos 20 anos. Infelizmente, essa é também uma época em que ninguém está muito motivado para poupar dinheiro. Em geral, quem está saindo da faculdade, consegue o primeiro emprego e começa a formar uma família, se sente meio enforcado. Um programa de poupança e investimento não é uma prioridade. Deixamos para cuidar disso quando as coisas não estiverem tão apertadas.

Mas, é claro, de repente temos quarenta ou cinqüenta anos e continuamos dizendo a nós mesmos que um dia vamos cuidar disso.

Mas, se vocês estão na casa dos quarenta ou cinqüenta anos e pretendem começar agora, não entrem em pânico. No entanto, quero que saibam que não vai ser fácil recuperar o tempo perdido. Não vai ser fácil, mas é possível.

## O MOMENTO DE COMEÇAR A POUPAR – A SE PAGAR PRIMEIRO – É AGORA

Eu só espero que você não termine de ler este capítulo sem ter uma conversa séria com seu parceiro ou parceira sobre a idéia de se pagarem primeiro. Como casal, vocês têm que estabelecer uma meta "pague-se primeiro": uma porcentagem da renda ainda não tributada, que os dois consigam pôr de lado e aumentar um pouco a cada ano.

Digamos que comecem este ano com uma meta "pague-se primeiro" de 10% da sua renda, concordando em aumentar essa quantia em 1% a cada ano. Dentro de 10 anos, vocês estarão poupando 20% do que ganham. Nesse ritmo, nunca mais terão que se preocupar com o seu futuro financeiro. Estarão com a vida feita.

## JUNTEM UM PÉ-DE-MEIA COM DINHEIRO GRÁTIS

Pôr de lado 10, 15 ou mesmo 20% da sua renda pode parecer muito, mas nas próximas páginas você verá que pode ser fácil e divertido. Por que divertido? Porque pagando-se primeiro e pondo o dinheiro na cesta da aposentadoria, vocês pagarão menos impostos logo de início *e* o dinheiro crescerá com impostos diferidos. O resultado pode ser surpreendente. É como receber dinheiro grátis do governo.

Se você não entendeu direito como isso funciona, não está sozinho. Milhões de pessoas não entendem – e assim deixam de aproveitar todos os programas e contas de aposentadoria disponíveis para elas. Para mim, essa é uma das grandes falhas da educação. Todas as escolas deveriam ensinar planejamento financeiro básico para os alunos. Se aprendêssemos isso mais cedo, todos nós estaríamos muito melhor de vida. Infelizmente, como finanças pessoais nunca fizeram parte do currículo, vocês têm que aprender agora. Seja como for, o fato é que pagar a si mesmo primeiro e depositar esse dinheiro numa cesta de aposentadoria é uma coisa muito simples.

## COMO POUPAR $5.000 AO ANO SEM CORTAR $5.000 DO SALÁRIO

Antes de passar para os vários tipos de contas de aposentadoria com contribuições não tributadas, quero discutir uma coisa que talvez o esteja incomodando.

Vamos supor que vocês dois juntos ganhem um total de $50.000 por ano. Para seguir minha sugestão de poupar um mínimo de 10% da renda ainda não tributada, vocês teriam que começar a pôr de lado pelo menos $5.000 ao ano. Mas, se nunca fizeram isso, sei que você vai reagir dizendo: "Não dá! O salário nem chega ao fim do mês. Não podemos nos dar ao luxo de cortar $5.000 do que ganhamos. E não venha dizer que o Fator Café vai nos poupar $5.000 por ano."

É isso que você está pensando? Pois bem, não se preocupe. Vocês dois *podem* poupar $5.000 por ano sem cortar tudo isso do salário.

É isso mesmo. Você entendeu. Se vocês ainda não começaram a economizar 10% do que ganham, podem começar a fazê-lo amanhã – *sem diminuir a renda disponível em 10%!*

Como isso é possível?

É simples. Normalmente, vocês ganham $50.000 por ano, certo?

Errado.

Supondo que vocês dois paguem imposto de renda com alíquota de 35% (a média para os norte-americanos), levam para casa cerca de $32.500. Mas, apesar do que você imagina, depositar $5.000 numa conta de aposentadoria com contribuições não tributadas não reduzirá a sua renda de $32.500 para $27.500. Lembre-se de que vocês estão se pagando primeiro – *antes* de pagar o governo. Em outras palavras, os $5.000 que estão poupando saem da renda bruta, que cairá de $50.000 para $45.000.

Vamos fazer os cálculos: $45.000 taxado a 35% os deixa com uma renda disponível de $29.250. Antes, vocês tinham uma renda líquida disponível de $32.500. Agora, ela é de $29.500. A diferença é de $3.250

por ano. Dividindo esse resultado por dois (afinal, vocês são dois), temos um corte anual de $1.625 na renda de cada um. Dividindo isso por 12 meses, temos um corte mensal de $135. Dividindo esse resultado por 30 dias, chegamos a $4,51 por dia – uma quantia que o Fator Café pode facilmente cobrir!

É evidente que a maioria dos casais que ganham juntos $50.000 por ano não estão economizando 10% do que ganham. Se estivessem, milhões de pessoas seriam milionárias.

Concordo que esses cálculos parecem meio complicados. Se fosse num dos meus seminários, com quadro-negro e tudo, as pessoas levariam de 15 a 20 minutos para entendê-los. Por isso, não se preocupe se não entendeu logo de cara. Releia a explicação até que ela faça sentido. São cálculos simples, que podem mudar a sua vida para sempre.

Se, depois de tudo isso, você e o seu parceiro ou parceira ainda acharem que neste momento não podem começar a poupar 10% ou mais do que ganham, façam o que eu fiz quando comecei a me pagar primeiro. Eu também não acreditava que poderia viver com um corte no que ganhava. Então, em vez de pôr de lado 10% da minha renda bruta, comecei a poupar uma quantia que achei que mal ia notar: no meu caso, foi 3%. Ao mesmo tempo, assumi comigo mesmo o compromisso – posto no papel – de que aumentaria a minha contribuição para o plano de aposentadoria com impostos dedutíveis em outros 3% ao fim de seis meses.

Calculei que, aumentando a contribuição a cada seis meses, atingiria o teto em dois anos. Mas acabei percebendo que pôr dinheiro de lado não era tão difícil quanto parecia. Assim, em menos de um ano, aumentei minhas contribuições de 3% para 6% e depois de 6% para o teto. Eu estava fazendo o que precisava fazer mas, como cheguei lá aos poucos, quase não senti diferença na minha renda disponível.

## VANTAGENS E DESVANTAGENS DOS FUNDOS DE PENSÃO

Há basicamente dois tipos de contas de aposentadoria: o que a sua empresa lhe oferece (plano empresarial) e o que você mesmo contrata (plano individual). Se você trabalha numa empresa que oferece um plano de aposentadoria, não precisa se preocupar com as contas de aposentadoria que sugiro para pessoas que trabalham por conta própria. No entanto, nesta economia em constantes mudanças, em que cada vez mais gente prefere trabalhar por conta própria, vale a pena saber alguma coisa a respeito desses planos, mesmo que atualmente vocês dois estejam cobertos por um programa da empresa.

## A MÃE DE TODAS AS CONTAS DE APOSENTADORIA

Nos Estados Unidos, o plano de aposentadoria mais usado pelas empresas é o 401(k); as organizações sem fins lucrativos podem oferecer aos funcionários um plano semelhante, conhecido como 403(b). O 401(k) – seu nome vem da seção da lei que o criou – é um plano fornecido pelo empregador, mas controlado pelo empregado. Em outras palavras, cabe a você dizer à empresa se quer ou não participar do plano, com quanto quer contribuir e onde quer que o dinheiro seja investido.

Se você trabalha para uma empresa, a primeira coisa que precisa saber é se ela tem ou não um plano de aposentadoria. Sempre fico surpreso com o número de pessoas que não sabem se a empresa em que trabalham oferece ou não esse tipo de plano de aposentadoria. Na verdade, essa é uma informação que você precisa ter antes de aceitar um novo emprego. Não ter um plano de aposentadoria é um risco para o seu futuro financeiro e, por isso, é bom pensar duas vezes antes de começar a trabalhar para uma empresa que se recusa a oferecer um desses planos aos funcionários.

Pressupondo que a sua empresa tenha um plano, a segunda coisa a fazer é verificar se você está inscrito nele. A inscrição não vai lhe custar nada: é um benefício oferecido pela empresa ao funcionário. Normalmente, quem começa a trabalhar numa empresa recebe um monte de papelada para ler e assinar. Essa papelada inclui em geral o programa de adesão ao plano de previdência complementar.

Muita gente supõe equivocadamente que a inscrição num plano de previdência corporativa é automática. MAS NÃO É. Há dois tipos de planos dentre os Planos Coletivos: o Averbado e o Instituído.

No plano coletivo Averbado, a empresa propõe o plano, mas não coloca o dinheiro; é o funcionário que faz o aporte.

No plano coletivo Instituído a empresa propõe a contratação e participa total ou parcialmente do custeio. Assim, o novo funcionário recebe aquele monte de papéis mas, ocupado com isso e aquilo nesse período de ambientação na nova empresa, acaba não lendo tudo. De repente, seis meses se passaram e ele ainda não se inscreveu no plano.

Então, este é o meu conselho: se você trabalha numa empresa que oferece um plano de pensão na modalidade Instituído, vá amanhã de manhã à seção de benefícios do departamento de recursos humanos verificar se você está inscrito e quais as modalidades e condições que existem. Se descobrir que não está, peça um manual de inscrição. (Isso também vale para o seu parceiro ou parceira.)

## SE VOCÊ JÁ ESTIVER INSCRITO...

Se você e o seu parceiro ou parceira já estiverem inscritos num plano de pensão, a pergunta mais importante a fazer é se estão contribuindo com o máximo que podem contribuir. Ou seja, se estão sabendo aproveitar o sistema "pague-se primeiro" contribuindo sobre o teto que o plano permite.

Por lei, para fins de incentivo fiscal, o máximo que se pode deduzir da base de cálculo da Declaração de Rendimentos de Pessoas Físicas das contribuições feitas aos planos de previdência privada é até o limite de 12% da renda bruta do participante. O empregado, se quiser, pode contribuir com mais do que esse limite de 12%, mas em geral não compensa. Portanto, a cada aumento de salário, tenha em mente o respectivo aumento de contribuição ao plano. Por isso, vá checando na seção de benefícios se o nível da sua contribuição está atualizado. A atenção a este tipo de detalhe é o que determina se vocês vão ter uma aposentadoria difícil ou se vão ficar ricos.

## AGORA QUE O DINHEIRO ESTÁ NO PLANO, COMO É QUE VOCÊ FAZ PARA TIRÁ-LO DE LÁ?

Muita gente acaba deixando de contribuir para o plano de aposentadoria da empresa achando que perderão o controle sobre o dinheiro depois de depositá-lo no plano. Mas isso não é verdade. É verdade que não é aconselhável você tirar dinheiro do plano de pensão ou de planos semelhantes até atingir o prazo estipulado, que em geral é de 30 anos para mulheres e 35 anos de trabalho para homens. Ou 60 anos de idade para mulheres e 65 anos para homens. Mas isso não significa que você não pode. O dinheiro é seu e você pode sacá-lo se realmente precisar.

Mas, no momento em que você tira o dinheiro do plano de pensão, ele fica sujeito a impostos como qualquer outra renda. E, em geral, se você ainda não tem direito, terá que pagar uma multa de 10% para o governo. (Há meios para evitar essa multa. Vamos falar disso depois.) Seja como for, não recomendo que você retire prematuramente o seu dinheiro para a aposentadoria.

## DOIS CASAIS, O MESMO PLANO... UMA DIFERENÇA DE $700.000!

Se você acha que eu pareço um disco quebrado, falando de novo da importância de maximizar o seu plano de aposentadoria, considere esta história de dois casais que vieram ao meu escritório há alguns anos.

O primeiro casal, Marilyn e Robert, tinham passado 30 anos investindo todas as suas reservas para a aposentadoria no plano de aposentadoria que Robert tinha na empresa onde trabalhava. O empregador de Robert, uma companhia de petróleo, oferecia um plano de aposentadoria que permitia aos funcionários investir até 12% do salário. No começo, Robert e Marilyn acharam que seria bom Robert participar do plano, mas que não podiam se dar ao luxo de pôr de lado essa porcentagem do salário. Um dia, o pai de Marilyn lhes deu um conselho. "Robert", disse ele, "vocês não podem se dar ao luxo é de *não* fazer isso. Mesmo que agora se sacrifiquem um pouco, mais tarde ficarão felizes por isso." Com esse conselho sensato ecoando na cabeça, Robert optou pela contribuição máxima: 12%.

Na mesma época, os melhores amigos de Robert e Marilyn, Larry e Connie, estavam às voltas com a mesma questão. Larry tinha um emprego parecido com o de Robert e os dois ganhavam mais ou menos a mesma coisa. Mas Larry e Connie tomaram uma decisão diferente. Depois de muita discussão, resolveram pôr de lado apenas 3% do salário de Larry. Eles simplesmente não se deram conta de que poderiam poupar muito mais do que isso.

Trinta anos depois, quando Robert e Larry já tinham passado dos cinqüenta, os dois foram dispensados num corte de pessoal. Pouco tempo depois, os dois casais foram a um dos meus seminários sobre aposentadoria e acabaram marcando um horário para conversar comigo no escritório (separadamente).

Robert e Marilyn estavam animados quando chegaram. Estavam prontos para a aposentadoria, sabendo que tinham economizado o suficiente. Na verdade, quando examinei os extratos da aposentadoria, vi que tinham mais de $935.000 na conta.

## "FIZ BOBAGEM..."

No caso de Larry e Connie não foi bem assim. Quando chegaram ao meu escritório, um dia depois de Robert e Marilyn, estavam muito preocupados. Na verdade, a primeira coisa que Larry disse para mim foi: "Fiz bobagem." Larry e Connie tinham só $250.000 na conta de aposentadoria – quase $700.000 a menos do que Robert e Marilyn.

Connie recusou-se a deixar o marido levar toda a culpa. "Não foi só culpa de Larry", disse ela. "Eu vivia preocupada com as contas e achava que haveria uma ocasião melhor para poupar, só que isso nunca aconteceu. Era sempre uma coisa e outra – faculdade dos filhos, uma nova cozinha, algumas viagens – e de repente cá estamos nós, às vésperas da aposentadoria. E estamos em má situação. Não dá para viver com o que temos e não sabemos se Larry encontrará um novo emprego aos 56 anos."

Aprenda com o exemplo de Larry e Connie. Não cometam o mesmo erro que eles cometeram. Maximize agora as suas contribuições para a aposentadoria.

## AGORA QUE ESTOU CONTRIBUINDO PARA O PLANO, COMO DECIDIR ONDE INVESTIR?

Outra dúvida a respeito dos planos de pensão é: Como investir o dinheiro? Na verdade, isso é simples. Na papelada que lhe dão para se inscrever no plano, está incluída uma lista de diferentes investimentos para você escolher. Normalmente, há três tipos de aplicações: (1) Plano do Tipo Soberano – Títulos de emissão do Tesouro Nacional e/ou do Bacen e créditos securitizados do Tesouro Nacional; (2) Plano do Tipo de Renda Fixa – A mesma aplicação do plano soberano mais investimentos de renda fixa; (3) Plano do Tipo Composto – Demais modalidades, limitando os investimentos em renda variável a 49% do patrimônio líquido do FIE.

## CUIDADO COM A MANIA DE "COLAR"

Quando toco nesse assunto nas palestras, as pessoas sempre dão risada porque têm mania de "colar" (virar para a pessoa da mesa ao lado e perguntar, "Que quadradinho você marcou?"). O problema desse sistema é que marcar este ou aquele quadradinho pode determinar se vamos ou não ficar ricos. Essa é uma decisão que pode determinar o futuro financeiro da família e, no entanto, muita gente não pensa antes de tomá-la.

Então, eis a minha sugestão. Se você já se inscreveu no plano de pensão da empresa onde trabalha, pegue o extrato do último trimestre e reveja os investimentos que escolheu. Depois, entre em contato com a seção de benefícios e peça uma lista de opções de investimentos e um resumo do desempenho recente de cada um deles. Além disso, pergunte se a empresa administradora do plano tem um consultor que possa repassar as opções de investimento com você. O mais provável é que essa administradora tenha se comprometido a prestar "orientação financeira gratuita" para todos os participantes do plano. Só que, em geral, os funcionários não sabem que podem contar sem custo com essa valiosa ajuda e, por isso, nunca recorrem a ela.

Recomendo também que você reveja as opções de investimento com o seu parceiro ou parceira e com o seu consultor financeiro pessoal, que eu espero que você tenha. O mais provável é que ele nem cobre para rever com você as opções do plano.

## É HORA DE FAZER A PRÓPRIA PESQUISA

Finalmente, faça a sua própria pesquisa. Hoje, com a Internet, é fácil colher informações sobre o desempenho de um investimento. Há literalmente milhares de websites que oferecem informações financeiras. Para facilitar a procura de um bom website, seguem alguns sobre previdência e outros sobre ações, títulos, fundos de investimentos:

www.anapp.com.br
www.mpas.gov.br
www.susep.com.br
www.msn.com.br
www.financenter.com.br
www.finance.yahoo.com.br

## NÃO DEIXE QUE NINGUÉM O CONVENÇA A NÃO SE INSCREVER NO FUNDO DE PENSÃO DA SUA EMPRESA

Muita gente comete o erro de não se inscrever no plano da empresa onde trabalha porque alguém disse que não vale a pena. Essa é de longe a razão que as pessoas mais alegam nos meus seminários para explicar por que não se inscreveram. Uma pessoa simpática levanta a mão e diz, "Eu não uso o fundo de pensão porque um amigo me disse que as possibilidades de investimento que ele oferece são ruins e que eu posso me sair melhor por conta própria."

Isso parece razoável, mas não é. Mesmo que você seja um investidor fenomenal, por conta própria – ou seja, fora de um plano com benefícios tributários – seria muito difícil superar até mesmo o mais medíocre dos fundos de pensão.

Por que estou dizendo isso? Porque cada dólar que você investe no seu fundo de pensão é um *investimento anterior à tributação*. Ao investir por conta própria, você perde essa vantagem. Além disso, muitas empresas suplementam as suas contribuições para o fundo de pensão, contribuindo com até 50 centavos por cada dólar que você contribui. Algumas chegam a contribuir com um dólar por cada dólar seu. É um *dinheiro grátis* proporcionado pela empresa em que você trabalha.

Vamos fazer os cálculos. Digamos que você investe $100 no fundo de pensão. Se a sua empresa é como a maioria, ela contribuirá com mais $50 – o que significa que agora você tem $150 trabalhando por você na sua conta. Se o plano gera um retorno anual de apenas 10%, no final no ano você terá um saldo de $165.

Para se sair melhor investindo por conta própria, você teria que gerar um retorno anual de quase 154%! Lembre-se: você estaria trabalhando com dólares já tributados, o que significa que logo de saída os seus $100 seriam reduzidos a $65 pelos impostos. Se você sabe de um investimento que transforma regularmente $65 em $165, então não precisa deste livro. A realidade é que o mercado de ações tem gerado um retorno médio de 12% ao ano desde 1926.

É claro que você pagará imposto de renda sobre o dinheiro do seu fundo de pensão quando puder começar a sacá-lo. Mas, tendo crescido com impostos diferidos, o seu pé-de-meia estará tão grande nessa época que ainda assim sua posição será muito vantajosa.

Outra realidade é que, hoje em dia, a maioria dos fundos de pensão oferece excelentes opções de investimentos aos participantes, que podem escolher entre 10 a 15 fundos mútuos – que incluem em geral um fundo de índice (cujo desempenho se equipara ao do mercado de ações como um todo). Portanto, ignore essas pessoas do contra que reclamam das opções de investimento do fundo de pensão.

## O QUE ACONTECE COM O MEU DINHEIRO INVESTIDO NO FUNDO DE PENSÃO SE EU MUDAR DE EMPREGO?

Pesquisas recentes revelam que a maioria das pessoas trabalha para 10 ou mais empregadores diferentes durante a vida. Converse com gente de seus trinta anos e verá que a maioria já teve uma meia dúzia de empregos diferentes. Em meio a tantas mudanças de emprego, muitos acabam deixando o dinheiro investido no plano do antigo empregador quando vão para uma nova empresa. (Esse é um grande erro. O certo é avaliar as condições do fundo em que estava e verificar as condições do novo plano e, após o comparativo, proceder ou não à transferência ao novo plano do novo empregador.) Tenho que admitir que há condições em que é preferível deixar os recursos no plano do antigo empregador, ou seja, quando há carência para retirar o aporte feito pelo empregador, vale a pena manter onde estava. Portanto, há sempre que atentar para as peculiaridades de cada plano antes de tomar qualquer decisão.

## SE A SUA EMPRESA NÃO TIVER UM PLANO DE APOSENTADORIA...

Se, por alguma razão, o seu atual empregador não tem um plano de pensão, recomendo que você e seus colegas o informem – por escrito – que estão preocupados porque o fato da empresa não oferecer um plano de aposentadoria põe em risco o seu futuro financeiro.

Recomendo também que ajudem o patrão a fazer a escolha certa. Faça as pesquisas básicas para ele ou ela. Entre em contato com algumas das muitas operadoras que oferecem planos de previdência especiais para pequenas empresas e peça-lhes para mandar informações sobre o procedimento. Depois, passe as informações para o patrão. Há várias empresas a que você pode recorrer, como Icatu Hartford, BrasilPrev, AIG Seguros,

Bradesco Vida, Mapfre, Capemi, ItauPrev e demais. Esse é só um ponto de partida, mas fazendo esse trabalho inicial, você aumenta a probabilidade da empresa contratar um plano. Além disso, você pode acabar impressionando o patrão com a sua iniciativa.

## PLANO DE PREVIDÊNCIA PRIVADA

As modalidades mais conhecidas de Previdência Privada no Brasil são:

- FAPI – FUNDO DE APOSENTADORIA PROGRAMADA INDIVIDUAL

Tem como objetivo a acumulação de recursos, mas não estabelece um período para a contribuição. Não é, por isso, considerado um fundo de previdência privada, embora possa formar uma poupança a ser utilizada como aposentadoria no futuro. Criado em 1997, o FAPI começou a perder espaço no ano seguinte, com o surgimento do PGBL. A tendência, segundo especialistas, é de que o FAPI seja extinto nos próximos anos. Hoje este produto representa menos de 1% das aplicações em previdência aberta no Brasil.

- PCAT – PREVIDÊNCIA COMPLEMENTAR ABERTA TRADICIONAL

É uma opção de aposentadoria complementar oferecida por entidades abertas de previdência e seguradoras, existindo duas opções: Benefício Definido (BD) e Contribuição Definida (CD).

No Benefício Definido, se sabe quanto irá ganhar mensalmente, mas suas contribuições atuais não são fixas. Estes planos tradicionais não são mais comercializados.

No plano Contribuição Definida, o benefício não é fixo, mas as contribuições são.

- PGBL – PLANO GERADOR DE BENEFÍCIO LIVRE

Trata-se de um padrão de plano criado em 1998 e que representou um marco para o setor de previdência privada no Brasil. Pelo menos dois fatores diferem esse modelo dos planos de previdência antigos, hoje chamados de planos tradicionais. A primeira diferença é que o PGBL não oferece garantia de rentabilidade mínima. A segunda é que ele repassa integralmente para o beneficiário os rendimentos obtidos no fundo em que os recursos foram aplicados. Mas existe uma característica mais importante. É a possibilidade de deduzir as contribuições da base de cálculo do Imposto de Renda (IR), desde que elas não ultrapassem 12% da renda bruta anual do investidor. Por esse modelo, o IR é pago apenas no momento de resgate das aplicações.

Ao aplicar em um PGBL o participante estará adquirindo cotas do fundo atrelado ao plano, da mesma forma que ocorre quando aplica num fundo de investimento comum. Os valores das cotas são divulgados diariamente nos jornais de grande circulação.

- VGBL – VIDA GERADOR DE BENEFÍCIO LIVRE

Criado em 2001, o VGBL é o modelo de plano que apresenta hoje o maior crescimento na previdência aberta brasileira (resolução 49, de 12 de fevereiro de 2001, do CNSP). Tem as mesmas características do PGBL, mas com uma diferença fundamental: as aplicações não podem ser deduzidas da base de cálculo do Imposto de Renda. Em compensação, no momento do resgate, a tributação incide apenas sobre a rentabilidade do investimento e não sobre o volume total. Além do tratamento fiscal diferente, o VGBL difere do PGBL pelo fato de a pessoa poder comprar, junto com o plano de aposentadoria complementar, um seguro de vida.

Ainda que não apresentando crescimento tão forte quanto os planos PGBL e VGBL, outros planos foram criados com o objetivo, em tese, de serem uma alternativa aos PCATs (Previdência Complementar Aberta Tradicional), apresentando novos mecanismos de proteção e de transparência como, por exemplo, o acesso a informações sobre os fundos em que as reservas estão sendo aplicadas e regulamentos padronizados. Sendo classificados como planos típicos de aposentadoria, cito:

- PRGP – PLANO COM REMUNERAÇÃO GARANTIDA E PERFORMANCE

Seu objetivo é garantir uma taxa de juros básica de remuneração, associada a uma correção por índice de preços além de um excedente financeiro, ambos predeterminados na contratação do plano. Tem como diferencial a garantia de rendimento, além de permitir o abatimento no imposto de renda até o limite de 12% da renda bruta anual. O plano é corrigido por um índice de inflação definido no ato do fechamento entre o cliente (você) e a instituição seguradora e também pela taxa de juros.

- PAGP – PLANO COM ATUALIZAÇÃO GARANTIDA E PERFORMANCE

É semelhante ao PRGP, embora não garanta uma taxa de juros, mas, inclua a correção pelo índice de preços e o excedente financeiro predeterminado na contratação do plano. Seus recursos serão aplicados em fundos de investimentos.

### REGRAS DE INVESTIMENTO PARA A APOSENTADORIA

> **REGRA Nº 1**
> **Saiba o que o seu dinheiro está fazendo.**

Por mais óbvio que isso pareça, tenho que começar por isso. Não é para pôr o dinheiro numa conta de aposentadoria e nunca mais pensar no assunto. Você tem que saber exatamente onde o seu dinheiro está investido. Não cometa o erro de "pensar que sabe". Pegue seus extratos e se familiarize com o que você tem. Seja como for, não deixe o seu dinheiro da aposentadoria parado num investimento preguiçoso, como um certificado de depósito. Na área do planejamento financeiro, chamamos os certificados de depósito de "certificados de depreciação". Isso porque o retorno de um CD é em geral tão baixo que nem acompanha a inflação.

Os CDs são ótimos investimentos quando você quer apenas preservar o capital – digamos, se você já se aposentou e não quer correr riscos com o seu dinheiro. Mas quando a meta é juntar um pé-de-meia para a aposentadoria, investir em algo que gera um retorno anual de 5% é loucura. Na verdade, há um termo técnico para esse tipo de estratégia para a aposentadoria: *Ficar Duro com Segurança!*

> **REGRA Nº 2**
> **Certifique-se de que o seu dinheiro da aposentadoria está investido para crescer.**

Ninguém consegue ficar rico com investimentos de retorno fixo. É simples assim. Os investimentos de retorno fixo, como os certificados de depósito, costumam render apenas 5, 6 ou 7% ao ano – e se é só isso o que o seu dinheiro rende, é provável que você nunca junte uma fortuna considerável.

É verdade que muitas pessoas sabotam a própria capacidade de enriquecer investindo de modo conservador demais. Como o dinheiro da aposentadoria é muito importante, elas não querem arriscá-lo. O que não percebem é que o maior risco que esse dinheiro pode correr é o de não ser suficiente para viverem quando se aposentarem.

Se o seu dinheiro não está crescendo a uma taxa de pelo menos 4 a 6 pontos percentuais acima da inflação, você corre o risco de viver muito mais do que a sua renda. Moral da história: *invista para crescer*. Ou seja, invista uma parte da carteira da aposentadoria em ações. Para isso, você pode comprar ações individuais ou investir em fundos mútuos de ações. Mas, seja como for, pelo menos uma parte do seu dinheiro tem que estar investido em ações.

---

### REGRA Nº 3
### Distribua seus ativos de forma a maximizar o retorno e minimizar o risco.

---

Quando se trata de investimentos, a regra é simples: quanto mais alto o retorno, mais alto o risco. Isso significa que o investidor esperto é um bom equilibrista. Como observei acima, ser conservador demais quando se trata de juntar um pé-de-meia pode minar suas chances de ficar rico. Por outro lado, não é bom agir como um jogador. A chave para descobrir e manter o equilíbrio correto entre risco e rentabilidade é o que se conhece como alocação de ativos.

Alocação de ativos é um desses termos que parecem mais complicados do que realmente são. Na verdade, trata-se apenas de distribuir bem o dinheiro da aposentadoria entre investimentos relativamente seguros, de retorno relativamente baixo (como os CDs de retorno fixo) e investimentos mais arriscados e de retorno mais alto, como as ações de crescimento.

Descobrir como alocar seus ativos não é tão difícil. Como dizia a minha avó, não é bom guardar todos os ovos na mesma cesta. Mas como saber que proporção do pé-de-meia deve ser investida em ações vs. títulos de renda fixa? Há várias maneiras de se calcular isso. De minha parte, prefiro a seguinte regrinha.

*Subtraia a sua idade de 110. O resultado é a porcentagem dos seus ativos que deve ir para ações; o resto deve ir para títulos e outros investimentos de renda fixa.*

Eis como funciona essa regra. Digamos que você tem 40 anos. Subtraindo 40 de 110, você tem 70 – o que significa que deveria pôr 70% do dinheiro da aposentadoria em ações e fundos mútuos de ações. Os restantes 30% dos ativos deveriam ir para investimentos mais seguros, como certificados de depósito, fundos *money-market*, títulos ou fundos de renda fixa.

Se você prefere um jeito ainda mais simples, esqueça essa coisa de subtrair a sua idade de 110 e ponha 60% do dinheiro em ações e os restantes 40% em títulos. Conhecida como "carteira equilibrada", essa alocação lhe dará cerca de 90% do retorno do mercado de ações com cerca de 30% a menos de risco. É isso que eu chamo de alocação de ativos "durma bem à noite", sendo especialmente indicada para quem está perto da idade de se aposentar.

Embora pareça uma supersimplificação, essa é uma ótima maneira de maximizar o retorno e minimizar os riscos.

Depois de resolver como quer alocar seus ativos, você precisa escolher os investimentos. Como essa decisão é mais específica, recomendo que converse sobre ela com um consultor financeiro bem informado. De qualquer forma, se preferir fazer tudo sozinho ou se quiser fazer uma pesquisa por conta própria, há muitos sites na Internet que podem ajudá-lo no planejamento da sua aposentadoria.

---

**REGRA Nº 4**
**Invista nas ações da empresa onde trabalha, mas faça a sua lição de casa!**

Nós já vimos que, se você trabalha para uma empresa de capital aberto, uma das opções para o seu plano de aposentadoria pode ser investir pelo menos parte do seu pé-de-meia em ações do seu empregador. Como funcionário leal, você pode sentir que é esse o caminho a tomar. Mas tenha cuidado. É verdade que você pode ficar rico investindo em ações da sua empresa se ela for bem (todo mundo já ouviu falar dos funcionários da Microsoft, Dell e Cisco, que ficaram milionários), mas pode também ficar mais pobre se ela for mal. E até mesmo as grandes empresas às vezes tropeçam. Em 1987, por exemplo, as ações da IBM caíram mais de 70%. Muita gente que tinha investido pesado em ações da IBM e já estava perto de se aposentar, viu metade do seu pé-de-meia desaparecer em questão de meses.

Não apenas as grandes empresas por vezes tropeçam como as grandes economias às vezes ficam mais lentas, provocando a queda de grandes ações. Então, é melhor dosar o dinheiro que você investe em ações de uma só empresa – mesmo que seja aquela para a qual você trabalha. Muitos especialistas recomendam que não se deve investir mais de 20% do dinheiro da aposentadoria em ações do patrão. Acho esse cálculo um pouco conservador. Se você trabalha para uma empresa excelente e sabe que ela é bem administrada, não tenha medo de agir com base no que sabe. Atualmente, eu tenho mais de 50% do dinheiro do meu plano de aposentadoria em ações da minha empresa. Embora sejam muitos ovos na mesma cesta, minha conta de aposentadoria cresceu rapidamente, já que nossas ações valem dez vezes mais do que valiam quando a empresa abriu o capital, há seis anos.

Por isso, pesquise direito as ações da empresa onde trabalha. Para isso, o melhor é procurar o departamento de relações com investidores e pedir o que eles chamam de "kit do investidor". Todas as empresas de capital aberto oferecem esses kits. Eles incluem artigos sobre a empresa, uma cópia do último relatório anual. É um relatório que todas as empresas de capital aberto têm que apresentar anualmente à CVM. Ele fornece informações detalhadas sobre a empresa e suas finanças. Mesmo que você não esteja planejando comprar ações da sua empresa, sugiro que leia o relatório anual.

Embora possa parecer complicado, ele não é tão difícil de entender – e pode ser incrivelmente esclarecedor. Na verdade, o relatório anual vai lhe revelar tudo, desde o que faz a empresa até quanto ganham seus principais executivos. Ele detalha também tudo o que a empresa acha que pode dar errado e afetar negativamente o preço das ações. São informações importantes, não apenas para um potencial investidor, mas também para um atual funcionário.

Depois de assimilar tudo isso, você pode suplementar o seu conhecimento visitando um dos muitos websites especializados em informações sobre ações individuais.

Em geral todos os bancos têm em seus sites muitas opções, assim, vale selecionar os mais importantes, ou seja:

www.itau.com.br
www.bancodobrasil.com.br
www.bancoreal.com.br
www.bradesco.com.br
www.santander.com.br
www.hsbcinvestimentos.com.br
www.unibanco.com.br

Para investimentos em geral e mesmo em ações:

www.investshop.com.br
www.infomoney.com.br
www.financenter.com.br
www.anbid.com.br (ver o link "como investir") – este é o melhor site para fundos.
www.ibovespa.com.br (para ações em geral)
www.acionista.com.br

---

**REGRA Nº 5**
**Não deixe de ler todo o Oitavo Passo.**

---

No Oitavo Passo, vou relacionar alguns dos maiores erros que os investidores cometem. Não deixe de ler tudo porque um único erro pode lhe custar uma fortuna em dinheiro para a aposentadoria.

É isso aí. Você e o seu parceiro ou parceira já devem ter todas as informações que precisam para encher a cesta da aposentadoria e ficar ricos. Já devem saber por que precisam maximizar as contribuições para a aposentadoria e como investir o dinheiro que se comprometeram a poupar para os seus planos futuros.

Mas nada disso importa se não houver motivação para se pagarem primeiro. Espero que os dois estejam motivados. Lembre-se: a única coisa que pode impedi-lo de ficar rico é você mesmo. Se você não agir, nada adianta. Se você não se inscrever num plano de aposentadoria e aumentar ao máximo as suas contribuições, se não contribuir para VGBL caso trabalhe por conta própria, então não vai dar certo. Se não conversar com os seus filhos a respeito do Plano de Previdência pode ser que eles só fiquem sabendo dessas coisas quando for tarde demais.

A chave é pôr este capítulo em ação *agora mesmo*. Se largar este livro e nunca mais olhar para ele mas fizer, juntamente com o seu parceiro ou parceira, o que este capítulo recomenda, vocês têm uma grande chance de terminar entre os 10% mais ricos do país. Mas não pare por aí. Quero que vocês cheguem aos 5% mais ricos. Com isso em mente, vamos ver como proteger a sua fortuna contra as incertezas da vida construindo a cesta da segurança.

SEXTO PASSO

# CONSTRUA A SUA
# CESTA DA SEGURANÇA

**ENTÃO, VOCÊS DOIS ESTÃO** poupando um tanto do que ganham e construindo uma cesta da aposentaria que lhes permitirá ficar ricos. Aposto que você está se sentindo muito mais seguro a respeito do futuro do que no começo desta jornada. Pelo menos devia porque, na verdade, está. Vocês dois estão. Mas isso não quer dizer que agora é só sentar e relaxar. Ao contrário: é hora de começar a planejar seriamente como fazer frente aos problemas inesperados da vida.

## A REALIDADE É QUE ÀS VEZES A VIDA É UMA BAGUNÇA

Sou uma pessoa positiva e gostaria de lhe dizer que tudo vai sempre correr bem para todos nós. Infelizmente, a realidade é que nem sempre as coisas correm como queremos. A realidade é que às vezes as coisas correm mal – *muito* mal. As pessoas perdem o emprego, o casamento acaba, a empresa vai à falência, o provedor da família fica doente e às vezes morre. *Coisas acontecem*.

Não há como fugir disso. As coisas sempre aconteceram e não vão parar de acontecer agora só porque você resolveu ficar esperto com as suas finanças.

Mas isso não é motivo para desanimar.

Sabendo que as coisas podem dar errado, vocês podem se preparar e isso os põe numa posição de poder. Ter um "Plano B" no caso das coisas não correrem como imaginaram não dá apenas uma sensação de segurança: vocês estarão mesmo mais seguros. Esse plano B é a cesta da segurança e construí-la é como construir o alicerce da casa financeira da sua família. Vocês podem construir uma casa maravilhosa (fazendo um bom trabalho com a cesta da aposentadoria), mas se ela não tiver um alicerce sólido (uma cesta da segurança bem provida), pode desmoronar sobre você e sobre aqueles que você ama.

## ESPERE O MELHOR MAS PREPARE-SE PARA O PIOR

A importância da cesta da segurança é simples. Ela tem o objetivo de proteger vocês dois e os seus filhos (se tiverem filhos) no caso de se verem diante de um problema financeiro inesperado. Esse problema pode ser difícil, como perder o emprego ou enfrentar a morte de alguém da família. Ou pode não ser tão difícil, como levar o carro à oficina para trocar os freios ou comprar uma nova lavadora de pratos porque a velha quebrou de vez. A questão é que problemas inesperados não faltam e, mesmo não sabendo com antecedência de onde virão, vocês podem estar em posição de lidar com eles.

Nos meus seminários, comparo a cesta da segurança com o que os fabricantes de automóveis chamam de "dispositivos de segurança passiva" – ou seja, o cinto de segurança, e o *air bag*, que são obrigatórios em todos os carros mais novos. Ao comprar um carro novo, você paga pelo *air bag* e usa o cinto naturalmente. Isso não significa que você quer ou planeja ter um acidente. Está simplesmente sendo inteligente e garantindo a sua proteção no caso de uma batida. Pois bem, é exatamente isso que vamos fazer agora. Vamos instalar um "*air bag*" financeiro.

## SEIS COISAS A SEREM FEITAS AGORA COMO PROTEÇÃO

Para que vocês fiquem bem protegidos, a cesta da segurança deve conter estas seis precauções:

> **PRECAUÇÃO Nº 1**
> Ponham de lado uma reserva em dinheiro.

Quando eu era pequeno, minha avó costumava me dizer: "David, tenha sempre um dinheiro para um dia de chuva porque, quando a chuva vem, dinheiro na mão é tudo!"

Era um bom conselho naquela época e é um bom conselho agora. Sei que me sinto melhor tendo uma bela reserva em dinheiro, caso haja algum problema. Vocês também se sentirão melhor. Então, siga o conselho da minha avó e organize uma conta de emergência para vocês. Quero que pense nela como um "*air bag*" de dinheiro, que amortecerá a pancada em caso de perderem parte da sua renda, ou toda ela, por algum motivo (perda de emprego, invalidez, uma fase ruim da economia ou outra coisa).

A questão, é claro, é de que tamanho deve ser essa reserva. Quanto dinheiro vocês precisam ter à mão para se sentirem protegidos – e estarem de fato protegidos – contra as "coisas" que "acontecem"?

A resposta é simples. Depende de quanto você e o seu parceiro ou parceira gastam por mês. A palavra chave é "gastar". Não importa o quanto ganham. Se você ganha $5.000 por mês, você não tem realmente $5.000 nas mãos todo mês, tem? Afinal, está pondo pelo menos 10% disso na cesta da aposentadoria (está, não está?) e pagando uma boa fatia do resto para o governo.

Vocês dois devem ter calculado quanto gastam por mês no Quarto Passo ("O Fator Café dos Casais"). Se não calcularam, por favor, calculem agora. (Podem usar a planilha da página 245, chamada "Para onde o dinheiro *realmente* vai?")

Feito esse cálculo, é possível calcular o tamanho dessa reserva em dinheiro. Na minha opinião, o mínimo que devem pôr de lado é o equivalente a três meses de despesas. Em outras palavras, se vocês gastam $2.000 por mês, precisam ter pelo menos $6.000 em dinheiro na cesta da segurança.

Mas isso é o mínimo. Em alguns casos, é bom ter até 24 meses de despesas de reserva. Concordo que parece um exagero. Mas não é, já que essa quantia depende de vários fatores. Por exemplo, se você perder o emprego de repente, quanto tempo levaria para arrumar outro? Até um tempo atrás, quem ganhava mais tinha mais dificuldade para conseguir um novo emprego. Por isso, os especialistas recomendavam uma reserva equivalente a um mês de despesas por cada $10.000 de renda anual. (Em outras palavras, se a renda anual de vocês dois juntos fosse de $50.000, os especialistas recomendariam que pusessem de lado o equivalente a cinco meses de despesas.)

Esse tipo de precaução ainda é necessário? Em muitos setores da economia, as coisas estão fervendo tanto que você pode perder o emprego – e ter cinco ofertas de um novo emprego em menos de uma semana. Mas não há garantias e uma economia pode estar fervendo num minuto e esfriar totalmente no outro. Assim, é difícil generalizar. Você e o seu parceiro ou parceira precisam ter uma conversa honesta sobre gastos, sobre a possibilidade de um de vocês ou os dois perderem o emprego e sobre o que chamo de "fator dormir à noite".

## QUANTO DINHEIRO É NECESSÁRIO PARA QUE VOCÊS DOIS CONSIGAM DORMIR BEM À NOITE?

Essa quantia necessária para "dormir à noite" é diferente para cada um – incluindo vocês dois. Quase sempre, um dos dois precisa de um cobertor de segurança maior para conseguir dormir bem à noite. Embora três meses de despesas seja o mínimo que recomendo, muitos casais preferem pôr de lado o equivalente a 24 meses de despesas. Vocês precisam decidir *juntos* o que é melhor para vocês como casal.

No entanto, vou oferecer uma regra geral: na minha opinião, não há motivo para guardar mais do que 24 meses de despesas na cesta da segurança. Mais do que isso é exagero. E mais uma coisa: se vocês estiverem em dúvida quanto a essa quantia, é melhor exagerar e guardar mais, não menos.

## NÃO ENRIQUEÇA OS BANCOS COM A SUA RESERVA EM DINHEIRO

Não basta poupar para a cesta da segurança, mas também saber *onde* o dinheiro deve ficar. Em geral, as pessoas põem essa reserva de emergência no lugar errado – ou seja, deixam o dinheiro numa conta corrente ou numa conta remunerada. Isso é ruim porque o rendimento dessas contas é quase nulo.

O fato é que os bancos enriquecem com essas contas. Isso ocorre porque o dinheiro fica lá (o seu dinheiro!) trabalhando para o banco enquanto você recebe rendimentos muito baixos – ou não recebe nada. Há pouco tempo, só por curiosidade, fui a uma agência de um dos maiores bancos do país e perguntei qual o rendimento de uma conta corrente remunerada. A resposta foi 1%. Aliás, a média nacional é 1%. Vocês que me desculpem, mas isso é muito pouco!

Para o seu bem, decida que a partir de hoje não vai mais deixar que os bancos lhe paguem juros tão baixos. Fato é que você pode ir a qualquer corretora de investimentos de qualquer cidade – ou entrar na Internet – e abrir uma conta *money-market* que lhe pagará de 3 a 4% de juros ao ano. Na verdade, muitos bancos que pagam 1% de juros na conta corrente remunerada também têm contas *money-market*, que pagam mais de 4%. Você só precisa perguntar.

As taxas que as contas *money-market* pagam costumam ser quatro vezes maiores do que as de uma conta remunerada comum, dependendo da variação das taxas de juros federais. É uma grande diferença. Se você tem $10.000 em dinheiro da cesta da segurança numa conta corrente remunerada que paga 1% em vez de 4%, está perdendo $300 ao ano. É muito dinheiro para jogar fora.

Em geral, as contas *money-market* oferecem também número ilimitado de cheques, cartão de débito que pode ser usado também como cartão de crédito (que em alguns casos acumulam milhas aéreas), um extrato anual que mostra onde o seu dinheiro foi gasto e pagamentos online! Pense nisso. Você tem uma tonelada de vantagens e ganha mais com o seu dinheiro.

Além disso, essas contas *money-market* são seguras. Na verdade, talvez sejam o investimento mais seguro que você pode fazer. E se você for ultra-conservador, pode abrir até uma conta *money-market* garantida (embora, em geral, ela pague de 1 a 2% a menos do que uma conta não-garantida). A maioria dos bancos oferece essas contas, mas repito: você tem que perguntar.

---

**PRECAUÇÃO Nº 2**
**Vocês dois PRECISAM fazer um testamento.**

Nos seminários, sempre me perguntam, "Se eu morrer, que tipo de testamento deverei deixar?"

*Se* você morrer?

Sinto muito, mas todos nós vamos morrer. Esse é o único fato da vida que simplesmente não podemos evitar. Podemos até viver mais hoje em dia mas, cedo ou tarde, todos nós vamos acabar em algum lugar que não é aqui. Isso é triste, mas sabe qual é a verdadeira tragédia? A verdadeira tragédia é que dois terços dos norte-americanos morrem sem testamento — sem ter feito um testamento ou um *living trust* que especifique o que deve ser feito com o dinheiro e outros bens que deixaram, quem deve herdá-los e como.

Se você ama alguém — *qualquer pessoa* — não pode deixar que isso aconteça. Você tem que fazer um testamento!

Não tem discussão. E isso vale para todo mundo, não só para os casais. Casados ou não, se vocês têm um relacionamento a longo prazo, peçam a um advogado para redigir um documento legal que estabeleça o que desejam que seja feito no caso de um de vocês — ou os dois — ficar incapacitado ou morrer. Lembre-se, coisas acontecem.

Esse documento legal deve cobrir os seguintes tópicos:

## O QUE DEVE SER FEITO COM O SEU PATRIMÔNIO QUANDO VOCÊ MORRER?

Você quer que todos os seus bens passem para o seu parceiro ou parceira? Talvez queira deixar alguma coisa para um irmão, um parente ou um amigo. E os seus filhos? E os filhos do seu parceiro ou parceira? Talvez haja alguma obra de caridade, uma igreja ou uma escola que você queira lembrar. Se não preparar um documento legal que explique tudo isso, você vai deixar uma tremenda confusão para aqueles que ama. E não me refiro apenas a pequenas inconveniências. Muitas famílias se desfazem por causa desse tipo de coisa.

## O QUE ACONTECE SE VOCÊS DOIS MORREREM AO MESMO TEMPO?

Você pode achar que isso é meio forçado, mas acontece e é uma coisa a ser considerada — especialmente se vocês têm filhos. O que vocês querem que seja feito com os seus bens caso os dois morram juntos? Se têm filhos, quem vocês querem que acabe de criá-los? Quem deve ficar responsável pelo dinheiro deles? A menos que vocês especifiquem tudo isso com antecedência, o governo vai intervir e tomar essas decisões por vocês. Você quer que o governo decida o que fazer com os seus filhos? Casais Inteligentes não deixam que o governo decida coisas tão importantes. Casais inteligentes não deixam de fazer um testamento bem redigido.

## O QUE ACONTECE SE UM DE VOCÊS FICAR DOENTE (OU INCAPACITADO DE ALGUMA FORMA) E NÃO PUDER MAIS TOMAR DECISÕES?

Essa questão espinhosa é resolvida por um documento chamado "testamento de vida" ou "testamento biológico". Trata-se de um adendo ao testamento, que especifica como cada um de vocês quer ser tratado no caso de ficar doente ou ferido a ponto de não conseguir comunicar suas necessidades ou desejos. Se, digamos, você for atropelado e tiver morte cerebral, quer que os médicos o mantenham vivo prendendo-o a um respirador? Se isso acontecesse comigo, eu não ia querer. Mas você pode pensar de outro jeito. A questão é que se você não especificar esse tipo de coisa no testamento, alguém terá que tomar essa decisão brutal por você. Esse não é o tipo de questão que você gostaria que sua família ficasse discutindo em meio à tragédia. Entre outras coisas, o testamento de vida deve conter uma procuração dando a uma determinada pessoa (como o seu parceiro ou parceira) o poder legal de tomar decisões médicas e financeiras por você caso fique incapacitado.

Testamentos não são documentos para se fazer em casa, sozinho. A lei que regula esse tipo de documento é muito complicada, além de variar de um Estado para o outro. Além disso, um errozinho num testamento ou numa procuração pode invalidar a coisa toda, ou pelo menos abrir espaço para contestações.

A questão é que, neste caso, há muita coisa em jogo para se correr riscos. Gaste o tempo e o dinheiro que for preciso para achar um bom advogado especializado em testamentos e peça-lhe para redigir o documento para você. Um testamento decente não deve custar mais de $1.000.

## OS 3 ERROS MAIS COMUNS QUE AS PESSOAS COMETEM EM TESTAMENTOS

1. **Não ir até o fim**
   Um casal consulta um advogado para discutir a redação de um testamento. O advogado lhes dá uma lista de coisas para pensar e decidir – então o casal vai para casa e deixa tudo por isso mesmo. Ou, pior ainda, toma as decisões mas nunca chega a assinar os documentos. Como consultor financeiro, vejo isso acontecer constantemente. Em alguns casos, tive clientes que levaram um ano inteiro para concluir o processo porque ficavam sempre deixando para depois. Não deixe para depois. Marque uma consulta com o advogado, estabeleça uma data limite e vá até o fim.

2. **Esconder os documentos onde ninguém consegue achar**
   As pessoas gastam tempo e dinheiro fazendo um testamento e depois o que fazem? Escondem os documentos! Às vezes escondem tão bem que nunca mais são encontrados.
   Ou guardam os documentos do testamento num lugar óbvio – como um cofre no banco – e adivinhem o que fazem com a chave? É isso mesmo: escondem.
   Engraçado, não é? Errado. Seus entes queridos já terão bastante trabalho quando você morrer sem ter que escavar para achar os documentos do testamento. Para lhes poupar essa agonia, recomendo que ponha os documentos do testamento (e outros papéis importantes, como apólices de seguro, escrituras e coisas assim) num lugar fácil de achar – e diga aos seus entes queridos onde é! Verifique também se o advogado tem no arquivo uma cópia dos documentos do seu testamento. A maioria dos advogados faz isso como parte da rotina, mas verifique, por via das dúvidas.

3. **Não manter as coisas atualizadas**
   Conheço muitos casais cujos testamentos foram feitos há 20 ou 30 anos e nunca mais foram revisados. Na verdade, conheço casais cujos testamentos ainda especificam quem deve ter a custódia dos filhos caso os dois morram – embora os filhos estejam agora com mais de quarenta anos e com os próprios filhos. Nos semi-

nários, as pessoas riem quando digo isso, mas é mais comum do que se imagina.

À medida que as circunstâncias da vida forem mudando, o testamento deve mudar com elas. Isso significa atualizá-los ao menos a cada cinco anos... ou sempre que houver mudanças materiais na sua vida.

Uma última sugestão: se os seus pais já são idosos, verifique se eles têm o testamento em ordem. Na verdade, muita gente não tem.

Agora, se os seus pais não puserem as coisas em ordem, você terá que enfrentar uma grande confusão. Embora a idéia de conversar com os pais a respeito de testamentos e coisas assim possa parecer desconfortável, acredite em mim – no fim, vai valer muito a pena.

> **PRECAUÇÃO Nº 3**
> **Contratem a melhor cobertura de saúde que puderem pagar.**

A área do atendimento à saúde está uma bagunça e provavelmente vai piorar ainda mais antes de melhorar. Então, não há como escapar: com os preços dos serviços de saúde continuando a subir aceleradamente, vocês têm que ter um seguro saúde.

Hoje em dia, pode-se gastar facilmente $1.000 por dia num hospital, sem incluir cirurgia. Tive um cliente que nunca tinha ficado doente na vida e de repente descobriu que tinha câncer. Acabou gastando $50.000 em quimioterapia em poucos meses. Outro cliente meu, antes muito bem de vida, sofreu um acidente de carro. Em menos de duas semanas, já tinha gasto mais de $100.000 no hospital. Na verdade, comigo aconteceu uma coisa parecida. Quando eu tinha 15 anos, estava andando de mobilete e fui atingido por um carro. Foram seis cirurgias e três meses no hospital, seguidos de um ano de fisioterapia, antes que conseguisse andar de novo. As despesas avançaram bastante pela casa dos seis dígitos.

Felizmente, os meus dois clientes e os meus pais tinham seguros-saúde que cobriram praticamente todas as despesas.

Infelizmente, nem todo mundo tem tanta sorte. Segundo um estudo recente feito pela Kaiser Family Foundation, um entre cinco norte-americanos com menos de 64 anos não tem nenhuma cobertura de saúde. Isso é assustador.

Aqui, não há o que discutir. Vocês têm que ter um seguro-saúde. A única pergunta que devem fazer é quais são as suas opções.

A maioria dos casais pertence a uma de duas categorias. Ou vocês estão cobertos por um seguro-saúde proporcionado pela empresa onde trabalham ou não estão – neste caso, vocês têm que fazer uma pesquisa para encontrar um seguro-saúde por conta própria. Isso não é necessariamente tão difícil e assustador quanto parece. Se a cobertura individual for muito cara para vocês, pode ser que consigam uma cobertura em grupo por meio de uma associação ou organização profissional. Ou até mesmo por meio da sua igreja ou sinagoga.

Mesmo que vocês tenham um seguro empresarial, nem todos os problemas estarão resolvidos. Todo casal – com ou sem cobertura da empresa – tem que tomar por conta própria algumas decisões a respeito de seguros-saúde. Com isso em mente, vamos examinar as características básicas dos tipos de cobertura mais comuns.

## O QUE UM CASAL INTELIGENTE PRECISA SABER SOBRE SEGUROS-SAÚDE

Atualmente, no Brasil, existem quatro tipos de planos supletivos de assistência à saúde: autogestão, cooperativa médica, medicina de grupo e seguro-saúde. Descreveremos, a seguir, algumas características de cada segmento:

**Autogestão:** Sua principal característica é a de administração própria, onde empresas, públicas ou privadas, administram o seu próprio plano de saúde. Conhecidas pela assistência integral à saúde de seus usuários, utilizam basicamente serviços credenciados e operam com o ressarcimento de despesas, quando o beneficiário utiliza-se de serviços não credenciados.

São exemplos de autogestões públicas a CAMED (Banco do Nordeste), CASSI (Banco do Brasil), PAMS (Caixa Econômica Federal), e, privadas, a Villares, Volkswagen, etc.

Ainda neste segmento, existem os chamados **Planos de Administração**, onde empresas administram planos de saúde de outras instituições, que optaram por não utilizar seus recursos humanos para a administração própria, preferindo a terceirização desse serviço. As empresas contratadas administram parcial ou totalmente o plano para o cliente, cobrando seus serviços por meio de taxa de administração.

**Sistemas Próprios:** Congregam vários sistemas sob a forma de pós-pagamento, tais como: autogestão na compra de serviços, produção própria de serviços, serviços comuns para grupos de empresas e auto-seguro de saúde. Os participantes, empresas e respectivos funcionários dividem, no todo ou em parte, as despesas após a sua realização, geralmente dentro de limites estabelecidos nos documentos de adesão. É a modalidade que apresentou o maior crescimento nos últimos anos.

**Cooperativas Médicas:** Esta modalidade, representada primariamente pela UNIMED, pretende viabilizar uma forma de prática profissional sem a intermediação de terceiros. O médico cooperado atende ao paciente vinculado à UNIMED mediante pré-pagamento, recebe proporcionalmente a seus atendimentos, deduzidas as despesas de custeio e, ao final do exercício, pode fazer jus aos resultados da cooperativa. Embora seja apregoada por seus defensores como um sistema ideal, sem patrões e sem interferência na atuação do médico, na prática, para o consumidor de seus serviços, a cooperativa pouco ou nada difere das "medicinas de grupo".

**Medicina de Grupo:** Constitui-se de empresas que administram sob a forma de pré-pagamento, planos de saúde para indivíduos, famílias ou empresas. O contratante paga antecipadamente a cada mês e tem direito à cobertura de eventos previstos no contrato, seja por intermédio dos serviços próprios do contratado, seja por meio de uma rede conveniada, sendo que, neste caso, o contratado remunera os serviços profissionais e hospitalares prestados. São exemplos desse segmento: AMIL, BLUE-LIFE, GOLDEN CROSS, HAP-VIDA, dentre outros.

## COMO SABER QUE PLANO É MELHOR PARA VOCÊ?

Pode parecer loucura mas, se você trabalha numa empresa que oferece várias opções de planos e seguros-saúde, minha sugestão é que escolha o mais caro. Digo isso porque, em geral, a escolha mais cara é a que lhe oferece o maior número de opções e, quando se trata da sua saúde, é loucura limitar as possibilidades.

Você e seu parceiro ou parceira podem estar gozando de perfeita saúde agora, mas quem sabe o que nos reserva o futuro? Amanhã, você pode descobrir um caroço no peito ou uma pinta suspeita nas costas. Por que sacrificar a liberdade de consultar o médico que quiser só para economizar $20 por mês? Simplesmente não vale a pena. Deixe de jantar fora uma vez por mês ou cancele aqueles canais *premium* na TV a cabo e terá compensado o custo do plano mais caro, que lhe oferece muito mais flexibilidade.

Se vocês dois têm cobertura oferecida pela empresa, sugiro que comparem os planos. Pode ser que um deles seja sensivelmente melhor do que o outro e, nesse caso, vocês podem cancelar o que oferece menos e usar o outro para os dois. A longo prazo, pode ser mais barato usar apenas o plano melhor do que dois planos separados. Agora, caso aquele de vocês dois que tem a cobertura melhor esteja pensando em mudar de emprego num futuro próximo, essa opção não serve!

## SE VOCÊS ESTÃO PLANEJANDO TER FILHOS...

É desnecessário dizer que casais que estejam planejando ter filhos devem escolher um plano de saúde que ofereça cobertura de primeira linha para o parto. Se vocês estão planejando ter um filho nos próximos dois anos, procure a seção de benefícios da empresa e pergunte que plano eles recomendam para futuros pais. Se não lhe derem nenhuma orientação, pergunte aos colegas que têm filhos. O seu parceiro ou parceira deve fazer o mesmo.

Além disso, é sempre bom entrar em contato diretamente com os planos de saúde. Uma estratégia inteligente é escolher o plano *depois* de escolher o médico e o hospital. Primeiro, encontrem um médico e um hospital que lhes sirvam. Depois, perguntem quais os planos que cobrem os seus serviços. É provável que consigam se associar a um deles.

## E QUEM TRABALHA POR CONTA PRÓPRIA?

Trabalhar por conta própria não é desculpa para não ter cobertura de saúde. Hoje em dia, está mais fácil do que nunca encontrar planos de saúde de qualidade a preço razoável. Muitos empreendedores pertencem a organizações profissionais e muitas delas oferecem coberturas a bons preços. Se você não pertence a um grupo desses, por que não pensar em se associar a um deles? Fora isso, você pode consultar um corretor independente para se informar sobre tipos de cobertura. Ou pode entrar na Internet e fazer a própria pesquisa. Estes sites são um bom ponto de partida.

www.bradescosaude.com.br
www.omint.com.br
www.lincxs.com.br
www.goldencross.com.br
www.amil.com.br

É claro que se um de vocês trabalha para uma empresa que oferece um plano de saúde, o problema pode estar resolvido, já que os dois podem usar o mesmo plano. Se vocês não são casados, é bom verificar se o programa cobre outros tipos de união. Felizmente, um número cada vez maior de empresas está começando a fazer isso.

> **PRECAUÇÃO Nº 4**
> Proteja quem você ama com um seguro de vida.

Em geral, as pessoas odeiam falar de seguro de vida mas, se você tem alguém que depende financeiramente de você, então precisa fazer algum tipo de plano de proteção caso algo lhe aconteça. E um seguro de vida não passa disso – de um plano de proteção. Quando você morrer – a pessoa (ou pessoas) que você designou como beneficiário ganhará uma soma em dinheiro, conhecida como indenização por morte. É certo que não há nenhuma lei que o obrigue a deixar alguém rico com a sua morte. Mas se há pessoas que dependem de você – como filhos ou alguém em sua vida que não trabalhe – você tem a responsabilidade de não deixá-los num mundo de sofrimento financeiro.

## ALGUMAS ESTATÍSTICAS DESASTROSAS

Como homem, odeio tocar nesse assunto, mas a realidade da vida é que as mulheres vivem mais do que nós (na média, as mulheres vivem sete anos a mais do que os homens). Combinando esse dado com o fato das mulheres, em sua maioria, casarem com homens mais velhos, chegamos a resultados terríveis. Por exemplo, nos Estados Unidos, as mulheres ficam viúvas aos 56 anos em média. E, pior ainda, quase metade das mulheres com mais de 65 anos são viúvas.

Tudo isso já é bem triste. Mas ainda pior é ver uma viúva que descobre tarde demais que o marido não tinha seguro ou que a cobertura não era suficiente.

## DE QUANTO DEVE SER A COBERTURA DO SEGURO DE VIDA?

O que eu disse sobre planos de saúde se aplica aqui: não se deve economizar no seguro de vida. O ideal é que a cobertura seja suficiente para que aqueles que você ama possam viver confortavelmente caso algo lhe aconteça. Mas quanto é isso?

Esta é uma lista de perguntas que você e o seu parceiro ou parceira devem se fazer para terem uma idéia aproximada de quanto deve ser a cobertura do seguro de vida.

1. **Quem depende agora da sua renda?**
   A primeira pergunta é quem ficaria financeiramente prejudicado caso um de vocês dois morresse. Se vocês têm filhos, será que um de vocês sozinho conseguiria tocar a vida financeira da família? E se os dois morrerem ao mesmo tempo? Não imaginem que seus pais ou irmãos assumirão o encargo em seu lugar. Isso não é justo com ninguém. E se vocês estão no segundo casamento e têm filhos do primeiro? Será que o seu ex ou a sua ex arcaria com a educação das crianças? Se vocês não têm filhos mas vivem numa bela casa e gostam das coisas boas da vida, será que um

de vocês conseguiria manter sozinho esse estilo de vida, caso o outro morresse?

2. **De quanto aqueles que dependem de você precisam para viver um ano?**
Ao fazer este cálculo, inclua tudo – impostos, prestações da casa, mensalidades escolares, despesas médicas, *tudo*.

3. **Há dívidas importantes que devam ser quitadas ou despesas inesperadas que possam surgir?**
Se o seu parceiro ou parceira deve dinheiro (seja em forma de prestações, empréstimo pessoal, dívidas de cartão de crédito, impostos atrasados ou o que for), você não ficará livre da dívida só porque ele ou ela morreu. Na verdade, é provável que acabe herdando a dívida. Isso nada tem de divertido e é outra razão para aumentar a cobertura do seguro. E as despesas de funeral, custos do inventário e impostos patrimoniais? Isso tudo pode chegar a dezenas de milhares de dólares, ou mais. O seu parceiro ou parceira tem a própria empresa? Será que ela tem dívidas? A empresa funcionaria sem ele ou ela?

4. **Um de vocês tem uma apólice da empresa onde trabalha?**
Muitas empresas pagam uma quantia limitada de seguro de vida para os funcionários. Descubra se é o caso da sua e, se for, não esqueça de incluir essa indenização por morte ao calcular a cobertura adicional que precisa. Descubra também se essa apólice da empresa é "portátil", ou seja, se ela é realmente sua e se você pode levá-la se mudar de emprego. Se a apólice da empresa não for portátil, você pode se ver de repente numa situação muito desconfortável, sem emprego e sem cobertura de seguro de vida. Então, pegue essa apólice oferecida pela empresa e verifique de que tipo é a cobertura que você tem.

## PARA DESCOBRIR QUANTO CONTRATAR

Agora que você já tem uma idéia do tamanho do "buraco" financeiro que a sua morte deixaria, fica fácil calcular de quanto deve ser a cobertura.

Minha recomendação é uma apólice com uma indenização por morte de 6 a 20 vezes maior do que o total das suas despesas anuais. Por exemplo, se vocês precisam de $50.000 por ano para cobrir todas as despesas, é bom considerar um benefício por morte entre $300.000 e $1 milhão.

E para qual desses dois extremos você deve tender? Isso depende dos seus bens atuais e das dívidas que pode haver. É desnecessário dizer que cada caso é um caso. Algumas pessoas querem garantir que seus dependentes nunca mais precisem trabalhar, enquanto outras sentem que um respaldo de 10 anos é mais do que suficiente.

## QUEM FICA EM CASA E CUIDA DAS CRIANÇAS TEM QUE TER SEGURO TAMBÉM

Um dos maiores erros que os casais cometem com seguro é não segurar a vida de quem fica em casa cuidando das crianças. Se vocês vivem juntos e têm filhos, não cometam o erro de segurar apenas a vida do que "trabalha fora". Muitos homens acham que, como a mulher fica em casa, só eles precisam de seguro porque só eles trabalham. Será? E se a mulher que fica em casa, ou o homem que cuida dos filhos, morrer? Alguém vai ter que tomar conta das crianças. Isso significa contratar uma babá ou mandar as crianças para uma escolinha em período integral. De qualquer jeito, custa dinheiro! Então, sejam espertos e façam seguro para os dois.

## QUE TIPO DE SEGURO DE VIDA VOCÊ DEVE CONTRATAR?

Há centenas de tipos diferentes de apólices de seguro de vida. Se ficar confuso com tanta variedade, você não é o único. Na verdade, quando pergunto às pessoas que tipo de seguro elas têm, a maioria nem sabe. Felizmente, trocado em miúdos, o seguro de vida não é assim tão complicado.

Há basicamente dois tipos de seguro de vida – seguro temporário, que não acumula valor de resgate, e seguro permanente, que acumula.

## SEGURO TEMPORÁRIO

O seguro temporário é muito simples. Você paga um prêmio para uma companhia de seguro e, em troca, a companhia se compromete a pagar uma indenização por morte ao seu beneficiário quando você morrer. Especificamente, o seguro temporário lhe oferece a proteção estipulada por um preço estabelecido, durante um período de tempo determinado. Enquanto pagar o prêmio, você estará coberto. Parando de pagar, a apólice temporária prescreve – ou seja, ninguém vai receber uma indenização quando você morrer.

A principal vantagem do seguro de vida temporário é o preço. Na verdade, o seguro temporário é o tipo de seguro mais barato do mercado. É também relativamente fácil de contratar. Hoje em dia, você pode contratá-lo pela Internet, sendo então mais barato do que nunca.

O problema é que esse tipo de apólice não acumula valor de resgate. Se não quiser continuar pagando, sairá sem nada, mesmo que tenha pago prêmios durante trinta anos. O objetivo do seguro temporário é garantir aos seus beneficiários uma indenização por morte. Só isso. É um plano de proteção, puro e simples... e barato.

Há dois tipos básicos de seguro temporário: temporário renovável e temporário por prazo limitado com prêmios garantidos.

**Temporário renovável** No seguro temporário renovável anualmente, a indenização por morte continua a mesma enquanto o prêmio aumenta a cada ano. A razão disso é que, quanto mais velho você fica, mais provável é que morra dentro daquele ano (animador, não é?). É mais do que provável que seja esse o tipo de apólice que você tem se trabalha para uma empresa e contratou o seguro de vida por meio da seção de benefícios. A maior vantagem de uma apólice temporária renovável anualmente é ser bem barata enquanto você é jovem. Na verdade, é de longe a forma mais barata de contratar um seguro quando se está começando. O problema é que, à medida que você for envelhecendo (e aumentar a probabilidade de morte), os prêmios poderão ficar proibitivamente caros.

**Temporário por prazo limitado com prêmios garantidos** Numa apólice dessas, tanto a indenização quanto o prêmio permanecem os mesmos por um período que você escolhe no contrato. Esse período pode ir de 5 a 30 anos. Embora esse tipo de seguro temporário seja inicialmente mais caro do que o renovável, a longo prazo pode se tornar mais barato. Por isso, é em geral esse tipo de seguro temporário que eu recomendo para os clientes. Se você optar por este tipo de apólice, sugiro que seja por 15 a 20 anos. Se você está na casa dos trinta ou é ainda mais jovem, uma apólice de 20 anos protegerá a sua família pelo menos nos anos em que ela mais precisa da sua renda.

**Quem deve optar pelo seguro temporário?** Essa escolha é simples. A menos que você esteja contratando o seguro de vida como investimento (que no geral *não* é o que deve fazer), recomendo que contrate um seguro temporário – mais especificamente, uma apólice por prazo limitado com prêmios garantidos. O mais sensato é contratar uma apólice com prazo de 20 anos. Se o preço baixar, você pode sempre cancelar a apólice e contratar uma nova, mais barata.

## A HORA DE CONTRATAR UM SEGURO MAIS BARATO É AGORA!

Nos últimos 10 anos, o custo do seguro temporário caiu pela metade. Então, se a sua apólice tem mais de cinco anos, entre na Internet ou procure um bom agente de seguro para ver se há alguma opção melhor para você. O seu parceiro ou parceira deve fazer o mesmo.

É bem provável que vocês consigam economizar centenas de dólares por ano no custo dos prêmios. Ou aumentar a indenização por morte sem ter que pagar um prêmio maior. Recentemente, muitos clientes meus conseguiram dobrar a sua indenização por morte continuando a pagar exatamente o mesmo prêmio.

A exemplo de muitas outras coisas que já discutimos, isso não é difícil – mas não se faz sozinho. *É você que tem que fazer*. Eu me lembro de, anos atrás, rever as finanças de um casal que estava então na casa dos quarenta, chamados Richard e Leslie. No geral, eles estavam muito bem, poupando bastante e contribuindo sobre o teto para o plano de aposentadoria. Mas, quando examinei o seguro de vida, percebi que estavam pagando demais pela cobertura que tinham. Na época, Richard tinha uma apólice de $250.000 e eu expliquei que, pagando o mesmo prêmio, ele poderia dobrar a indenização por morte para $500.000. Os dois concordaram e disseram que iam cuidar do assunto.

Infelizmente, isso nunca foi feito. Poucos anos depois, Leslie me telefonou com uma notícia terrível. Richard tinha sofrido um ataque do coração durante umas férias e tinha morrido. Como tinham negligenciado o caso da apólice, Leslie recebeu como indenização por morte apenas a metade do que poderia receber.

Leslie me contou depois que ela e Richard pretendiam atualizar as apólices. "Saímos daqui motivados para fazer isso", disse ela. "Mas aí as coisas foram acontecendo. Não esperava que Richard morresse aos 42 anos. Isso não estava planejado."

A triste realidade da vida é que esse tipo de coisa *nunca* é planejado. Então, verifiquem suas apólices agora e, se elas já tiverem alguns anos, troquem por outras mais vantajosas!

## SEGURO PERMANENTE

O seguro de vida permanente é chamado também de seguro com "valor de resgate". Para simplificar, é como pegar uma apólice temporária e combiná-la com um plano de poupança compulsória, que pode ajudá-lo a juntar um pé-de-meia. É um dinheiro que você pode usar como renda ou para pagar os prêmios anuais da apólice. O problema é que o seguro permanente é caro. Na verdade, chega a custar de 5 a 10 vezes mais do que o seguro temporário.

Há três tipos principais de seguro de vida permanente: total, universal e universal variável.

**Seguro de vida total** Imagine pagar um seguro temporário com um acréscimo de 50% no custo do prêmio anual, sendo que parte desse dinheiro extra vai para uma conta *money-market*, onde cresce com impostos diferidos, formando um pequeno pé-de-meia para a sua velhice. É isso o seguro de vida total: uma apólice temporária com uma pequena aplicação acrescentada a ela. Os agentes de seguro lhe dirão que essa aplicação é maravilhosa, que sua renda será investida com segurança e confiabilidade pela companhia de seguros. O problema é que o dinheiro é investido de maneira tão conservadora que raramente rende mais de 4 ou 5% ao ano – o que significa que cresce devagar demais para valer a pena.

**Seguro de vida universal** Depois de décadas sendo convencidas a comprar o seguro de vida total, as pessoas começaram a acordar e a perceber que ele não é o grande instrumento de aposentadoria que lhes diziam que era. Então, as companhias de seguro apareceram com outra abordagem. "Em vez de pôr o dinheiro extra do prêmio numa conta *money-market*", diziam aos clientes em potencial, "vamos investi-lo mais agressivamente e conseguir taxas maravilhosas." Os agentes de seguro vendiam essas apólices com a promessa de que renderiam até 11% ao ano. Exibiam simulações incríveis, mostrando o valor de resgate polpudo que você teria depois de 20 anos, com 11% ao ano. Essas simulações eram sempre impressionantes. O problema é que eram apenas simulações, não garantias. O seguro de vida universal funciona muito bem quando a companhia de seguros investe direito, mas pode ser um desastre caso a companhia não invista bem. Muitas pessoas que compraram apólices de seguro universal quando as taxas estavam em alta, estão sendo surpreendidas nos últimos anos por retornos anuais de apenas 6% – e ainda têm que pagar os prêmios.

**Seguro de vida universal variável** Se você tem vontade de contratar um seguro permanente – ou seja, se você quer um seguro de vida que possa ser também um veículo de aposentadoria – eu recomendo o seguro de vida universal variável. Com esse tipo de seguro, você tem uma apólice com valor de resgate e pode controlar como é investida a parte extra do seu prêmio. Uma boa apólice de seguro de vida variável pode oferecer mais de uma dúzia de diferentes fundos de investimento de alta qualidade, entre os quais você pode escolher. Se você quer ser conservador, pode escolher um fundo de investimento em títulos. Se quer ser agressivo, pode escolher fundos de crescimento. O importante é que você pode controlar o investimento. O que torna esse tipo de seguro ainda melhor é que, como num plano de aposentadoria, o valor de resgate da apólice cresce com impostos diferidos. Ou seja, você pode mudar de investimento, comprando e vendendo fundos conforme as condições do mercado, sem ter que pagar impostos sobre os ganhos. É claro que, como acontece com qualquer investimento especulativo, você pode também perder dinheiro. Não há garantias de que o valor de resgate vá apenas crescer.

## QUEM DEVE CONTRATAR UM SEGURO DE VIDA UNIVERSAL VARIÁVEL?

Acho que o seguro de vida temporário é mais conveniente para a maioria das pessoas mas, em alguns casos, vale a pena considerar a contratação de uma apólice de seguro de vida universal variável. Se as hipóteses abaixo se aplicam a vocês dois, o seguro de vida universal variável pode ser uma boa idéia.

1. Vocês querem acumular valor de resgate para a aposentadoria.
2. Vocês têm pelo menos 15 anos para investir na apólice.
3. Vocês ganham bem (pelo menos $100.000 por ano).
4. Vocês já estão contribuindo com o máximo possível para um plano de aposentadoria.
5. Vocês entendem os riscos associados aos fundos de investimento.

Tenha em mente que o seguro de vida universal variável é um produto complicado, que atualmente é vendido em excesso, e para as pessoas erradas. Nem pense nele se você ainda não está usando ao máximo um plano de aposentadoria, um fundo de investimento dedutível ou outra conta de aposentadoria com impostos diferidos.

Os agentes de seguro e alguns consultores financeiros são loucos para lhe vender uma apólice permanente (seja de seguro total, universal ou universal variável) porque ganham muito dinheiro com isso. Em alguns casos, a comissão de venda sobre uma apólice de seguro permanente pode chegar a 100% do prêmio do primeiro ano. É por isso que os agentes de seguro estão sempre tão dispostos a ir até a sua casa para uma conversa e depois continuam telefonando e telefonando.

## POR ONDE DEVEMOS COMEÇAR?

Para contratar um seguro de vida, você tem que procurar um bom profissional da área e não um simples vendedor. Procure alguém que esteja na área há pelo menos 10 anos e que realmente saiba o que está fazendo. Não deixe de falar com os amigos e pedir indicações. Seguro é complicado e por isso eu recomendo uma orientação profissional.

No entanto, algumas pessoas preferem não comprar por meio de um agente ou corretor. Se é o seu caso, pesquise na Internet. Nunca foi mais fácil comprar seguro de vida na Internet e nunca foi mais barato. Eis algumas fontes que você pode usar:

www.portoseguro.com.br
www.bradescoseguros.com.br
www.itauseguros.com.br

> **PRECAUÇÃO Nº 5**
> **Protejam-se e protejam a sua renda com um seguro invalidez.**

Eu achava que seguro invalidez era um desperdício de dinheiro. Então, vi o que aconteceu com Christopher Reeve.

Eis aí um verdadeiro astro de cinema, um cara tão em forma e tão saudável que encarnou literalmente o Super-Homem. Então, em 1995, ele caiu de um cavalo e quebrou o pescoço. De um instante para o outro, tudo o que ele tinha feito na vida até aquele momento – e tudo o que esperava fazer no futuro – desapareceu.

Hoje já falecido, Reeve foi mais conhecido como porta-voz incansável dos deficientes. Por meio da Christopher Reeve Paralysis Foundation, ele levantou milhões de dólares por ano para financiar pesquisas voltadas para a descoberta de tratamentos mais eficazes para danos na medula espinhal e outros ferimentos catastróficos.

Reeve também defendeu o seguro invalidez. "Sei muito bem com que rapidez a vida de uma pessoa pode mudar e sei como é importante garantir a segurança financeira da família", disse ele. "Sei que 60% dos norte-americanos não têm nenhum tipo de seguro invalidez a longo prazo e isso me perturba. É gente demais em situação de risco."

Reeve estava certo. Embora muito mais gente tenha seguro de vida do que seguro invalidez, as probabilidades de você ficar seriamente doente ou de se acidentar são muito maiores do que a de morrer prematuramente. Sem seguro invalidez, você está brincando de roleta russa com a sua renda.

Considere as seguintes estatísticas. Em um ano...

- Uma em cada 106 pessoas morrerá.
- Uma em cada 88 casas pegará fogo.
- Um em cada 70 carros sofrerá um acidente sério.

Mas...

**Uma em cada 10 pessoas enfrentará uma invalidez severa!**

Isso significa que a maior ameaça ao seu projeto de ficarem ricos é o risco de um de vocês dois ou os dois sofrerem um acidente ou terem uma doença séria! E quanto mais jovens forem, maior é o risco.

Além da saúde, a sua renda é provavelmente o seu bem mais precioso. Perdendo-a, sua segurança financeira fica seriamente ameaçada. É por isso que todos nós precisamos de seguro invalidez.

## DE QUANTO DEVE SER A COBERTURA DO SEGURO INVALIDEZ?

O seguro invalidez não tem o objetivo de enriquecê-los. Como o seguro de vida, é um plano de proteção para a sua atual capacidade de gerar renda. Uma apólice ideal, no entanto, é uma que pague o equivalente ao que vocês levam para casa todo mês e que perderiam no caso de um de vocês ou os dois virem a padecer de invalidez incapacitante.

Muitos planos para invalidez oferecem um benefício igual a 60% da renda bruta (antes de ser tributada) do dono na apólice. Isso pode não parecer muito mas, se é você mesmo que paga a apólice de invalidez, os benefícios que vier a receber serão livres de impostos e, assim, 60% da sua renda bruta será provavelmente o bastante para manter o seu estilo de vida. (Afinal, 60% da renda bruta é o que em geral levamos para casa.)

Se é o seu empregador que paga o seu seguro invalidez, os benefícios que você vier a receber serão tributados. Isso significa que se a apólice paga apenas 60% da sua renda bruta, você terá dificuldades. Na verdade, deduzidos os impostos do benefício por invalidez, é provável que você receba apenas uma fração da quantia que normalmente leva para casa. Para evitar essa situação, você pode contratar uma "apólice complementar" para cobrir a diferença.

## NÃO PRESSUPONHA QUE VOCÊ TEM UM SEGURO INVALIDEZ

Muitas pessoas pressupõem erradamente que o empregador lhes fornece automaticamente cobertura para invalidez. Não faça essa suposição. Se você trabalha para uma empresa, fale amanhã mesmo com a seção de benefícios para descobrir se tem ou não um seguro invalidez. Seu parceiro ou parceira deve fazer o mesmo. Se não tiver, descubra se pode ter e comece imediatamente o processo de inscrição. Se um de vocês trabalha por conta própria e não tem seguro invalidez, façam dessa contratação uma prioridade.

Vocês devem contratar o seguro invalidez agora, enquanto os dois estão saudáveis. Isso é uma coisa que quase todo mundo adia, esperando que ocorra um problema sério para então começar a procurar uma cobertura. Só que então é tarde demais. E não pense que é possível tapear a companhia de seguros trapaceando na inscrição. Dizer que está saudável quando não está, ou que não fuma quando na verdade fuma, não é apenas imoral: é inútil. As companhias de seguro fazem o que podem para não pagar benefícios – incluindo contratar um profissional para investigá-lo. Acredite em mim, se você disser qualquer coisa na inscrição que não for totalmente verdade, eles vão descobrir e a sua apólice será cancelada. (E você não receberá seus prêmios de volta.)

### PERGUNTAS A FAZER ANTES DA CONTRATAÇÃO

1. **O plano de invalidez oferece portabilidade e renovação garantida?**
   Se a sua apólice foi contratada por meio do empregador, você tem que verificar se pode levar a apólice consigo se deixar a empresa. Além disso, a apólice tem que ter renovação garantida: não há trapaça maior do que uma companhia de seguros que o obrigue a se "qualificar" a cada ano. É assim que uma má companhia de seguros faz para não ter que pagá-lo quando você faz uma reivindicação.

2. **Em que circunstâncias tenho direito ao benefício estipulado na apólice?**

O que você quer saber especificamente é se a apólice vai cobri-lo no caso de não ser mais capaz de fazer o trabalho que faz atualmente ou só no caso de não ser mais capaz de trabalhar em geral? Em seguro, isso é conhecido como cobertura de *owner occupation* (atividade específica) ou *any occupation* (qualquer atividade). Compre uma apólice que cubra a sua atividade específica. Por quê? Bem, vejam o meu exemplo. Eu ganho a vida falando ao telefone, reunindo-me com clientes e falando em seminários. Agora, se eu perdesse a voz e não conseguisse mais falar, eu estaria desempregado. Mas, a menos que eu tivesse uma cobertura para essa atividade específica, a companhia poderia dizer "E daí que você não pode falar ao telefone e nem fazer palestras? Há muitos outros trabalhos que você pode fazer – como cavar valas. Então, não vamos lhe pagar nenhum benefício por invalidez". Com cobertura para a minha atividade específica, eles não podem fazer isso. Esse tipo de cobertura é mais caro, mas muito mais seguro.

3. **Quanto tempo levaria para o benefício começar a ser pago?**
Em geral, você começa a receber o benefício por invalidez de três a seis meses depois de constatada a invalidez. A melhor maneira de reduzir o custo de uma apólice de invalidez é aumentar esse período de espera. Quanto maior a reserva em dinheiro da sua cesta da segurança, mais tempo poderá esperar.

4. **Por quanto tempo a apólice me cobrirá?**
O ideal é que a apólice lhe pague benefícios até você ter 65 anos.

5. **A cobertura é limitada à invalidez física ou perturbações mentais e emocionais também são cobertas?**
Hoje em dia, uma das maiores causas de invalidez é o estresse. No entanto, nem todas as apólices dão cobertura para esses casos. Se a sua atividade envolve muito estresse, certifique-se de que tem cobertura para isso.

Como tudo o que é bom e importante, o seguro por invalidez tem um problema. É caro e, por isso, muita gente não tem. (Como Christopher

Reeve observou, de cinco norte-americanos, só dois têm seguro por invalidez.) O motivo dele custar tanto assim é que as companhias de seguro sabem que há uma boa chance de terem que pagar benefícios sobre as apólices que emitem. (Só isso já deveria convencê-lo de que você precisa desse seguro.) Seja como for, recomendo que primeiro entre em contato com a seção de benefícios da sua empresa e veja se pode contratar o seguro por meio dela. As apólices em grupo tendem a ser mais baratas e mais fáceis de obter. Se o seu empregador não oferece essa cobertura – ou se você trabalha por conta própria – entre em contato direto com uma seguradora.

> **PRECAUÇÃO Nº 6**
> Se um de vocês já fez sessenta anos, é hora de considerar cobertura para cuidados a longo prazo.

Houve um tempo em que as famílias criavam o próprio sistema de apoio para cuidar dos doentes e dos velhos. Hoje, com as famílias tão espalhadas, não é possível fazer isso. Por outro lado, com a expectativa de vida aumentando, um número cada vez maior de idosos tem necessidade de assistência domiciliar ou de cuidados continuados numa casa de repouso. Na verdade, os estudos indicam que, de três norte-americanos com mais de 65 anos, um precisará desse tipo de cuidado.

Isso pode ter um custo assustador – de $30.000 a $70.000 por ano pela estadia numa casa de repouso. Muitos norte-americanos acham que o sistema de saúde do Estado (*Medicare*) cobrirá suas necessidades nessa fase da vida. Infelizmente, isso não é verdade.

## FIM AO MITO DA ASSISTÊNCIA OFERECIDA PELO ESTADO

Segundo uma pesquisa feita pela American Association of Retired Persons (Associação Norte-Americana de Aposentados), quatro entre cinco norte-americanos acreditam que o Estado arcará com os cuidados básicos de que venham a precisar na velhice. Como observei acima, uma surpresa desagradável nos está reservada. A verdade é que, dos bilhões de dólares que custam a cada ano as estadias em casas de repouso, menos de 10% vêm do Estado.

A razão é simples. A assistência que as casas de repouso prestam a pessoas com invalidez ou doenças crônicas é basicamente cuidado custodial, que o Estado não cobre.

## CUIDADOS A LONGO PRAZO (*LONG-TERM CARE – LTC*)

Por mais necessária que seja, a cobertura LTC não é uma coisa que você precise contratar de imediato (especialmente se ainda não tem 50 anos). Em geral, as pessoas começam a pensar em cobertura LTC lá pelos cinqüenta e tantos anos e a contratam aos sessenta ou pouco mais. Se você esperar até os setenta ou oitenta anos, ela pode ficar proibitivamente cara. Mas, a menos que esteja em péssima forma, você ainda consegue um bom preço lá pelos 65 anos.

Ao procurar uma cobertura LTC, a primeira coisa que você precisa saber é o que ela não faz. O seguro para cuidado a longo prazo não cobre o cuidado agudo que se recebe no hospital (digamos, logo depois de um ataque cardíaco ou de um quadril quebrado). Esse é tipicamente o domínio dos planos de saúde. O que o seguro LTC cobre é o tipo de cuidado que se tem numa casa de repouso, num asilo ou, em alguns casos, em casa.

Nos EUA, o tipo de cobertura LTC disponível no mercado varia de um Estado para o outro. Ao verificar o que você pode contratar no seu Estado, recomendo que considere uma apólice bem abrangente. No momento, como vocês dois estão saudáveis, fica difícil prever o tipo de cobertura de que precisarão no futuro. Uma apólice abrangente lhe dará mais opções. É mais cara mas, no caso de um de vocês dois precisar do cuidado, tenho a certeza de que o preço será mais do que justificado.

## COMO MANTER BAIXO O PREÇO DOS PRÊMIOS DA LTC

O custo da cobertura LTC depende de muitas variáveis: idade, nível de cuidado que pretende ter, valor da cobertura ($100 por dia, $200 por dia, e assim por diante), tempo de carência, estado de saúde, duração da apólice caso você venha a usá-la.

Sem contar estadias breves de menos de três meses, as estatísticas mostram que a maioria das pessoas passa em média três anos numa casa de repouso. Mas recomendo uma cobertura sem limite de tempo, que custa de 10 a 15% a mais. Se vocês acharem muito, é possível reduzir o preço do prêmio pedindo uma carência maior na apólice, caso venham a usá-la. Em geral, apólices LTC têm uma carência de 30 a 60 dias a partir da internação numa casa de repouso. Esticar esse tempo um pouco mais pode reduzir bastante o preço dos prêmios.

Adiar o começo da cobertura pode parecer assustador mas, na verdade, é uma coisa muito sensata porque é muito provável que vocês possam pagar do bolso os primeiros meses. É depois que precisarão de mais ajuda. Com uma carência maior mas uma cobertura sem limite de tempo, vocês estarão cobrindo a pior das possibilidades, já que afinal é essa a razão de contratar esse tipo de cobertura. (Aliás, o custo desse seguro pode ser dedutível do imposto de renda. Então, verifique essa possibilidade antes de contratá-lo.)

Perguntas a fazer antes de assinar o contrato

1. **O que a apólice cobre exatamente?**
   Lembre-se de que há vários tipos diferentes de cobertura. Antes de assinar o contrato, procure entender muito bem que tipo de cobertura você está comprando.

2. **Quanto a apólice paga em benefícios diários? Eles serão ajustados pela inflação? Por quanto tempo vamos receber os benefícios?**
   Como observei acima, você pode baixar o preço dos prêmios pedindo uma carência maior. Fora isso, vale a pena pagar um pouco mais para ter uma cobertura por tempo indeterminado para vocês dois.

3. **A apólice prevê a isenção do pagamento dos prêmios ou teremos que continuar a pagá-los depois de começar a receber os benefícios?**
   Essa isenção é importante para que vocês não tenham que se preocupar com os prêmios durante a estadia numa casa de repouso.

4. **Há um período de tolerância para pagamentos atrasados?**
   Isso é uma coisa necessária. Seria péssimo deixar passar acidentalmente a data de um pagamento e descobrir depois que você perdeu a cobertura.

5. **Há alguma doença ou seqüela que o seguro não cubra?**
   A resposta deve ser não.

Além disso, descubra o que acontecerá com a sua apólice no caso da companhia ser vendida ou fechar. O ideal é ter uma garantia de que, caso a apólice seja transferida sem a sua permissão, os termos originais do contrato permanecerão valendo.[7]

Agora a sua cesta da segurança já está completa. Agora você já fez bem mais do que 95% da população faz – para proteger o futuro de riqueza que vocês dois merecem. Mas já é hora de sair do lado seguro da vida para a parte divertida – construir a sua cesta dos sonhos.

---

NOTA DO EDITOR: No Brasil, no seguro de vida individual, os riscos são classificados pela seguradora que toma como base as informações médicas, morais e econômico-financeiras obtidas sobre o proponente. O risco pode ser classificado em normal, subnormal e recusável. Sob o prisma médico, a classificação é realizada por contagem de pontos e toma como referência um guia de classificação de riscos. O somatório dos pontos referentes à classificação do risco é denominado rating e pode variar de 100 a superior a 200. Algumas seguradoras transformam o número excedente de pontos em acréscimo de mortalidade. Outras majoram a idade do candidato consoante o rating. Esta prática utiliza a idade tarifária para mensurar a cobrança do prêmio. A duração dos planos também influi sobre o estabelecimento do rating.

O seguro de vida garante um único segurado, contratado pelo próprio interessado. Os benefícios dos planos de seguro de vida individual, definidos em função do evento gerador, são os seguintes:

- Sobrevivência: caso o segurado sobreviva ao período estipulado na apólice, terá direito ao recebimento de uma indenização sob a forma de pagamento único ou de renda, observadas as condições contratuais.

- Invalidez: caso o segurado venha a se invalidar, durante o período de cobertura estipulado na apólice, terá direito ao recebimento de uma indenização sob a forma de pagamento único ou de renda, observadas as condições contratuais.
- Morte: caso o segurado venha a falecer, durante o período de cobertura estipulado na apólice, seus beneficiários terão direito ao recebimento de uma indenização sob a forma de pagamento único ou de renda, observadas as condições contratuais.

As coberturas do seguro de vida individual variam de acordo com o que o segurado deseja contratar, existindo as seguintes possibilidades:

- Morte Natural.
- Morte por Acidente.
- Invalidez Permanente Total por Acidente.
- Invalidez Permanente Parcial por Acidente.
- Invalidez Permanente Total por Doença.
- Inclusão Automática de Cônjuge.
- Inclusão Automática de Filhos.

Os seguros de vida em que as seguradoras estão ou podem ser autorizadas a operar têm as seguintes modalidades:

- Seguro em Caso de Morte: pode ser de vida inteira (pagamento da soma pactuada em qualquer que seja a época do falecimento) ou Temporário (pagamento dentro de um prazo determinado).
- Seguros em Caso de Sobrevivência: pagamento da importância contratada em caso de sobrevivência ao término do contrato.
- Seguro a Termo Fixo: pagamento efetuado depois de decorrido o prazo pactuado no contrato.
- Seguro Combinado: resulta da combinação das modalidades (Combinado de Vida Inteira com outros, Combinado de Temporários com Dotais Puros e Combinado de Temporários com outros).

As indenizações previstas nos contratos de seguro de vida individual podem ser pagas de duas formas: de uma vez (capital ou pecúlio) ou em parcelas (renda).

O seguro de vida em grupo garante o pagamento de uma indenização aos beneficiários do componente segurado, caso este venha a falecer, além de prover outros tipos de indenização concedidos por meio de garantias adicionais, previstas nas apólices.

As partes envolvidas neste tipo de seguro são:

- Segurado é o componente segurado (aquele que adere ao seguro).
- Segurador é aquele que assume a responsabilidade de determinados riscos, mediante recebimento antecipado de prêmio cabível.
- Estipulante é aquele que contrata o seguro, ficando investido dos poderes de representação dos segurados perante a seguradora.
- Corretor é a pessoa física ou jurídica que faz a intermediação do seguro.
- Beneficiários são as pessoas físicas ou jurídicas designadas pelo segurado para quem deverá ser paga a indenização no caso de morte do titular.

O seguro de vida em grupo prevê dois tipos de garantias:

- Básicas: é o valor da indenização pagável ao beneficiário, em caso de morte do segurado, excluído o suicídio.
- Adicionais: são as opcionais incluídas no seguro de acordo com a vontade do estipulante.

SÉTIMO PASSO

## CONSTRUA A SUA
## CESTA DOS SONHOS

EU ESTOU NAQUELA IDADE em que todo mundo que conheço está tendo filhos. As casas dos nossos amigos estão cheias de brinquedos e crianças "brincando". Em geral é difícil descobrir exatamente o que elas estão fazendo – exceto que estão se divertindo à beça. Elas não estão preocupadas com contas, trabalho, prestações da casa ou taxas de juros. Elas só querem se divertir e brincar o dia inteiro. Sua maior preocupação é saber quando é que o almoço vai sair. Acima de tudo, elas adoram sonhar. Para uma criança, quase não há diferença entre sonho e realidade.

O que torna a vida das crianças tão especial (e nos faz querer ser criança outra vez) é que elas sonham o tempo todo, e sonham alto. As crianças não precisam ir a seminários motivacionais para que alguém lhes diga que é preciso sonhar com o que se quer da vida. Pergunte a uma criança o que ela quer ser quando crescer e ela não se fará de rogada. Vai lhe dizer as coisas mais incríveis. Quando eu era menino, dizia a todo mundo que queria ser piloto de corrida. É isso que torna a vida tão divertida para as crianças: elas podem ser e fazer qualquer coisa.

Para mim, uma das coisas mais tristes de ficar mais velho é o risco de parar de sonhar. Fica fácil parar de "agir como criança" e começar a ser realista. Fica fácil aceitar a vida como ela é, sentir que o que temos hoje e o que estamos fazendo hoje é tudo o que podemos esperar do mundo.

Não estou dizendo que você não deve ser grato pelo que tem e pelo progresso que já fez na vida. Ao contrário: acho que é essencial ser grato pelo que o mundo lhe deu. O que estou dizendo é que você e o seu parceiro ou parceira têm sonhos que ainda não foram realizados, mas que ficaram guardados lá no fundo. Há coisas que foram guardadas em algum lugar e esquecidas. Ou, pior ainda, vocês não esqueceram esses sonhos – só desistiram de realizá-los.

Em geral, as pessoas não realizam seus sonhos – e os abandonam numa prateleira da vida, juntando poeira – por falta de dinheiro. Essa é a verdade, pura e simples. As pessoas param de sonhar porque não têm o dinheiro necessário para transformar seus sonhos em realidade. Neste capítulo, vou lhes mostrar como mudar essa situação.

## É HORA DE SONHAR DE NOVO

Vamos encarar um fato: quase todo mundo quer se divertir e ficar rico. Nos Estados Unidos, o passatempo nacional não é o beisebol nem o futebol – é jogar na loteria. Milhões de pessoas compram bilhetes de loteria toda semana, gastando regularmente um dólar ou dois (ou cinco) na esperança de ganhar uma bolada. Por quê? Porque no fundo elas acreditam que, se sair o seu número, poderão voltar a ser crianças e a viver seus sonhos.

É claro que as chances disso acontecer são tão absurdamente pequenas que é um espanto. Você tem mais chance de ser atingido por um raio do que ganhar uma bolada na loteria. Mas isso não importa. Há tanta gente que joga na loteria, que vê programas de TV em que se faz de tudo para ganhar o grande prêmio, que trabalha em empresas emergentes que pagam com opções de ações em vez de dinheiro, porque todo mundo quer sonhar grande.

Sonhar grande é a chave para a felicidade. Sonhar grande é energizante. Sonhar grande é divertido. Você consegue lembrar de uma época da sua vida em que costumava sonhar grande? Quando você queria realizar certas coisas e não tinha medo de falar sobre elas? Você lembra da sensação de não precisar ser tão "responsável"? Uma época em que você não estava consumido por salário, carreira, família, contas e realidade? Quando você era menos chato?

Seja honesto. Muitos adultos ficam chatos quando ficam mais velhos. É fácil ficar chato. Caímos na rotina e paramos de "brincar". Mas, nos próximos minutos, quero que você brinque. Não seja realista. Não aja como adulto. Finja que é criança de novo e que pode fazer qualquer coisa, ser qualquer coisa, divertir-se. O que você faria? Em quem você se transformaria? O que você e o seu parceiro ou parceira fariam juntos?

## APRENDA A IR ATRÁS

No Terceiro Passo, falamos sobre metas. Mas neste passo não. Aqui, a preocupação não é ganhar mais dinheiro, perder peso, ficar mais organizado. Aqui, o importante é saber ir atrás. O que vocês dois querem fazer é absolutamente divertido, louco, exagerado? Vocês querem dar a volta ao mundo? Degustar vinhos na Toscana? Nadar com os golfinhos no Havaí? Construir a casa dos sonhos com a cozinha dos sonhos? Ou seria uma "caverna" dos sonhos, com uma televisão de 50 polegadas, um bar embutido e uma mesa de bilhar?

Não sei qual é o seu sonho. O que eu sei é que, como casal, vocês merecem sonhar juntos – e a hora de começar a sonhar é agora!

## ENTENDA O QUE ISSO EXIGE

Uma das coisas mais importantes que aprendi na vida é que quase tudo é possível quando planejamos. Como eu já disse, você tem que tornar as suas metas específicas e mensuráveis para conseguir atingi-las. Pô-las no papel e depois mapear o seu progresso em direção a elas. Isso também vale para os sonhos ou para qualquer outra coisa.

O fato é que alguns sonhos nem exigem dinheiro: só um pouco de planejamento. Mas, como muitos exigem dinheiro, vamos aprender a criar uma cesta que lhes permita custear os seus sonhos.

Eis como quero que comecem. Suponho que você e o seu parceiro ou parceira não estão lendo este livro literalmente ao mesmo tempo. Então, quero que você que está lendo agora faça por escrito uma lista dos seus sonhos. Use a Planilha dos Sonhos da página seguinte para relacionar seus cinco sonhos principais. Depois, peça ao seu parceiro ou parceira para fazer a mesma coisa.

Quando tiverem terminado as listas, façam juntos uma lista "nós sonhamos". Nada solidifica mais um casamento ou uma relação do que planejar os sonhos como equipe. Para isso, sugiro que vocês dois reservem um tempo só para isso. Marquem uma meia hora, nesta semana mesmo, para fazer as listas dos sonhos, primeiro individualmente, depois como casal.

Isso é importante. Não vá chegar para o seu parceiro ou parceira no fim do dia, enquanto fazem o jantar ou põem as crianças na cama, e dizer: "Quais são os seus sonhos? Vamos fazer uma lista." Os sonhos são importantes demais para serem tratados tão casualmente. Leve-os a sério. Marque na agenda um horário especial... e que seja nesta semana!

---

## PLANILHA DOS SONHOS
### Planeje e Implemente o Fator Diversão!

A diferença entre a Planilha dos Sonhos e o Plano Financeiro Focalizado em Propósitos é que a Planilha dos Sonhos vai ajudá-lo a se concentrar nas coisas divertidas da vida. Neste exercício, ponha no papel cinco coisas "divertidas" que você quer fazer – coisas que podem não parecer realistas, mas que você quer muito fazer.

Para isso, siga os seis passos abaixo e preencha a planilha da próxima página.

1. Relacione os seus cinco maiores sonhos. Lembre-se... divirta-se com isso. Seja criança, não adulto.

2. Torne esses sonhos específicos e mensuráveis.

3. O que você pode fazer nas próximas 48 horas para começar a realizar o seu sonho? Lembre-se... "não sei" não é resposta.

4. Com quem você vai compartilhar o seu sonho? Por mais louco que ele pareça agora, quanto mais cedo você compartilhar o seu sonho com alguém que ama e respeita, mais cedo ele lhe parecerá real.

5. Que valor esse sonho vai ajudá-lo a realizar?

6. Quanto o sonho vai custar? Mesmo que não saiba o custo exato, não deixe de escrever uma estimativa.

**168** | Casais Inteligentes Ficam Ricos

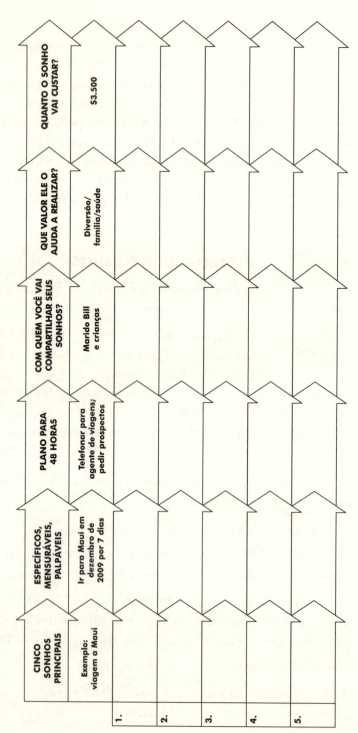

## NÃO CAIA NA ARMADILHA "EU NÃO TENHO UM SONHO"

É sempre uma surpresa para mim, mas muita gente foge da possibilidade de tornar a vida melhor. Muitas pessoas (dezenas delas, ao longo dos anos) já me perguntaram, "E se eu não tiver um sonho?"

Sinto muito, mas o único jeito de não ter um sonho é estar morto. Os mortos não sonham. De resto, todos nós temos sonhos. Só que deixamos que os nossos "músculos dos sonhos" se atrofiem porque passamos muito tempo sem usá-los.

Se é o seu caso, exercite os músculos dos sonhos como se faz com músculos fora de forma. Ou seja, não comece levantando o maior peso da academia. Comece com um sonho relativamente pequeno... como planejar um fim de semana romântico para vocês dois em algum lugar não muito longe e nem muito caro. Não precisa ser nada espetacular. O importante é pôr no papel um sonho que vocês dois pretendem realizar – e depois custeá-lo. É isso, em essência, esta cesta dos sonhos.

Aliás, mesmo que não saiba agora qual é o seu sonho, comece a custeá-lo de qualquer forma. A razão: mais cedo ou mais tarde, você *saberá* qual é o seu sonho e ficará feliz por já ter começado a pôr de lado o dinheiro que precisará para realizá-lo.

## PARA ENCHER A CESTA DOS SONHOS... A IMPORTÂNCIA DO "INVESTIMENTO PROGRAMADO"

Pondo os sonhos no papel, vocês responderam a uma pergunta essencial: "Por que investir?" Muitas pessoas não se dão ao trabalho de modificar seus hábitos para começar a poupar simplesmente porque o futuro não lhes parece real e, assim, não lhes traz motivação. Mas nada motiva mais do que um sonho.

Agora, vocês dois já sabem quais são os seus sonhos e espero que tenham ficado animados com a perspectiva de realizá-los. Mas como vão custear esses sonhos? A resposta é simples. Vocês têm que criar um plano de investimento programado exclusivamente para custear os sonhos.

É esse processo que chamo de "encher a cesta dos sonhos". É só isso. Assim como vocês garantiram o futuro resolvendo pagar primeiro a si mesmos uma porcentagem fixa do que ganham para encher a cesta da aposentadoria, agora vão custear seus sonhos pagando a si mesmos uma outra porcentagem fixa do que ganham para encher a cesta dos sonhos.

Para que isso funcione, a chave é depositar regularmente na cesta dos sonhos. Isso é chamado de "investimento programado". Num plano de investimento programado, você se compromete a depositar uma certa quantia num determinado investimento, por mês, por semana ou até por dia. Hoje, graças aos avanços tecnológicos, muitos fundos permitem investimentos programados de apenas $50 por mês. (Alguns fundos mútuos não exigem um investimento mínimo inicial.)

Quando você tem um plano de investimento programado, a corretora ou o banco deduzirá automaticamente uma quantia predeterminada da sua conta corrente ou da sua poupança numa data predeterminada. O aspecto automático do plano é o que o faz funcionar. Não se engane achando que tem disciplina para fazer um depósito a cada duas semanas. Depois de anos ajudando os outros a administrar o seu dinheiro, posso lhe garantir que nem mesmo os investidores mais disciplinados conseguem manter um plano de investimento programado que não seja feito automaticamente.

A idéia de custear uma cesta dos sonhos é muito mais animadora hoje porque se tornou muito mais fácil. Os fundos mútuos estão agora ao alcance de quase todos os investidores por meio do investimento programado e a Internet facilitou incrivelmente o investimento de pequenas quantias. Como você vai ver, custear uma cesta dos sonhos dessa maneira é muito bom porque, à medida que o valor investido aumenta, o sonho fica mais concreto e mais próximo – e vocês ficam muito mais motivados.

## QUANTO É O SUFICIENTE?

O tamanho da contribuição para a sua cesta dos sonhos depende inteiramente de vocês. Sugiro que comecem depositando ao menos 3% da sua renda depois de pagos os impostos. Ou seja, antes de começar a pagar as contas, jogue pelo menos 3% do seu dinheiro na cesta dos sonhos. Por que 3%? Porque ninguém – incluindo os mais "contrários aos sonhos" (que vão repudiar esta idéia porque têm medo de sonhar) – vai conseguir me convencer que é muito difícil poupar mais 3% do que ganha.

Se esse investimento for feito automaticamente, antes do pagamento das contas, você verá que logo ele fará parte da rotina – e que o dinheiro crescerá rapidamente. Se o seu parceiro ou parceira for particularmente contrário aos sonhos, comece pondo ao menos 1% da sua renda na cesta dos sonhos, mas estabeleça como meta acrescentar mais 1% em seis meses. Fazendo isso a cada seis meses, ao fim de dois anos estará poupando 4% da sua renda para realizar os seus sonhos – quase sem perceber!

## COMO DEVO INVESTIR O DINHEIRO DA MINHA CESTA DOS SONHOS?

Há literalmente milhares de maneiras de investir. Você pode comprar títulos e ações individuais. Pode comprar certificados de depósito. Pode comprar *commodities* ou ações preferenciais. Pode comprar títulos conversíveis. Pode comprar ouro, prata, obras de arte ou selos. E assim vai.

Como há tantas opções de investimento, muita gente acaba sem saber o que fazer. E não faz nada. Mas eu não quero que você fique sobrecarregado e confuso a ponto de não conseguir – ou não querer – agir de imediato para começar a encher a cesta dos sonhos. E não quero que desanime diante da quantia a ser depositada. Então, com esses fatores em mente, sugiro que custeie a sua cesta de sonhos investindo em fundos mútuos.

## O QUE É EXATAMENTE UM FUNDO MÚTUO?

Uma das descobertas mais interessantes e terríveis que fiz ao longo dos anos foi que muita gente que investe em fundos mútuos nem sequer sabe o que eles são. Você não acreditaria nas respostas que ouço quando, nos meus cursos e seminários, pergunto às pessoas o que elas acham que é um fundo mútuo. Ouço coisas assim: "são ações grandes", "é um investimento seguro", "são ações especiais", "é um produto do banco que ajuda as pessoas a comprar ações", "é um lugar em que se põe ações", e assim por diante.

Bom, só para constar, eis aqui a verdadeira definição de fundo mútuo, segundo Charles Schwab. Em *Charles Schwab's Guide to Financial Independence*, ele define fundo mútuo como uma companhia de investimento que reúne o dinheiro de muitos investidores e compra ações e títulos diversos. Assim, por meio das suas quotas, os investidores obtêm automaticamente a vantagem de uma carteira diversificada sem ter que fazer eles mesmos investimentos individuais.

## POR QUE É CONVENIENTE INVESTIR EM FUNDOS MÚTUOS

Na minha opinião, são seis as razões para você investir o dinheiro da sua cesta dos sonhos em fundos mútuos.

1. **É fácil investir nesses fundos.** Como eu disse antes, muitos fundos mútuos permitem hoje que você comece um programa de investimento com apenas $50 por mês. Você pode começar a investir no fundo por meio de um consultor financeiro que hoje os bancos disponibilizam ou de uma corretora de valores, em geral sem custo.

2. **Eles oferecem diversificação instantânea.** Mesmo depositando apenas $50 por mês, você já participa de uma apólice que pode incluir centenas de títulos e ações.

3. **Eles oferecem administração profissional.** As pessoas que administram os fundos mútuos são profissionais especializados e competentes. Seu trabalho inclui pesquisa e negociação.

4. **Eles têm uma boa relação custo-benefício.** Segundo a ANBID, a taxa interna cobrada pela administração dos fundos mútuos é em média de 1,5%. Você gastaria mais se tentasse formar e administrar sozinho uma carteira de ações e títulos individuais.

5. **Eles têm muita liquidez e são fáceis de monitorar.** Você pode conferir seu desempenho diariamente, pelo jornal. Para sacar seu dinheiro, você pode avisar em geral com menos de cinco dias de antecedência.

6. **Eles são monótonos.** Sua diversificação impede que o seu preço flutue como o dos títulos ou ações individuais. Muita gente acha que essa falta de volatilidade é monótona mas, no mundo dos investimentos, monotonia é uma boa coisa.

Agora que você já sabe por que é bom investir em fundos mútuos, é hora de considerar que tipo de fundo é mais conveniente para vocês. Afinal, há mais de 5 mil fundos mútuos à sua escolha. Para simplificar, vou lhe dizer em que tipo de fundo mútuo eu investiria para custear a minha cesta dos sonhos. A única variável real é o horizonte de tempo – ou seja, quanto tempo você acha que vai levar para vocês juntarem o dinheiro necessário para custear um determinado sonho.

## PARA SONHOS A CURTO PRAZO (MENOS DE DOIS ANOS)

Mais simples é impossível. Se você está economizando para um sonho a curto prazo, como sair de férias ou reformar a cozinha – qualquer coisa que seja possível dentro de dois anos – você precisa investir de maneira conservadora e manter a liquidez do dinheiro (ou seja, tem que ser fácil sacá-lo).

Na minha opinião, há apenas um investimento que preenche esses critérios: as contas *money-market* que no Brasil equivalem aos Fundos Referenciais ao DI (taxa CDI ou Selic). No Sexto Passo, eu já disse que essas contas são a alternativa esperta para as contas correntes comuns. Neste caso, você nem precisa de talão de cheques porque não vai usar o dinheiro até estar pronto para realizar o seu sonho. Então, uma conta *money-market* básica pode ser exatamente o que você precisa.

Uma conta *money-market* é um fundo mútuo que geralmente investe em títulos do governo muito seguros e com grande liquidez. Como já observei, as contas *money-market* podem ser abertas em qualquer banco ou corretora com um depósito inicial relativamente pequeno. Se você optar por um plano de investimento programado, poderá depositar apenas $50 por mês.

Essas contas não são apenas incrivelmente seguras, mas são muito estáveis. Além disso, as contas *money-market* são líquidas, o que significa que você pode sacar seus fundos a qualquer momento.

Se você não tem um consultor financeiro, abrir uma conta *money-market* pode ser uma boa maneira de começar a mudar essa situação. Peça uma indicação a um amigo ou vá a um banco e peça para falar com um consultor. Explique que pretende abrir uma conta *money-market* alimentada por um plano de investimento programado. Aliás, no caso das contas *money-market*, não há encargos, de forma que você não precisa se preocupar com custos. Não há nenhum.

## PARA SONHOS A MÉDIO PRAZO (DOIS A QUATRO ANOS)

Neste contexto temporal, as coisas são um pouco mais complicadas. Se você é ultraconservador e não quer arriscar o seu dinheiro da cesta de sonhos, recomendo que invista num fundo de obrigações de curto prazo. No entanto, se quiser mais retorno – e se encarar um risco um pouco maior – considere o que chamamos de fundo balanceado.

Os **fundos de obrigações de curto prazo** investem em títulos realmente de curto prazo, como letras do Tesouro, emitidas com maturidade de seis meses a quatro anos. Esses fundos são muito seguros, relativamente estáveis (o preço não flutua muito) e costumam ter um retorno 1 ponto percentual mais alto do que as contas *money-market*. Como oferecem uma vantagem tão pequena sobre as contas *money-market*, esses fundos não me atraem muito.

**Fundos balanceados** são fundos mútuos que investem em títulos e ações, em geral 60 a 70% dos seus ativos em ações e o resto em títulos (em geral do Tesouro). Como são diversificados, oferecem menos riscos do que os fundos de ações. E o seu desempenho pode chegar bem perto do desempenho do mercado de ações. Um fundo balanceado costuma gerar cerca de 85% do retorno de um investimento de porte semelhante no mercado de ações.

Comparar fundos balanceados com fundos só de ações é como comparar a tartaruga com a lebre. Os fundos balanceados são lentos e constantes, mas vão levá-lo até onde você quer ir. São de longe meu investimento favorito para "dar a partida".

## PARA SONHOS A LONGO PRAZO (QUATRO A DEZ ANOS)

Quando um sonho exige mais de quatro anos de poupança, você pode se dar ao luxo de correr mais riscos para ter um retorno maior. Para mim, isso significa investir em fundos mútuos de ações.

## POR ONDE COMEÇAR?

Na minha opinião, você deve começar pondo o dinheiro da cesta dos sonhos num fundo de índice. Os fundos de índice são simples, baratos e funcionam. O que mais você pode querer?

Os fundos de índice são fundos mútuos de ações que imitam um índice específico. Nos últimos anos, os mais procurados têm sido os fundos de índice IBOVESPA e IBX. Esses fundos investem nas 500 ações que formam os índices IBOVESPA e IBX.

## ALÉM DA FASE DO "COMEÇO POR ONDE?"

Fundos balanceados e fundos de índice são ótimos para começar, mas quando a cesta dos sonhos atinge um bom tamanho – digamos $50.000 ou mais – é hora de vocês pensarem em formar uma carteira diversificada de fundos mútuos. Para mim, uma carteira diversificada é a que contém cotas de 4 a 10 fundos diferentes.

Um dos maiores erros que os investidores cometem hoje em dia é investir num número grande demais de fundos mútuos. Vemos carteiras em que as pessoas acumularam cotas de 20 fundos ou mais. Isso é exagero. Isso geralmente acontece com quem assina alguma revista ou *newsletter* sobre investimento. Todas as vezes que a revista recomenda um novo fundo, a pessoa investe nele. O resultado é o que chamamos de carteira redundante (muitos investimentos com o mesmo propósito). O problema é que isso geralmente dilui o retorno.

## FORME A SUA CARTEIRA COM BASE EM FUNDOS "ESSENCIAIS"

Sou firmemente a favor de formar uma carteira com o que chamo de fundos mútuos "essenciais". Sou também da filosofia de que a chave para o sucesso nos investimentos é manter o processo relativamente simples e direto. Com isso em mente, seguem-se seis tipos de fundos que você deveria considerar ao criar uma carteira de fundos mútuos. Eles estão relacionados numa ordem que vai do mais conservador ao mais agressivo.

**Fundos de Valor de Grande Capitalização.** Esses fundos investem em empresas de grande capitalização – ou seja, empresas cujas ações em circulação tenham um valor de mercado de $5 bilhões ou mais. Empresas dessa magnitude tendem a ser mais seguras do que a média e costumam pagar dividendos trimestrais aos acionistas. A parte "valor" do nome reflete a estratégia básica que esse tipo de fundo adota. Ou seja, investe em empresas sólidas e de grande capitalização, cujas ações estejam sendo vendidas a bom preço. Com ações desse tipo, você consegue em geral retornos constantes com volatilidade relativamente baixa. Sou fã do investimento em valor, mas devo admitir que os últimos anos não foram muito bons para essa modalidade. Na verdade, muita gente considera essa estratégia antiquada, argumentando que as ações "de valor" não conseguem competir com as ações *high-tech*, da "nova economia". Pessoalmente, acho que isso é falta de visão. No que me diz respeito, toda carteira deveria conter algumas ações de valor.

**Fundos de crescimento de grande capitalização.** Esse tipo de fundo investe no que comumente se chama de "ações de crescimento". Fundos de grande capitalização procuram em geral ações com valor de mercado acima de $5 bilhões. Tipicamente, as ações de crescimento não pagam dividendos porque as empresas em crescimento preferem investir seus lucros em pesquisa, desenvolvimento e expansão. Alguns bons exemplos de empresas em crescimento de grande capitalização são Microsoft, Oracle, Yahoo, Home Depot, Dell Computers, Intel e Amazon.com. Nos últimos anos, o desempenho das ações de crescimento de grande capitalização superou praticamente todas as outras categorias de investimento, gerando grandes retornos para os fundos que investiram nelas.

**Fundos de média capitalização.** Conhecidos também como "*mid-caps*", esses fundos investem em empresas de tamanho médio – ou seja, as que têm uma capitalização de mercado entre $1 bilhão e $7 bilhões. São em geral empresas mais novas que esperam um dia ser de grande capitalização. Aqui, é grande o potencial para grandes retornos, apesar do risco. Nos últimos anos, os fundos de média capitalização tiveram um desempenho incomum, aumentando em valor numa média de mais de 30% ao ano. Como resultado, mesmo que haja muita volatilidade neste setor, muitas carteiras se beneficiam da exposição a ações de média capitalização.

**Fundos de pequena capitalização.** Está ficando cada vez mais difícil classificar esses fundos porque hoje em dia há pequenas empresas com lucro modesto que abrem o capital e vêem sua capitalização de mercado subir de repente para $1 bilhão ou mais. Tipicamente, os fundos de pequena capitalização investem em empresas com capitalização de mercado que vai de $250 milhões a $3 bilhões. Isso reflete uma abordagem ultra-agressiva, que pode gerar grandes retornos. É como apostar na lebre e não na tartaruga. Quanto mais jovem você for – ou seja, quanto mais tempo tiver para se recuperar de uma possível queda no mercado de ações – mais pode se dar ao luxo de investir dessa maneira. Devido a essa agressividade, não recomendo pôr mais de 25% dos seus ativos nesse tipo de fundo.

**Fundos globais ou internacionais.** Como o nome sugere, esses fundos investem em ações de outros países. Enquanto um fundo internacional investe apenas em ações estrangeiras, um fundo global costuma investir apenas 60% dos seus ativos fora do país, investindo os outros 40% em ações domésticas. Lembre-se: os Estados Unidos representam apenas um terço da economia mundial e se você investir apenas em ações domésticas, estará perdendo muitas oportunidades. No The Bach Group, recomendamos em geral que os investidores tenham de 10 a 15% da carteira investidos em fundos mútuos globais.

**Fundos de tecnologia.** Incluo esta categoria porque hoje em dia todo mundo quer investir em tecnologia e é isso que esses fundos fazem – concentram-se em empresas de base tecnológica. Eu também tenho fé na tecnologia, mas a procura fenomenal que as ações *high-tech* tiveram nos últimos anos me faz pensar duas vezes antes de recomendar investimentos pesados nesse setor (mais de 30% da carteira). Fato é que a maioria dos fundos listados acima terá de 20 a 30% de ações de tecnologia. Por isso, você não precisa necessariamente investir num fundo de tecnologia para investir nesse setor. Esta classificação aplica-se aos EUA. No Brasil, com a queda da taxa de juros e o crescimento do mercado de capitais, está-se evoluindo para esse ambiente.

| DESEMPENHO MÉDIO DOS FUNDOS ||
|---|---|
| Para o período: 31/12/84-31/5/01 ||
| CARTEIRA DE INVESTIMENTOS | RETORNO ANUAL MÉDIO NO PERÍODO |
| Dow Jones 30 Industrial Average w/ divs. | 14,33% |
| S&P 500 Composite Index w/ divs. | 13,07% |
| Mid-Cap Funds Average | 17,40% |
| Growth Mutual Fund Index | 12,79% |
| Small Company Growth Funds Average | 13,18% |
| International Mutual Fund Index | 13,96% |
| Growth & Income Fund Index | 13,40% |
| Global Fund Average | 12,55% |
| Balanced Mutual Fund Index | 12,37% |
| High-Yield Bond Fund Index | 10,62% |
| General U.S. Gov't Fund Index | 8,33% |
| General Municipal Fund Index | 8,64% |
| Money Market Fund Average | 5,62% |

Fonte: 2000 Lipper Analytical Services, Inc.

## COM VÁRIOS FUNDOS PARA ESCOLHER, COMO SABER QUAL É O MELHOR PARA NÓS?

Vamos admitir: de uns anos para cá, investir ficou muito complicado, mesmo que seja em fundos mútuos. Há muitos fundos diferentes. Muita propaganda alardeando o desempenho de uns e de outros. Muitos livros, revistas, websites, programas de televisão – todos com sugestões diferentes. É o bastante para fazer com que um Casal Inteligente fique confuso a ponto de desistir.

## FUNDOS MÚTUOS EM QUE VOCÊ PODE INVESTIR SÓ $50 POR MÊS!

Há muitos fundos mútuos em que você pode investir só $50 por mês. Alguns bancos oferecem planos de investimento programado. Num plano desses, você determina uma quantia (digamos $50) a ser transferida mensalmente da sua conta corrente para um fundo mútuo (ou fundos) da sua escolha. Como tudo acontece automaticamente, você não precisa se lembrar de fazer o depósito. Em outras palavras, mais fácil impossível. Não exige disciplina alguma (a não ser a de ter saldo todos os meses para cobrir o débito). Na verdade, depois de um tempo você nem pensa mais no assunto – e quando menos esperar, a sua cesta dos sonhos vai estar cheia de dinheiro!

Nem é preciso dizer que você nunca deve investir num fundo sem ler o prospecto antes. E não invista antes que todas as perguntas que você possa ter sobre possíveis riscos estejam totalmente respondidas pelo seu consultor financeiro ou pela própria companhia.

## PARA SONHOS REALMENTE A LONGO PRAZO (DEZ ANOS OU MAIS)

Há sonhos a longo prazo e há sonhos *realmente* a longo prazo. Digamos que o seu sonho é construir uma segunda casa no Havaí mas você quer que antes as crianças terminem a faculdade, o que ainda vai demorar uns dez anos. Onde você deve pôr o dinheiro da cesta dos sonhos no meio tempo?

## ANUIDADES VARIÁVEIS

Considere a anuidade variável. As anuidades variáveis são basicamente fundos mútuos "envelopados" numa apólice de seguro. Esse "envelope" permite que o dinheiro investido no fundo cresça com impostos diferidos. Nesse sentido, as anuidades variáveis são como um IRA não-dedutível com duas grandes vantagens: não há limites de renda e você pode investir quanto quiser.

O dinheiro que você investe numa anuidade variável já é tributado e pode crescer sem a mordida anual do imposto de renda. Quando fizer

59 anos e meio, você pode começar a sacar o dinheiro. Como é o caso do IRA, você terá que pagar imposto de renda sobre as distribuições, mas só sobre a parte atribuível ao rendimento. Se você tirar dinheiro antes dos 59 anos e meio, pagará uma multa de 10% sobre os ganhos.

Parece um bom negócio, não é? E é mesmo. O único problema é que o "envelope" de seguro tem um custo. Em geral, a taxa do seguro é de cerca de ½ a 1% do valor investido (ou seja, se você investiu $100.000, o seguro custará qualquer coisa entre $500 e $1.000 por ano). Algumas pessoas acham que isso é uma desvantagem terrível, mas eu não concordo. Na maior parte das vezes, o dinheiro que você economiza tendo um investimento com imposto diferido mais do que compensa o custo extra.

Para mim, isso é óbvio.

(Nota: esse investimento *não* substitui um plano de aposentadoria. Sua cesta da aposentadoria tem que estar totalmente cheia antes de você começar a pôr dinheiro numa anuidade variável.)

## O OUTRO LADO DAS ANUIDADES VARIÁVEIS

A maior desvantagem de uma anuidade variável é que você não pode vendê-la nem sacar quantia alguma antes de sete anos a partir da data da contratação. Caso contrário será cobrada uma taxa. Então, ao comprar uma anuidade, não deixe de perguntar ao corretor sobre essa taxa por venda antecipada. Uma boa anuidade não pode cobrar uma taxa de mais de 7% e nem impor uma carência de mais de sete anos. Como eu sugeri as anuidades como investimento para 10 anos ou mais, isso não deve constituir um problema.

## QUE TAL COMPRAR AÇÕES INDIVIDUAIS?

Embora eu prefira muito mais um investimento programado em fundos mútuos, hoje em dia é possível fazer a mesma coisa com ações individuais. A desvantagem desse caminho é que você tem que decidir em que ações vai investir e não tem a diversificação imediata e a administração profissional que os fundos mútuos oferecem. No entanto, algumas pessoas fazem questão de incluir algumas ações individuais em sua carteira.

Percorremos um longo caminho neste capítulo. Com todas as recomendações que fiz sobre como investir o dinheiro da cesta dos sonhos, você deve estar com a cabeça rodando. Mas lembre-se: não é tão complicado assim. Em geral, investir bem é só uma questão de saber que passos dar e em que ordem.

Na verdade, começar a financiar o seu sonho é como abrir um cofre. A menos que saiba a combinação, nunca conseguirá entrar. Mas, com a combinação certa, o cofre mais forte do mundo pode ser aberto com pouco esforço. Agora vocês dois sabem a combinação do seu cofre financeiro. Usem as ferramentas que lhes dei na ordem certa e os seus sonhos se tornarão realidade.

OITAVO PASSO

## APRENDA A EVITAR OS DEZ MAIORES ERROS FINANCEIROS COMETIDOS POR CASAIS

**NESTE PASSO VAMOS** examinar os 10 maiores erros que os casais cometem com as suas finanças... e às vezes com os seus relacionamentos. Sabendo quais são esses erros, vocês economizarão muito sofrimento... e bastante dinheiro. Quero avisar desde já que alguns desses erros parecem tão óbvios que você pode até pensar: "Meu Deus, como fui burro!" Mas lembre-se – saber que uma coisa é uma estupidez e evitá-la são duas coisas diferentes.

Quero que vocês dois estudem cuidadosamente esses 10 maiores erros e conversem sobre eles. Se descobrirem que estão cometendo um ou alguns desses erros, não se deixem abater por isso. Ao contrário, alegrem-se: vocês aprenderam uma coisa nova que pode lhes poupar uma fortuna. Seja como for, o principal é agir. Não quero que concordem e depois não façam nada. Se descobrirem que estão cometendo um erro, corrijam-no. Se descobrirem alguma solução que não lhes havia ocorrido, usem-na.

Com isso, vamos diretamente ao assunto.

### ERRO Nº 1
Fazer uma hipoteca de 30 anos.

Nos Estados Unidos, as hipotecas de 30 anos são provavelmente a forma mais popular de financiamento imobiliário. Na verdade, acho que as hipotecas de 30 anos são piores do que um erro. Elas são uma fraude – uma fraude ultrajante incitada nacionalmente pelos bancos e pelo governo. Pior ainda, essa fraude está se agravando porque agora os bancos já oferecem hipotecas de 40 anos.

Qual é o problema das hipotecas de 30 anos? É simples. Digamos que vocês comprem uma casa com uma hipoteca de $250.000 para pagar em 30 anos. Digamos que a taxa de juros seja de 8% ao ano. No fim, terão dado ao banco $660.240, mais do que duas vezes e meia o valor do empréstimo original. Por que vocês entregaram tanto dinheiro a mais? Obviamente, a resposta é que além de devolver os $250.000 originais, vocês tiveram que pagar ao banco mais $410.240 em juros e taxas.

Fato é que os bancos estão no mercado para ganhar dinheiro. E gostam de vender hipotecas de 30 anos, não porque sejam o melhor negócio para vocês, mas porque são muito, muito lucrativas para eles.

Eu disse também que o governo se beneficia quando você faz uma hipoteca de 30 anos. Como funciona isso? Bem, para começar, foi o próprio governo que resolveu tornar os juros das hipotecas dedutíveis do imposto de renda, certo? Vocês acham que o governo disse "Legal, vamos tornar a vida dos cidadãos deste país mais tranqüila, permitindo a dedução de boa parte dos pagamentos das suas hipotecas?" Pode até ser... mas pode também não ser.

Pode ser que os especialistas do governo tenham feito as contas e visto que incentivar as pessoas a fazer hipotecas de 30 anos seria um bom negócio para o governo. Afinal de contas, se você e o seu parceiro ou parceira têm que ficar 30 anos pagando a hipoteca, imaginem quando poderão se aposentar. Vocês se aposentarão perto dos sessenta anos – exatamente a época em que o governo *quer* que vocês se aposentem.

Por que o governo não quer que vocês se aposentem mais cedo – digamos, aos quarenta ou aos cinqüenta e poucos anos? Porque quando nos aposentamos, diminui drasticamente a nossa carga tributária. Se todo mundo resolvesse se aposentar mais cedo, o governo se veria diante de uma crise de arrecadação.

Não me entendam mal. Não sou antigoverno e nem estou sugerindo que Washington e os bancos estão envolvidos em alguma conspiração. Neste caso, têm uma política que lhes é muito conveniente. Mas eis o que importa: nem sempre o que é bom para eles é bom para vocês ou para mim.

## PEGUEM A SUA HIPOTECA DE 30 ANOS E...

Se vocês já fizeram uma hipoteca de 30 anos, sugiro que... continuem com ela. É isso mesmo. Vocês devem manter essa hipoteca e, caso façam uma outra, é provável que o melhor é que seja de 30 anos. A verdade é que as hipotecas de 30 anos oferecem uma enorme flexibilidade.

A esta altura, tenho certeza de que você está achando que eu fiquei louco ou que você pulou inadvertidamente algumas páginas. Pois eu não estava falando que as hipotecas de 30 anos são terríveis? E agora digo que vocês devem manter a sua hipoteca – e talvez até fazer outra?

Bem, o truque é o seguinte. Façam uma hipoteca de 30 anos mas não levem 30 anos para pagá-la, de jeito nenhum. Senão, estarão desperdiçando todo aquele tempo e dinheiro em juros e taxas. Uma decisão muito mais esperta é liquidar mais cedo a hipoteca de 30 anos.

Para isso, pegue o carnê de pagamento e verifique de quanto foi o último pagamento. Pegue esse número e acrescente 10%. É isso que vocês darão para o banco no próximo mês e em todos os meses subseqüentes. Em outras palavras, se vocês estivessem pagando $1.000 por mês, de agora em diante passarão a pagar $1.100. Informe isso ao banco e diga que deseja que os $100 mensais a mais sejam usados para abater do principal da dívida (não dos juros).

Com isso, vocês acabarão pagando a hipoteca de 30 anos em cerca de 22. Aumentem o pagamento mensal em 20% e a hipoteca será liquidada em 18 anos (dependendo do tipo da hipoteca)! Em suma, essa é uma idéia simples que pode muito bem lhes poupar dezenas – senão centenas – de milhares de dólares em juros ao longo da vigência do contrato.

Se houver dúvidas, consulte a instituição financeira onde fizeram a hipoteca e explique que pretendem liquidá-la antes do prazo contratual. Pergunte quanto a mais vocês terão que pagar por mês para liquidar a hipoteca em 15, 20 e em 25 anos. Assegure-se de que não há algum tipo de multa por essa antecipação (o mais provável é que não). Peça que essa informação lhes seja enviada por escrito. É muito provável que eles o atendam muito bem e, de qualquer forma, esse cálculo não é muito demorado.

Não esqueça: ao fazer esses pagamentos extras, prestem muita atenção nos extratos mensais. Muitas vezes, os bancos não creditam corretamente as contas de hipoteca. Comigo, isso já aconteceu duas vezes. Numa das vezes, estávamos fazendo pagamentos extra já há oito meses – e nenhum centavo havia sido abatido do principal da nossa dívida. Quando finalmente percebemos o que estava acontecendo, o banco alegou que havia entendido que os pagamentos a mais eram para cobrir juros futuros. Dá para acreditar? Levamos três meses para resolver o caso. Moral da história: mesmo que não estejam fazendo pagamentos extras, examinem os extratos da hipoteca com olhos de falcão!

## O GRANDE MITO DA DEDUÇÃO DE IMPOSTOS

Sei que você pode estar pensando que ignorei um dos aspectos mais importantes de uma hipoteca: o fato de os juros que você paga serem dedutíveis do imposto de renda.

Provavelmente, você acha que uma hipoteca de 30 anos proporciona ótimas deduções porque foi isso o que lhe disse um contador, um consultor financeiro ou um amigo bem-intencionado. E não é uma maluquice total. Na média, a cada $100.000 em juros que você pagar, terá uma dedução de $28.500 (28,5% é a alíquota média do imposto de renda para os norte-americanos). Mas e daí? Desde quando é um bom negócio gastar $100.000 de juros extras ao longo da vigência da hipoteca para economizar $28.500 em pagamento de imposto?

De qualquer forma, será que vocês compraram a casa para deduzi-la dos impostos? Duvido muito. É muito mais provável que a compraram para ter um lugar onde viver, amar, crescer e se sentir em casa.

Além disso, com o que vocês se preocupam o tempo todo? Se vocês forem como a maior parte dos casais, é com o pagamento das contas. E qual é a sua maior conta? Se vocês têm casa própria, provavelmente é o pagamento da hipoteca. Ora, imaginem não ter uma hipoteca. As pessoas sempre me dizem que um de seus valores mais importantes é a segurança. Imaginem a segurança que dá saber que a hipoteca já está quitada, que vocês são realmente donos da sua casa, que ela está totalmente paga. Isso dá segurança, mesmo em meio a problemas no trabalho ou na economia.

Acreditem: uma casa quitada é um objetivo que vale a pena – e para antecipá-lo em uma década ou mais, basta pagar 10 a 15% a mais do que pagam atualmente. E sabem o que acontece quando se quita a casa em 15 anos e não em 30? Vocês se aposentam mais cedo – na média, de sete a dez anos mais cedo. Como consultor financeiro, essa é uma opção que eu gostaria que vocês tivessem.

Por isso, cuidado com corretores que aconselham a renegociar a hipoteca para "reposicionar" o valor em fundos mútuos ou produtos de seguradoras onde supostamente cresceria mais depressa. Não caia nessa. Esses corretores fazem esse tipo de sugestão só por causa das comissões que podem ganhar com a sua ingenuidade. Lembrem-se de que... vocês não podem guardar o carro e nem dormir dentro de um fundo mútuo. É para isso a sua casa: não a ponha em risco.

## QUE TAL LIQUIDAR A HIPOTECA IMEDIATAMENTE?

Se vocês tiverem uma sorte inesperada – uma herança polpuda ou um belo bônus no trabalho – podem ficar tentados a pegar o dinheiro e quitar a hipoteca de uma tacada só. Mas antes de fazer qualquer coisa, é bom procurar orientação financeira profissional. Embora eu ache que é melhor pagar a hipoteca mais depressa do que diz o banco, nem sempre é conveniente liquidar tudo de uma só vez. Há muitas variáveis envolvidas – taxas de juros da hipoteca, quanto tempo pretendem viver na casa, quanto dinheiro têm e quando planejam se aposentar – e nem sempre é óbvio qual é o melhor curso de ação.

## ALTERNATIVAS DE COMPRA DA CASA PRÓPRIA. AS INCORPORADORAS, AS CONSTRUTORAS E OS INTERMEDIÁRIOS. PRINCIPAIS FORMAS DE FINANCIAMENTOS NO BRASIL

A obtenção de um imóvel próprio é o objetivo principal de várias famílias. As construtoras e incorporadoras oferecem planos de pagamento próprios ou financiamentos por parte de agentes financeiros. Entretanto, o mercado imobiliário ainda passa por dúvidas e dificuldades. Falências de incorporadoras (como a Encol) e construtoras junto a erros passados no Sistema Financeiro da Habitação trouxeram turbulência a esses mercados.

Após inúmeros problemas nas décadas de 70, 80 e 90, o *Sistema Financeiro da Habitação* ainda é incipiente. Como alternativa, surgiu o *Sistema Financeiro Imobiliário*.

Atualmente, o SFH (Sistema Financeiro da Habitação) tem como foco o atendimento ao segmento da classe de baixa renda.

O SFI (Sistema Financeiro Imobiliário) surgiu em 1997 visando atender às classes de maior poder aquisitivo. Atende aos clientes das sociedades de crédito imobiliário, associações de poupança e empréstimo, companhias hipotecárias, bancos múltiplos com carteiras imobiliárias e aos da Caixa Econômica Federal.

Dentro do SFH, a Caixa Econômica aparece como grande financiadora para as pessoas físicas no Brasil. Ela utiliza recurso como o Fundo de Garantia por Tempo de Serviço, o Orçamento Geral da União, o Fundo de Amparo ao Trabalhador e recursos captados por ela própria – em sua função social.

As principais linhas de financiamento oferecidas pela Caixa (e a origem de seus recursos) são:

1. *Com Recurso do Orçamento Geral da União* – financia o Programa de Subsídios à Habitação de Interesse Social – PSH – destinados às pessoas com baixa renda bruta (entre R$ 150,00 e R$ 740,00). É um programa de subsídios criado pelo Governo Federal, para aquisição ou construção de imóvel residencial, urbano ou rural e conjugado com a Carta de Crédito FGTS Individual. Os valores de financiamento e a renda bruta familiar máxima estão limitados ao tipo de aquisição.

2. *Com Recursos do FGTS e no Modelo SFH* – carta de crédito FGTS Individual. Destinada às pessoas físicas com renda familiar até R$ 4.500,00, podendo ser utilizado para aquisição de lote urbanizado, material de construção, aquisição de imóvel usado ou novo e sua conclusão, ampliação e melhoria de imóveis, construção de imóvel em terreno próprio. O valor do financiamento é de até 80% da avaliação do imóvel, e varia conforme a renda do cliente, comprometimento mensal no pagamento e localização do imóvel. A garantia é a hipoteca em primeiro grau.

3. *Com Recursos Próprios da Instituição e no Modelo SFH* – linha de financiamento destinada às pessoas físicas independentemente de sua faixa de renda.

4. *Programa de Arrendamento Residencial* – voltado para a população de baixa renda até 6 salários mínimos e que se destina à aquisição de empreendimentos imobiliários para construção, em construção ou para recuperação e reforma. Os recursos originam-se do FGTS. A área deve se encontrar em malha urbana com infra-estrutura. Esses empreendimentos populares são apresentados pelas construtoras à Caixa que, após a aprovação, aporta os recursos. A aquisição pelo mutuário se faz por processo de *leasing*.

5. *Com Recursos do FAT e no Modelo SFI*

    a) *Carta de Crédito FAT Habitação – Individual – SFI* – linha de financiamento que usa os recursos do FAT destinada às pessoas físicas independentemente de sua faixa de renda. Valores financiados, taxas, prazos, valor de garantia concedida variam de acordo com a cidade onde o financiamento é feito. Pode ser utilizado para aquisição de terreno urbano, de imóvel urbano usado ou novo ou construção de imóvel em terreno próprio. Existem variantes dessa linha, envolvendo o FAT e o SFI, que financia o imóvel ainda na planta/construção. Mas há o envolvimento da construtora no financiamento.

    b) *Carta de Crédito Caixa Letra Hipotecária Longa – Residencial – SFI* – de financiamento que usa os recursos de Letras Hipotecárias Longas, vinculadas ao SFI. Destinada às pessoas físicas independentemente de sua faixa de renda. Pode ser utilizado para reforma ou ampliação de imóvel urbano, sem limite de valor de avaliação.

    c) *Carta de Crédito Caixa Letra Hipotecária Longa – Comercial – SFI* – linha de financiamento que usa os recursos de Letras Hipotecárias Longas, vinculadas ao SFI. Destinada às pessoas físicas independentemente de sua faixa de renda. Pode ser utilizada para aquisição, construção, reforma ou ampliação de imóvel comercial urbano, sem limite de valor de avaliação.

d) *Carta de Crédito Caixa Letra Individual – SFI* – linha de financiamento que usa os recursos próprios da Caixa, vinculados ao SFI. Destinada às pessoas físicas independentemente de sua faixa de renda. Pode ser utilizado para aquisição de imóvel novo ou usado, construção de imóvel em terreno próprio, reforma ou ampliação de imóvel comercial urbano, sem limite de valor de avaliação.

Como alternativa ao SFH, o Conselho Monetário Nacional aprovou a constituição das Companhias Hipotecárias, já existentes e difundidas em países como os EUA, podendo utilizar os instrumentos legais para operar os financiamentos do SFI.

Além das Companhias Hipotecárias, podem operar no SFI – criado em 1997 pelo Governo Federal – as caixas econômicas, bancos comerciais, bancos de investimento, bancos com carteira de crédito imobiliário, sociedades de crédito imobiliário, associações de poupança e empréstimo.

Uma pessoa interessada em adquirir um imóvel pode procurar um dos intermediários financeiros acima mencionados para financiar sua compra junto à construtora ou incorporadora. Esses créditos imobiliários podem ser adquiridos ou não por Companhias Securitizadoras.

As Companhias Securitizadoras de Créditos Imobiliários podem adquirir créditos imobiliários gerados pelas entidades participantes do SFI e securitizá-los na forma de Certificados de Recebíveis Imobiliários, emitidos por ela e comercializados junto ao mercado. Elas ainda emitem outros títulos de mercado e prestam serviços compatíveis com as suas atividades.

Essa venda de créditos imobiliários gera recursos para novos financiamentos aos agentes financeiros que, por sua vez, definem taxas, planos de pagamento. Não existe limite no valor a ser financiado, podendo ser utilizado o FGTS para abater saldos de até R$ 180.000,00. Nesses financiamentos, as construtoras são obrigadas a oferecer preços diferenciados.

Isso aliado à troca de garantias (saem as hipotecas do SFH de difícil execução judicial e entram a alienação fiduciária, no qual o imóvel pertence ao credor até o mutuário realizar a quitação da última parcela da dívida), facilita o desenvolvimento desse mercado e permitem taxas de juros mais baixas.

O objetivo do SFI é ampliar o mercado imobiliário para a classe média, e torná-lo menos dependente da interferência governamental.

Além disso, novos instrumentos, que procuram trazer segurança aos compradores, têm sido estudados e desenvolvidos por órgãos competentes. Instrumentos como o patrimônio de afetação nas incorporações imobiliárias aumentou a proteção aos compradores. O Patrimônio de afetação individualiza cada incorporação dentro do patrimônio total do incorporador. Essa incorporação individualizada passa a ser a garantia específica de seus compradores e não mais uma garantia global dos credores do incorporador.

*Título de Capitalização e Consórcios Imobiliários* também são opções de compra.

A utilização de prêmios ou do valor de um *título de capitalização* na compra de um imóvel evita o processo de comprovação de renda que existe em um financiamento regular.

Em um *consórcio imobiliário* compradores podem usar sua carta de crédito junto ao FGTS para complementação de preço ou lance. As garantias seguem o modelo do SFI: a alienação fiduciária. Os consórcios envolvem pagamentos de tarifas de administração e não juros, sendo uma alternativa mais barata. Entretanto, como desvantagem, existe o prazo indefinido de espera.

---

**ERRO Nº 2**
**Não levar a sério as dívidas de cartão de crédito.**

---

As dívidas de cartão de crédito podem destruir um casamento. Por mais que duas pessoas se amem, se uma delas gasta muito e faz com que o casal esteja sempre devendo, garanto que a relação irá por água abaixo. Se os dois lados fazem isso, tudo acabará mais rápido ainda.

Por quê? Em primeiro lugar, dever nos cartões de crédito é estressante. Saber que você está devendo dinheiro e pagando juros que podem chegar a 20% sobre o residual a ser pago deixa qualquer um ansioso. Em segundo lugar, essa ansiedade nunca vai embora: fica lá – o dia inteiro, todos os dias – até que a dívida seja paga. E ela não apenas assombra o relacionamento mas os atinge com uma pancada todos os meses, quando chega o extrato. Um relacionamento estressante não é um relacionamento feliz – e os relacionamentos infelizes em geral não duram.

No Brasil, os juros dos cartões são extremamente elevados, levando quem fez dívida no cartão de crédito a perder a capacidade de repagamento. As taxas superam 7% ao mês.

## NÃO ESPERE PARA SABER A QUANTAS ANDA O SEU CRÉDITO!

Não existe coisa pior do que descobrir que o seu parceiro está com problemas de crédito justamente quando vocês estão para fazer um negócio importante – como, por exemplo, comprar a sua primeira casa. É um momento empolgante. Vocês acham que estão prontos para a responsabilidade que acompanha a compra de uma casa e parece que, finalmente, conseguiram dinheiro para ir em frente. Os dois vão juntos ao banco, certos de que sairão de lá com o crédito pré-aprovado para constituir uma hipoteca e – vum! – a pesquisa cadastral revela informações sobre o seu crédito e o crédito do seu parceiro ou parceira que vocês desconheciam.

Isso aconteceu a um dos meus amigos mais próximos, um cara chamado Alan, que ganha muito bem como executivo na área de informática. Há alguns anos, ele e a sua nova mulher, Renée, começaram a procurar uma casa para comprar em São Francisco. Chamou então um corretor para pré-aprovar o seu crédito, certo de que não teria problema algum. Já tinha perguntado a Renée se a sua ficha cadastral estava limpa e ela tinha dito que claro que sim.

Assim, imaginem a surpresa dele quando o corretor telefonou e lhe perguntou se ele estava sentado.

"Alguma coisa errada?", perguntou Alan.

"Bem... Renée tem alguns problemas de crédito. Na verdade, a ficha cadastral dela é tão ruim que não há como aprovar um empréstimo para vocês dois juntos."

Alan estava perplexo: "Mas como pode ser? Meu crédito está perfeito, não está?"

"Está", respondeu o corretor, "mas o dela não."

O problema eram aquelas empresas boazinhas, que distribuem camisetas e facilitam ao máximo a vida de um estudante que pensa em tirar um cartão de crédito. Quando estava na faculdade, Renée se deixou levar pela conversa de um vendedor, pegou um cartão, fez duas ou três comprinhas... e se esqueceu do assunto. Infelizmente, essas empresas de cartões de crédito boazinhas não se esquecem jamais. E mandaram o nome de Renée para a lista dos maus pagadores. As quantias em questão eram relativamente pequenas (não mais de $200 no total), mas mesmo assim isso foi o bastante para arruinar o seu crédito – e com isso qualquer chance que ela e Alan tivessem de fazerem juntos uma hipoteca.

Felizmente, como tinha uma ficha cadastral muito boa, Alan obteve o empréstimo em seu nome e dessa forma os dois conseguiram comprar a casa. Seja como for, a questão não é culpar Renée, mas mostrar como é fácil ser pego de surpresa por uma avaliação de crédito negativa. Mesmo quando você pensa que está tudo bem, pode ser que não esteja. Moral da história...

## DESCUBRA AGORA A QUANTAS ANDA O SEU CRÉDITO!

Não espere ser surpreendido. Nesta semana mesmo, consiga uma cópia dos seus relatórios de crédito. O seu parceiro ou parceira deve fazer o mesmo. É bem simples. Nos Estados Unidos, há três grandes empresas de gestão de crédito – Equifax, Experian e Trans Union – que podem lhe fornecer uma cópia dos seus relatórios de crédito por uma taxa de no máximo $8,5. (Em alguns casos, elas fornecem o relatório gratuitamente.)

Se houver imprecisões ou erros nos relatórios de crédito, resolva imediatamente o problema. Os procedimentos são relativamente simples e as empresas envolvidas lhe dirão exatamente o que é necessário. Em geral, quando você informa a uma instituição de gestão de crédito que a sua ficha contém imprecisões, a empresa examina a sua reclamação (normalmente em 30 dias) e passa os dados que você forneceu a quem forneceu a informação que você está contestando. Se isso não resolver a questão, você pode acrescentar uma breve declaração à sua ficha, que será incluída resumidamente em futuros relatórios.

Se houver manchas negras legítimas nos seus relatórios de crédito (por exemplo, contas antigas não pagas, de que você se esqueceu), faça todo o possível para corrigir a situação. Em geral, isso significa liquidar todas as dívidas antigas e não atrasar mais nenhum pagamento.

Evite empresas que prometem "limpar o seu nome" de um dia para o outro. Não há nada que "limpe" uma ficha negativa, a não ser o tempo, um histórico consistente de bom pagador – ou entrar em contato com as instituições de gestão de crédito e trabalhar com elas na regularização dos seus relatórios de crédito.

No Brasil somente as instituições financeiras têm acesso ao SERASA que informa sobre o histórico de crédito de pessoas físicas ou jurídicas.

> ### ERRO Nº 3
> ### Tentar ficar rico depressa no mercado de capitais.

O final dos anos de 1990 foi uma época muito estranha. A mídia deu tanta atenção a milionários – e até mesmo bilionários – surgidos do dia para a noite, que parecia que todo mundo tinha tirado a sorte grande e que qualquer um que levasse mais de alguns meses para juntar uma fortuna estava fazendo alguma coisa errada.

Vamos encarar os fatos. Se existisse algum jeito fácil de ficar rico depressa, todos estaríamos nadando em dinheiro. A verdade é que enriquecer não é fácil e normalmente não acontece da noite para o dia. Essa é a verdade – e é uma coisa que se deve sempre ter em mente...

## ENRIQUECER DE VERDADE LEVA MAIS DO QUE MESES OU ANOS: LEVA DÉCADAS

Minha avó Bach precisou investir durante 40 anos para ficar milionária. Não estou sugerindo que você também precisa de tanto tempo. Eu sei que não quero esperar 40 anos para ficar rico. Mas aceito o fato de que vou levar mais de 40 minutos, mais de 40 dias ou até mesmo mais de 40 meses. Construir uma fortuna exige tempo.

Lamentavelmente, muita gente acha que pode abreviar esse processo negociando ações. Impressionadas com a nova tecnologia que lhes permite comprar e vender papéis online – e atraídos pelas promessas claramente falsas de certas corretoras online – centenas de milhares de pessoas se tornaram o que se conhece como "*day traders*". Ficam diante do computador o dia todo, comprando e vendendo ações num ritmo frenético. Suas decisões não levam em conta se as ações são de empresas que representam ou não um bom investimento. Ao contrário, são guiados pelo que sentem como a "tendência" do mercado no momento.

Acho isso triste porque negociar ações dessa forma é o jeito mais rápido de perder muito dinheiro.

"*Day-trading*" é como ir a Las Vegas. Você pode ganhar uma vez e se gabar com todos os seus amigos mas sairá perdendo no final. Por favor, por favor, preste atenção no que eu tenho a dizer. A probabilidade de vocês enriquecerem negociando ações ativamente está entre pouca e nenhuma. E diminui ainda mais se fizerem isso sozinhos, em casa, por meio de uma conexão com a Internet e uma nova conta de corretagem online. Quem faz isso sai perdendo.

Negociar ações para viver é uma ocupação cruel. Os profissionais mais experimentados se acham com sorte quando acertam na metade do tempo. Se um operador profissional acerta em 50% das vezes, quais são as probabilidades de vocês se saírem melhor? O mais provável é que se saiam muito pior.

Por razões óbvias, as corretoras online nos incentivam a comprar e vender ações em casa. Elas querem que todos pensem que é fácil negociar como um especialista.

Mas não me entendam mal. Não sou contra corretoras online e nem contra negócios online. Acho ótimo poder investir online. Mas me preocupo com o fato de ter ficado tão fácil para pessoas, não mais tão sensatas, se arruinarem financeiramente com um simples clique no mouse. Não estou exagerando. Vocês podem mesmo ficar arruinados com um clique errado na ação errada e no momento errado. E isso assusta.

De acordo com uma recente investigação do Senado norte-americano, mais de 75% dos "*day-traders*" perdem dinheiro e, pior ainda, a longo prazo a sua "chance de ter sucesso é quase nula". Eis por que:

### TRÊS RAZÕES-CHAVE PARA O
### *DAY-TRADING* NÃO FUNCIONAR

1. **Comissões.** Quando se negocia freqüentemente, comissões mesmo pequenas acabam totalizando um bom dinheiro. Se você

comprar uma ação de $10 e a vender por $11, as comissões reduzirão seus ganhos em cerca de 20 centavos. Se você vender a sua ação de $10 por $9, a sua perda será acrescida dessa quantia.

2. **Impostos.** Se você comprar uma ação por $10 e a vender por $11, o lucro de $1 será reduzido também pelos impostos que terá que pagar. Como *day-trader* seu lucro será quase com certeza considerado ganho de capital a curto prazo – ou seja, proveniente da venda de um investimento que você teve por menos de 12 meses. (A maioria dos *day-traders* não ficam com uma ação por mais de 12 horas, imagine 12 meses.) Como os ganhos de curto prazo são tributados como renda normal, cerca de 40 centavos do seu lucro de $1 podem ser engolidos pelo imposto de renda.

4. **Baixas probabilidades.** Tudo bem, você pagou 20 centavos de comissões e 40 centavos de impostos do seu lucro de $1. De repente, seus ganhos de 10% já não parecem tão bons assim. Mas espere um pouco, você diz, sobraram 40 centavos. É bem verdade, mas lembre-se que usamos como exemplo uma transação em que tudo correu bem – ou seja, você comprou na baixa e vendeu na alta. Mas o fato é que nem sempre acontece assim. Mesmo em 1999, um ano de quebra de recordes no mercado de ações, foi maior o número de ações que estiveram em baixa do que em alta. As pessoas que ganharam dinheiro nesse mercado (excetuando os profissionais) não foram os *day-traders*, mas as que investiram no mercado como um todo, por meio de fundos mútuos. E em abril de 2000, quando o mercado desabou, os *day traders* foram eliminados. Mas não precisa acreditar em mim: basta examinar os números abaixo. O quadro mostra que é virtualmente impossível acompanhar o ritmo do mercado porque seria preciso acertar o tempo todo para não perder o melhor dia do ano, quando o mercado subir.

> **Perder os 20 melhores dias pode reduzir o seu retorno pela metade**
>
> Se você tivesse investido hipotéticos $10.000 nas ações do índice S&P 500, no dia 31 de março de 1995, no dia 31 de março de 2000 os seus $10.000 teriam se transformado em $32.718, um retorno anual médio de 26,75%.
>
> Mas suponha que, durante esse período de cinco anos, você tivesse decidido ficar fora do mercado em alguns momentos e, com isso, perdesse os 10 dias de melhor desempenho do mercado. Nesse caso, seus 26,75% de lucro cairiam para 17,42%. Se perdesse os 20 melhores dias do mercado, os 26,75% se reduziriam a 11,46%. Naturalmente, o desempenho passado não garante resultados futuros comparáveis.

**A penalidade por não acompanhar o mercado**

*Acompanhar o ritmo do mercado pode ser um exercício inexato – e caro.*
Índice S&P 500: 31 de março de 1995 a 31 de março de 2000

| PERÍODO DE INVESTIMENTO | RETORNO ANUAL MÉDIO | CRESCIMENTO DE $10.000 |
|---|---|---|
| Totalmente investido | 26,75% | $ 32.718 |
| Perda dos 10 melhores dias | 17,42 | 22.316 |
| Perda dos 20 melhores dias | 11,46 | 17.201 |
| Perda dos 30 melhores dias | 6,48 | 13.688 |
| Perda dos 40 melhores dias | 2,15 | 11.123 |
| Perda dos 60 melhores dias | –5,13 | 7.687 |

> **ERRO Nº 4**
> Comprar ações em operações com margem.

As corretoras de valores gostam de facilitar ao máximo os investimentos dos seus clientes. Entre outros motivos, é por isso que têm tanta boa vontade ao lhe emprestar dinheiro para comprar mais ações do que você pode comprar com o que tem. Em geral, tomando como base o valor da sua conta, elas lhe emprestam até 50% em dinheiro ou 100% em ações. Em outras palavras, se você tem $10.000 em ações, a sua corretora de valores ficará feliz em lhe emprestar $5.000 em dinheiro ou em permitir que você compre $10.000 em ações *"com margem"*, ou seja, sem que você entre com mais dinheiro. Elas simplesmente lhe adiantam o dinheiro para comprar mais ações.

Digamos que as ações da Microsoft estão custando $80. Achando isso uma pechincha, vocês resolvem comprar o maior número possível de lotes. Pois bem, se vocês tiverem $10.000 em dinheiro, a corretora permitirá que comprem $20.000 em ações da Microsoft – ou seja, em vez de 125 lotes, vocês podem obter 250. Se as ações subirem, é mesmo um bom negócio, já que tendo mais lotes poderão ganhar muito mais dinheiro. Mas e se o preço das ações despencar? Digamos que o preço das ações da Microsoft caia em 50%, de $80 para $40. Subitamente, o investimento de $20.000 que fizeram vale apenas $10.000. Do ponto de vista da corretora, o empréstimo de $10.000 agora é muito mais arriscado. As corretoras não gostam de ficar nesse tipo de situação. Cada empresa tem a sua política mas, como regra geral, no momento em que a razão lucro-margem na sua conta se aproxima dos 50%, a corretora começa a ficar preocupada. Nesse caso, é muito provável que vocês recebam da corretora o que se conhece por *"margin call"*, ou seja, uma solicitação de fundos adicionais.

Mais uma vez, cada corretora tem o seu modo de proceder mas, como regra geral, vocês terão cerca de 72 horas para liqüidar – em dinheiro – uma parte do que devem, levando assim a razão lucro-margem a um nível mais confortável para a corretora. Se não conseguirem o dinheiro, ela venderá uma quantidade suficiente das suas ações da Microsoft para atender à solicitação de fundos. É o que se chama de *sell out*.

"Mas espere aí", vocês dizem. "Não queremos vender as ações da Microsoft a $40. É muito pouco. Somos investidores de longo prazo e queremos ficar com as ações."

Pois é. Mas não com dinheiro emprestado.

Ao aceitar o empréstimo de uma corretora de valores para financiar uma compra de ações, vocês estão desistindo do controle sobre a sua conta. As corretoras têm o direito de fazer o *"sell-out"* das posições com margem em qualquer situação e não têm vergonha de exercer esse direito. Nos mercados voláteis de 2000, inúmeros investidores tiveram suas ações vendidas sem terem recebido nem sequer um telefonema. Para muitos, o 14 de abril de 2000 será sempre lembrado como o dia em que a margem os arruinou ("*margined-to-death day*"). Nesse dia, o Dow Jones Industrial Average e o NASDAQ bateram novos recordes de maiores quedas num só dia. Boas ações tiveram o seu preço reduzido à metade – e muita gente confiante descobriu, do jeito mais difícil, como pode ser perigoso investir com margem.

Quando se trata desse tipo de coisa, tenho uma regra muito simples: nunca compre ações se não puder pagar à vista. Se por alguma razão você tem mesmo que operar com margem, nunca deixe que essa margem exceda o equivalente a 10% do total da sua carteira.

Mais uma coisa: se a sua corretora insiste sempre para você comprar com margem, você tem uma corretora disposta a arriscar demais o seu futuro financeiro. Procure outra.

---

### ERRO Nº 5
### Começar a economizar dinheiro para a faculdade tarde demais.

---

Não se pode falar em planejamento financeiro para casais e não abordar a questão dos custos com educação. Mas antes de entrar em detalhes, há um ponto importante que desejo ressaltar. Vocês não devem sequer considerar a idéia de pôr de lado dinheiro para a faculdade dos filhos se já não estiverem pondo pelo menos 10% do que ganham numa conta de aposentadoria.

A cesta da segurança vem antes. Dinheiro para a faculdade dos filhos vem depois. Muitos pais sacrificam a sua segurança financeira pela educação superior dos filhos, e isso é um erro. O maior presente que vocês podem dar aos seus filhos é a certeza de que não serão um peso financeiro para eles. Se as coisas não correrem bem, os seus filhos sempre podem arrumar um emprego de meio período ainda no colegial e começar a poupar o próprio dinheiro para a faculdade. Há também bolsas de estudo e programas de empréstimo para estudantes que fazem por merecer.

Agora que eu esclareci o que vocês devem aos seus filhos em termos de educação superior, vamos falar de uma coisa que todo mundo sabe.

## FACULDADE É CARO... E FICA MAIS CARO A CADA ANO

De acordo com o College Board, o custo médio anual por aluno (incluindo mensalidades, alojamento, livros e transporte) numa faculdade pública no ano letivo de 2001-2002 era de $11.770. Nas faculdades e universidades particulares, esse número subia para $26.481. Isso é apenas a média. As instituições mais caras – um grupo que inclui as melhores escolas dos Estados Unidos – custam mais de $40.000 por ano.

Seja como for, é muito dinheiro. E a cada ano se torna pior. Segundo os especialistas, o custo da educação superior continuará a subir a uma taxa anual de 4% nos próximos anos. Portanto, planejar é importante.

---

### ERRO Nº 6
### Não ensinar os seus filhos a lidar com dinheiro.

---

De acordo com o National Council on Economic Education (Conselho Nacional de Educação Econômica), 66% dos alunos do nível médio entrevistados sobre princípios básicos de economia não passaram no teste. Os adultos não se saíram muito melhor: 57% também foram reprovados. Dois terços dos entrevistados não sabiam que em tempos de inflação o dinheiro não mantém o valor. Dois terços dos jovens não sabiam que o mercado de ações reúne as pessoas que desejam comprar ações com as que desejam vendê-las.

Acho esses resultados assustadores, e espero que vocês sejam da mesma opinião. Mas isso não basta. Precisamos fazer alguma coisa, senão a situação não vai mudar.

Quando você estava na escola, quantas aulas você teve sobre investimentos? Os seus professores alguma vez falaram sobre contas de aposentadoria e hipotecas? Sobre os prós e os contras das ações e dos títulos? Sobre o milagre dos juros capitalizados? Sempre que faço essas perguntas nos meus seminários, apenas uma pessoa em cada 20 responde que sim. Às vezes, são tão poucas as respostas que eu dou batidinhas no microfone e pergunto: "Será que essa coisa não está funcionando? Vocês estão conseguindo me ouvir?" Isso em geral provoca risadas... mas nenhuma resposta afirmativa.

Como isso pode acontecer? Como é que as nossas escolas, que supostamente nos preparam para o mundo real, não nos ensinam nada sobre dinheiro?

Um dos propósitos básicos da educação é preparar os alunos para serem adultos produtivos na sociedade. Nessa perspectiva, o sistema educacional está nos sabotando. As aulas sobre dinheiro deveriam ser obrigatórias nos currículos escolares de todo o país. Já na primeira série, as crianças deveriam aprender algumas noções básicas sobre finanças. E isso deveria continuar até o fim do curso colegial.

Quando eu estava nas últimas séries do ensino fundamental, nos anos de 1970, um acontecimento que mobilizava a escola inteira era o *Presidential Physical Fitness Test* (Teste Presidencial de Aptidão Física). Durante anos, eu quis ganhar a fita presidencial que provaria a minha aptidão física. Lembro-me da primeira vez que fiz o teste. Estava na terceira série e não consegui fazer uma única flexão de braços. Fiquei muito envergonhado, mas mais motivado do que nunca. Levou cinco anos, mas finalmente, na oitava série (a última série em que eu poderia participar do teste), alcancei o meu objetivo. Fiz tantas abdominais e flexões de braços que o professor de Educação Física parou de contar quando passei de 50 e disse: "Terminou."

Nunca me esquecerei do que senti ao cruzar a linha de chegada depois de correr uma milha em menos de seis minutos, que era o tempo máximo para a qualificação. Eu tinha conseguido. Atingi o meu objetivo de ser um "vencedor" do Presidential Physical Fitness. Agora, mais de vinte anos depois, eu me lembro desse momento como se tivesse acontecido ontem.

Por que estou divagando sobre isso? É porque tenho uma idéia. Assim como tivemos esse programa, que premiava a aptidão física, deveríamos instituir um programa chamado "Presidential Financial Fitness", para premiar a aptidão financeira. Deveríamos criar um programa obrigatório, a começar da primeira série, com contas bancárias especiais que despertassem o interesse das crianças por finanças pessoais, oferecendo a elas uma oportunidade de ganhar prêmios simbólicos. Todo mundo deve ter a chance de aprender a lidar com dinheiro, não apenas os filhos dos ricos (que, em geral, sabem muito bem como ensinar seus filhos a ficarem ainda mais ricos).

Nos Estados Unidos, a educação sempre foi o grande nivelador. Sempre pregamos que qualquer um pode ser qualquer coisa se tiver uma boa educação. Então, não vamos mais amarrar as mãos dos nossos filhos, empurrando-os para o mundo real sem saber nada sobre dinheiro. Vamos ensiná-los agora a viver bem e a ficar ricos!

## ATÉ QUE O GOVERNO DESPERTE...

No meio tempo, se vocês não começarem a falar com os seus filhos sobre dinheiro, ninguém vai fazê-lo por vocês. A questão é saber como começar.

Eu tive sorte na minha educação porque a minha avó Rose Bach e o meu pai, Marty Bach, começaram a me passar noções sobre dinheiro quando eu tinha apenas sete anos. Juntos, eles me ajudaram a fazer o meu primeiro investimento no mercado de ações (uma ação da McDonald's Corp.). Meu pai, que deu aulas sobre investimentos durante quase 30 anos, costumava me levar com ele nos seminários que fazia e conversava comigo sobre investimentos, sobre economia e sobre administração de dinheiro da mesma forma que falava com seus clientes.

Além disso, meu pai sempre compartilhou comigo e com a minha irmã Emily o que acontecia na vida financeira da família. Quando os negócios iam bem, ele explicava por que e como estava investindo o dinheiro da família. Quando as coisas ficavam difíceis (como ficaram algumas vezes), ele contava para nós o que tinha dado errado e o efeito que isso teria sobre nós.

Em resumo, dinheiro era assunto de conversa à mesa de jantar. Era um tópico comum, como, aliás, deve ser. Assim, o que não é de se surpreender, Emily e eu nos tornamos investidores e, mais tarde, assessores financeiros. O fato é que nós dois crescemos sabendo lidar com dinheiro e, como resultado, estamos ambos em ótima forma financeira.

Infelizmente, os pais em geral não passam para os filhos noções sobre dinheiro, como fizeram minha avó e meu pai comigo e com minha irmã. Digo "infelizmente" porque quanto menos uma criança souber a respeito de dinheiro, mais chances ela terá de fracassar financeiramente.

Mas ninguém precisa ser um profissional em finanças para ensinar os filhos a lidar com dinheiro. Vocês podem contar para eles que estão economizando para a aposentadoria e por quê. Podem discutir com eles como vocês lidam com o cartão de crédito e que tipo de investimentos estão fazendo. E podem lhes dizer que vocês fazem de tudo para que as suas práticas financeiras reflitam os seus valores.

Para começar esse processo, vocês podem mostrar aos seus filhos o gráfico da página 104, que ilustra o milagre dos juros capitalizados. Expliquem a eles que uma pequena economia mensal pode chegar muito longe. As crianças querem ficar ricas. E adoram aprender sobre dinheiro.

Aproveitem também toda a informação gratuita que se encontra hoje em dia na Internet. Há uma infinidade de grandes *websites* onde pais e filhos podem aprender juntos sobre dinheiro. De acordo com uma pesquisa recente, as crianças passam em média quatro horas e meia por dia jogando *videogames*, surfando aleatoriamente na Internet ou assistindo televisão. Então, façam com que os seus filhos passem 10 minutos todos os dias em *sites* que ensinem como viver bem e ficar ricos.

O principal é fazer com que os filhos façam parte do processo de planejamento financeiro da família. Lembrem-se: no fim das contas, vocês não podem proteger os seus filhos do "mundo real" se não ensinarem a eles como lidar com dinheiro.

---

**ERRO Nº 7**
**Deixar de assinar um acordo pré-nupcial.**

---

Os acordos pré-nupciais são um assunto delicado, mas nem por isso devemos ignorá-los. Cada vez mais comuns, embora ainda não sejam rotineiros, ele podem assumir várias formas. Tipicamente, o acordo pré-nupcial é um documento legal, feito por advogado, que você e o seu parceiro ou parceira negociam e assinam antes de casar. Ele estabelece os termos do casamento e especifica quem recebe o que em caso de divórcio. Alguns deles apenas relacionam os bens que cada um dos parceiros está trazendo para a união, ao passo que outros têm cláusulas detalhadas determinando exatamente quais serão as responsabilidades conjugais de cada parceiro.

## QUEM NÃO PRECISA DE UM ACORDO PRÉ-NUPCIAL... E QUEM PRECISA

Se nem você e nem o seu futuro cônjuge têm bens, tenho uma boa notícia para vocês: podem pular esta parte. Não há necessidade de escrever um documento legal dizendo como será dividido aquilo que vocês não têm. Mas se um dos dois tem muito mais coisas do que o outro, se ganha muito mais do que o outro ou se os dois têm posses significativas (como opções de compra de ações), então um acordo pré-nupcial é com certeza uma boa idéia. Ou seja, se houver alguma desigualdade entre a situação de um e de outro – digamos, um dos dois tem filhos de um casamento anterior ou um dia será o herdeiro de uma grande fortuna – vocês têm que se proteger com um acordo pré-nupcial.

Como eu já observei, mais da metade de todos os casamentos termina em divórcio. É triste, mas é verdade. E, o que é pior, os divórcios tendem a ser difíceis. Machucam emocionalmente e podem custar muito dinheiro. Não é que um acordo pré-nupcial torne fácil o processo do divórcio, mas como resolve de antemão todas as discussões sobre "o que é meu e o que é seu" – pode torná-lo menos difícil.

## MAS OS ACORDOS PRÉ-NUPCIAIS NÃO SÃO ROMÂNTICOS...

Não há como adoçar a pílula. Pedir ao amor da sua vida para assinar um acordo pré-nupcial em meio aos preparativos para o casamento não é mesmo muito romântico. Mas entregar 50% de uma fortuna que você ou os seus pais levaram uma boa parte da vida para construir, também não é muito divertido.

Apesar de ser tão difícil abordar esse assunto, sugiro que cuidem disso no começo do noivado (ou até antes). Não espere até a semana do casamento para dizer ao seu amado ou amada que você quer fazer um acordo pré-nupcial. Cada um tem que ter o próprio advogado, revisar o documento e fazer sugestões. Isso leva tempo. E não dá para abreviar o processo. Mais tarde, se o seu ou a sua "quase ex" alegar que assinou o acordo sob coação ou sem saber direito do que se tratava, o documento pode ser declarado nulo e sem efeito.

Portanto, tratem disso logo, cada um representado pelo próprio advogado Se os seus advogados não concordarem – e quase todos eles gostam de discutir – existem especialistas chamados árbitros pré-nupciais que ouvem os dois lados e então recomendam um acordo. Finalmente, não precisa achar que um acordo pré-nupcial deprecia o seu relacionamento. A verdade é que um acordo pré-nupcial pode ter um impacto muito positivo sobre o futuro. Ele pode forçá-los a lidar com os seus valores e objetivos financeiros desde o comecinho do casamento. Muitos casais descobriram que o acordo os aproximou ainda mais e os ajudou a levar mais a sério o seu futuro financeiro.

## O ACORDO PRÉ-NUPCIAL É UM PROBLEMA SÓ DE VOCÊS

Uma última palavra sobre o assunto: vocês têm o direito de manter esse assunto entre vocês. Se resolverem assinar um acordo pré-nupcial, isso não será da conta de ninguém – nem dos amigos, nem dos pais, nem de qualquer outra pessoa. Só de vocês dois. Vocês não precisam explicar nem justificar coisa nenhuma. Se os dois se sentem bem fazendo o acordo, é isso que importa.

---

**ERRO Nº 8**
Não ter um propósito que vá além de vocês mesmos.

---

Neste capítulo, falamos até agora da educação financeira dos filhos e de poupança para a faculdade. Nos capítulos anteriores, falamos sobre investimentos, sobre seguro e sobre como construir uma conta de aposentadoria de um milhão de dólares. Tudo isso é importante – e até mesmo essencial. Mesmo assim, há coisas mais poderosas do que o dinheiro quando se trata do seu sucesso a longo prazo como casal.

Os relacionamentos de longo prazo bem-sucedidos têm em comum algumas características. Depois de trabalhar com centenas de casais, entendi o que os realmente fortes têm em comum. Eles reconhecem a importância vital da paciência e da tolerância. Têm valores e objetivos em comum. Mas há uma coisa que chama a atenção: os casais realmente sólidos, que parecem ser mais felizes e realizados, são os que dedicaram a vida a um propósito maior. Esse propósito pode ser muitas coisas. Para alguns casais é a religião. Para outros, um projeto comunitário ou beneficente.

Acho que todos nós temos o impulso de dar à nossa vida um propósito maior. Só que, ocupados com o trabalho e com o progresso pessoal, nós acabamos nos convencendo de que esse propósito maior pode esperar até que tenhamos mais tempo. Talvez no próximo ano, dizemos, ou no outro ano, ou quando nos aposentarmos.

Gostaria de sugerir a você e ao seu parceiro ou parceira que parem de adiar. Em algum momento dos próximos 12 meses, escolham juntos um propósito e dediquem a ele um pouco de tempo (e talvez até um pouco de dinheiro). Descubram alguma coisa que não seja diretamente *para* a família, mas que *envolva* a família. Recentemente, Michelle e eu percorremos 575 milhas de bicicleta pelo estado de Montana (EUA), numa ação de combate à AIDS, que durou sete dias. O evento foi idealizado pela Pallota Team Works para despertar a consciência mundial para a questão da AIDS e para a necessidade de uma vacina contra a AIDS. Levantamos milhares de dólares para essa causa, treinamos durante quatro meses e tivemos uma grande experiência pedalando com 1.000 outros ciclistas. Essa semana mudou a nossa vida e planejamos repeti-la em 2002. Para mais detalhes sobre essa volta ciclística e outros eventos do mesmo tipo, visite www.bethepeople.com. Em 2002, formaremos uma equipe de ciclistas chamada Team HumanKind (Equipe Humanidade) para pedalar de Paris a Amsterdã. Se vocês quiserem se juntar a nós, visitem nossa página em www.finishrich.com, para obter maiores detalhes

Muita gente diz que não doa o seu tempo para uma causa beneficente porque não sabe como (ou onde) começar.

Perguntem aos amigos, perguntem na igreja, perguntem na escola dos seus filhos. Vocês vão se admirar com o número de organizações locais que precisam do seu tempo e da sua ajuda.

---

**ERRO Nº 9**
**Não conseguir descobrir quem é responsável pelo que.**

Nos meus seminários, nem sei quantas vezes os casais me pedem conselhos sobre a divisão de suas responsabilidades financeiras. O que é melhor? Contas individuais ou contas conjuntas? Que contas devem ser pagas por quem? É melhor juntar os dois salários ou mantê-los separados?

Quando Michelle e eu nos casamos, achamos que as respostas para esse tipo de pergunta eram óbvias.

"Querida", disse eu, "você deixa o seu dinheiro na sua conta e eu deixo o meu na minha conta, eu pago a maior parte das contas e você paga algumas contas e depois abrimos uma conta conjunta e começamos um plano de poupança para o "nosso" dinheiro, e quando a gente sair de férias..."

"Não, meu bem", disse Michelle, "é melhor pôr todo o nosso dinheiro em uma única conta. Afinal de contas, agora estamos casados e tudo deve ficar junto porque nos amamos e é isso que fazem os casais que se amam – e além do mais vai ser ótimo saber como todo o nosso dinheiro está sendo gasto."

Bem, talvez não seja tão óbvio.

De fato, como já disse no começo do livro, Michelle e eu tivemos a nossa primeira briga sobre este assunto. A questão é que você não deve supor que a sintonia entre vocês dois é total quando se trata de organizar as finanças e de saber quem será o responsável pelo quê. Se nunca fizeram isso, vocês dois têm que parar e resolver essas questões. A alternativa é o caos e, potencialmente, sérios conflitos.

Ora, não há uma "resposta certa" para um casal que pergunta como organizar as suas finanças. Mas depois de trabalhar como consultor financeiro para centenas de casais (não esquecendo que eu também sou casado), sinto-me seguro para propor as seguintes direções gerais:

1. **Cada um precisa ter o próprio dinheiro.** Mesmo que um de vocês não trabalhe, cada um tem que ter a própria conta bancária e os próprios cartões de crédito. Se Michelle me comprar um presente de aniversário, não quero saber quanto ela pagou. E também não preciso (e nem quero) saber com detalhes onde ela gasta o dinheiro dela. Não é problema meu. Da mesma forma, quero ter o meu espaço quando se trata de gastar o meu dinheiro. Não é uma questão de esconder alguma coisa: é que todos nós

precisamos de uma certa privacidade. Ter a própria conta nos dá uma sensação de espaço pessoal muito necessária.

2. **Cada parceria deve ter uma conta com o "nosso dinheiro".** Embora cada um deva ter a própria conta bancária, se a parceria é a longo prazo e é para valer, deve haver também uma conta conjunta. As despesas da casa, por exemplo, podem ser pagas por meio dessa conta. O dinheiro da cesta da segurança também pode ser depositado nessa conta. Michelle e eu temos atualmente **duas** contas com o "nosso dinheiro": uma para a cesta da segurança e outra para a cesta de sonhos. Pagamos nossas contas com a nossa "cesta da segurança" e temos sempre guardados pelo menos três meses de despesas (depois de pagas as contas do mês).

3. **Esclareçam quem é responsável pelo pagamento de quais contas.** Eu odeio pagar contas. Assinar cheques me deixa de mau humor. Por outro lado, também não gosto de ficar me perguntando se as contas foram ou não foram pagas. Quando Michelle e eu éramos recém-casados, eu pagava algumas contas e ela outras. Muitas vezes, uma das contas sumia numa fresta e ia parar na "terra do eu pensei que você tinha pago". Esse é um péssimo lugar porque leva a muitas discussões e a várias multas por atraso. No final, Michelle e eu decidimos que eu pagaria todas as contas. (Continuo odiando essa tarefa mas não preciso mais ficar me perguntando se ela foi feita ou não.) É claro que poderíamos ter decidido que Michelle pagaria todas as contas, que eu as pagaria num mês e ela no outro ou qualquer outro sistema. Mas o importante é que sentamos para conversar e resolvemos a questão. Não deixamos o pagamento das nossas contas ao acaso. Nem vocês devem fazer isso.

4. **Lembrem-se de que não há regras imutáveis.** Se juntar todo o dinheiro numa conta-conjunta é bom para vocês dois, ótimo. Se manter tudo separado funciona, também é ótimo. Em última análise, vocês precisam fazer o que funciona para vocês dois como casal. Mas tem que funcionar para *ambos*. Em muitos casamentos, a questão das contas bancárias e do pagamento das despesas da

casa é uma guerra que se repete todo mês. Não dá para ter um ótimo casamento ou relacionamento de longo prazo se todos os meses vocês brigarem sobre quem é responsável pelo que, no que diz respeito às finanças.

---

**ERRO Nº 10**
**Não procurar orientação financeira profissional.**

---

O fato de ainda estar lendo este livro me diz que você é uma pessoa séria em questões de dinheiro. Como eu já disse, muita gente que compra livros sobre finanças pessoais não lê mais do que alguns capítulos.

A esta altura, espero que você e o seu parceiro ou parceira estejam muito empolgados com o futuro e com o que poderão fazer com ele. Mas também é possível que estejam com a cabeça rodando com tantas informações. O planejamento financeiro não é algo que se domine em um dia, em uma semana e nem mesmo em um mês. É uma jornada que leva a vida inteira e, como nas viagens longas, muitas vezes é melhor contratar um guia.

É assim que vejo os consultores financeiros. Eles são como treinadores ou guias profissionais. Você e o seu parceiro ou parceira decidem juntos onde querem chegar e contratam um profissional para guiá-los ao longo do caminho que leva à riqueza.

Ora, há quem nasça para fazer tudo por conta própria. São pessoas que precisam fazer tudo sozinhas – inclusive administrar o próprio dinheiro. Se é o seu caso, congratulo-me com você. Espero que este livro o ajude a tomar decisões espertas sobre o seu dinheiro. Por outro lado, se vocês dois são pessoas que buscam conselhos e gostam de trabalhar com profissionais, contratar um consultor financeiro faz bastante sentido.

## OS RICOS CONTRATAM CONSULTORES FINANCEIROS

Os ricos quase sempre usam consultores financeiros. Não se trata da minha opinião: é um fato. Num estudo feito pela Dalbar, uma empresa de pesquisa, 89% dos investidores que têm carteiras que valem mais do que

$100.000 preferem contratar consultores financeiros. Isso é uma coisa em que vocês devem pensar, se ainda não são tão ricos quanto pretendem ser.

Contratar um profissional para ajudá-los não é sinal de fraqueza e nem de preguiça. Pessoas inteligentes e bem-sucedidas sempre contratam treinadores. Tiger Woods, um dos maiores jogadores de golfe de todos os tempos, ainda trabalha com um treinador. Ele não diz: "De golfe eu entendo tudo o que há para entender." Ele tem um treinador para ser cada vez melhor. Michael Jordan, o maior craque de basquete de todos os tempos, era devotado ao seu treinador, Phil Jackson, do Bull. A atriz vencedora do Oscar, Helen Hunt, até hoje trabalha com um ensaiador. Hoje em dia, alguns dos presidentes de empresas mais bem-sucedidos têm assessores de negócios.

Por que pessoas de sucesso contratam treinadores? Porque sabem que para alcançar resultados extraordinários é preciso continuar aprendendo e que um bom treinador torna o aprendizado muito mais fácil. Um bom treinador lhes proporciona *feedback* honesto e crítica objetiva. E consegue enxergar coisas que vocês não enxergam. Para alguns clientes, a minha função e o meu valor é simplesmente ser honesto e fazer as vezes de uma parede que rebate as suas idéias.

Então, como encontrar um bom consultor financeiro? Nem sempre é fácil e não tenho uma fórmula mágica para lhes oferecer. O que tenho são Oito Regras de Ouro para contratar um consultor financeiro que possa lhes facilitar o processo e, no final, ajudá-los a contratar o treinador perfeito.

## OITO REGRAS DE OURO PARA CONTRATAR UM CONSULTOR FINANCEIRO

---
**REGRA Nº 1**
**Contratar localmente.**
---

Pessoas do mundo inteiro me pedem para administrar o seu dinheiro. Mas quase sempre eu lhes digo que procurem um consultor no próprio quintal. E vocês devem fazer o mesmo. Por quê? Porque se pretendem pôr a sua fortuna nas mãos de um treinador financeiro, é melhor que possam trabalhar cara a cara com ele. Na minha opinião, é essencial que o consultor seja uma pessoa com quem vocês possam ter uma relação realmente forte – e com quem possam se encontrar umas duas vezes por ano. Cada vez mais, podemos todos nos encontrar rotineiramente através da Internet ou em videoconferências – mas quando se trata de construir confiança e compreensão, nada substitui o encontro pessoal com a pessoa ou a equipe que está lidando com o seu dinheiro.

Com isso, todas as sugestões que vou fazer são destinadas a ajudá-los a encontrar um consultor financeiro perto de onde vocês moram. O que não quer dizer necessariamente no mesmo quarteirão. Dependendo de onde vivem, contratar alguém "localmente" pode envolver uma viagem de algumas horas até uma cidade próxima. Mas o ideal é que não tenham que ir mais longe do que isso para encontrar alguém realmente competente.

---

**REGRA Nº 2
Peça uma indicação.**

---

Pode parecer clichê, mas a melhor maneira de encontrar um consultor financeiro da melhor qualidade é perguntar à pessoa mais rica que você conhece quem é o seu consultor. Não precisa ser um amigo: pode ser apenas alguém que conheçam, talvez o seu chefe. Em geral, as pessoas se sentem lisonjeadas quando alguém lhes pede conselhos e felizes de poder dar uma indicação. Então, é bem provável que a pessoa que você escolheu se disponha a telefonar para o seu assessor dizendo que vocês vão procurá-lo. De uma forma geral, a menos que tenham muito dinheiro, será difícil encontrar um bom consultor sem esse tipo de apresentação.

A verdade é que os consultores realmente bons trabalham com um limite mínimo – ou seja, só aceitam novos clientes que tenham uma quantia considerável de dinheiro para investir. Mas, com uma apresentação, a porta fechada pode se abrir. Por exemplo, se um cliente importante apresenta um amigo ou parente ao The Bach Group, estendemos o tapete vermelho para essa pessoa. Queremos manter nossos principais clientes felizes e isso significa também cuidar das pessoas que eles nos apresentam, mesmo que a conta esteja abaixo do nosso limite mínimo. É esse o poder de uma boa indicação feita pela pessoa certa.

> **REGRA Nº 3**
> **Conheça o histórico do consultor.**

Nada mais adianta se vocês não seguirem esta regra. Não importa a aparência de sucesso, a alta recomendação ou o nome conhecido – se vocês não verificarem o histórico do consultor, estarão arranjando problemas.

Há muitos consultores que parecem bem-sucedidos mas que, na verdade, são apenas bons vendedores. Alguns consultores parecem sinceros mas exageram a verdade, embelezando a sua experiência profissional e a sua formação acadêmica. Alguns são muito charmosos mas já foram alvo de denúncias por falta de ética. Alguns têm ficha criminal.

> **REGRA Nº 4**
> **Esteja preparado.**

Estar preparados significa ter à mão todos os documentos pertinentes. No Apêndice da página 248, há uma cópia da minha Planilha de Inventário (*FinishRich Inventory Planner*®), um organizador de documentos que vai ajudá-los a descobrir que papéis devem levar na primeira reunião.

Se vocês não se sentem à vontade para revelar suas informações financeiras pessoais para um consultor, ainda não estão prontos para contratá-lo. Mostrar os registros financeiros para o consultor é como mostrar o corpo para o médico. Para conseguir ajudá-lo, o profissional tem que fazer um exame completo. E não precisam ficar com vergonha. Como um médico, um consultor financeiro tem muitos "pacientes" – e a maioria é provavelmente pior do que vocês.

> **REGRA Nº 5**
> Informe-se sobre a filosofia do assessor.

Na primeira conversa com o consultor que pretendem contratar, perguntem-lhe sobre a sua filosofia de administração de dinheiro. Um profissional sério não vai se negar a explicar a sua abordagem de investimento de uma forma simples e coerente. Se ele não conseguir, é melhor fazer negócio em outra parte.

Vocês devem fugir dos vendedores. Um vendedor não vai expor uma filosofia. Um vendedor vai passar a maior parte do tempo falando aquilo que vocês querem ouvir: "Então o senhor gosta de negociar ações? Pois eu sou especialista em compra e venda de ações." "Então o senhor recebeu opções de compra de ações? Eu sou especialista em opções de compra de ações. O senhor está interessado numa anuidade variável? Na verdade, eu trabalho mesmo é com anuidades variáveis."

Você deve achar que eu estou exagerando. Mas não estou. Essa conversa é ensinada por treinadores de vendas. Um consultor que venha com essa mesma tática não serve para vocês. Um bom consultor vai usar a primeira reunião para examinar a sua situação financeira e pessoal. Vai fazer um monte de perguntas e não ficar só falando (ou seja, vendendo). Não vai se gabar do próprio desempenho. Se o consultor começar a conversa prometendo retornos elevados (digamos, mais de 7% a 12% ao ano), saia do escritório imediatamente e não olhe para trás. Hoje em dia, muitos consultores se valem das recentes altas do mercado para se passarem por magos dos investimentos.

Repitam comigo...

*O desempenho passado não é garantia de desempenho futuro!*

Um assessor confiável fala em "investimento real". Embora as ações tenham gerado um retorno anual da ordem de 18% nos últimos 10 anos, isso não significa que o mercado de ações vá continuar nesse mesmo ritmo. Na verdade, se é que significa alguma coisa, significa que não vai. No nosso escritório, nós não nos limitamos a mostrar que o mercado de ações teve um bom desempenho nos últimos 5 ou 10 anos. Isso faz com que as coisas pareçam "boas demais". Então, mostramos aos nossos possíveis clientes as taxas de retorno que têm sido a média do mercado de ações nos últimos 75 anos. Ao longo do tempo, o mercado gerou um retorno médio de 11% ao ano. E houve muitos anos – décadas até – em que as ações não deram dinheiro.

> **REGRA Nº 6**
> **Use a intuição.**

A primeira conversa com um consultor financeiro é como um encontro romântico. Como no encontro romântico, dá para saber de imediato se há uma ligação. Uma pequena voz interior lhe dirá: "Eu confio nessa pessoa, minha impressão é boa" ou "Não tenho certeza" ou "De jeito nenhum, meu caro".

Aja de acordo com o que sentir visceralmente logo no começo. Normalmente, sei nos primeiros 10 minutos se quero ou não trabalhar com alguém. Na verdade, já no primeiro contato telefônico, costumo sentir se vou gostar de trabalhar com aquela pessoa a longo prazo. Sempre que contrariei esse sentimento visceral, acabei tendo problemas com o cliente.

Ao contratar um consultor financeiro, lembre-se de que esse tende a ser um relacionamento de longo prazo. O ideal é que essa pessoa o ajude com o seu dinheiro durante décadas. Se logo de início essa pessoa não lhe der uma boa impressão, quando alguma coisa correr mal (como uma queda do mercado), a tendência é que pense logo em procurar outro consultor.

> **REGRA Nº 7**
> **Esteja preparado para pagar pela orientação.**

Consultores financeiros profissionais não orientam de graça. Isso parece óbvio mas, nesse mundo da Internet onde tanta coisa é grátis (ou objeto de grandes descontos), muita gente acha que pode ir ao escritório de um profissional financeiro e obter o benefício da sua experiência e conhecimento por nada. Só que não é assim que as coisas funcionam.

Então, como é que se paga por esse trabalho? Nos últimos anos, os serviços financeiros passaram por grandes mudanças, mas há duas formas de remuneração usadas pela maioria dos profissionais.

## COMISSÕES

Um assessor comissionado ganha uma determinada quantia cada vez que compra ou vende um investimento para você. Essa é a prática adotada pela maioria dos corretores de valores há mais de 100 anos, sendo também muito comum entre consultores financeiros.

O bom desse método é que pode ficar muito barato, desde que o consultor trabalhe com ética e não movimente a conta demais. Se vocês investirem, por exemplo, em 10 ações ou em meia dúzia de fundos mútuos e os mantiverem por vários anos, não terão que pagar muitas comissões. Infelizmente, há consultores financeiros que sucumbem à tentação de ficar movimentando o seu dinheiro – ou seja, de criar transações desnecessárias – só para ganhar a comissão. Essa prática, chamada *churning*, é ilegal.

Se um dia você desconfiar que a sua conta está sendo administrada dessa forma, pare de aprovar todas as operações e busque uma segunda opinião. Sempre fico chocado quando, ao conversar com um possível cliente, percebo que ele ou ela foi vítima dessa prática. Uma senhora que conheci há alguns anos me mostrou um demonstrativo de uma conta de corretagem com oito páginas cheias de confirmações de transações. Uma conta de $50.000 em valores tinha gerado $10.000 em comissões de corretagem. Fiquei revoltado. O corretor deve ter telefonado a ela todos os dias para fazê-la aprovar esse ridículo volume de movimentação.

Eu lhe perguntei como isso tinha acontecido e ela respondeu: "Pensei que era assim que funcionava."

Não cometa esse tipo de erro – um consultor honesto nunca movimentará a sua conta dessa forma. As comissões anuais sobre a carteira de investimentos não deve passar de 2% ou 3% do valor total da conta. Em outras palavras, a conta de $50.000 daquela pobre mulher deveria ter gerado $1.500 em comissões durante o ano... no máximo! Na verdade, o padrão do mercado é de menos de 1%.

Não me entendam mal. Há muitos consultores fantásticos por aí que cobram comissão. (No nosso grupo, ainda fazemos isso em alguns casos.) Mas se contratarem um consultor comissionado, verifiquem se ele é de confiança – e fiquem de olho no volume de transações.

## HONORÁRIOS

No caso do consultor trabalhar com honorários, você paga uma quantia fixa anual por todos os serviços prestados, incluindo a administração da conta, reuniões, propostas, relatórios de desempenho, etc. Em geral, os honorários têm uma proporção fixa – normalmente entre 1% e 2,5% – da quantia em dinheiro que o consultor está administrando. Assim, se vocês têm $100.000 para investir, o assessor cobrará de vocês de $1.000 a $2.500 por ano.

Até pouco tempo atrás, eram raros os consultores que trabalhavam com honorários. Hoje, quase todas as empresas de corretagem dos Estados Unidos adotaram essa estrutura de remuneração. E, com a concorrência, o valor dos honorários vem caindo rapidamente. Já é possível contratar um consultor profissional para administrar uma carteira de fundos mútuos profissionalmente estruturada por apenas 1% ao ano.

Quase todos os meus novos clientes pagam honorários. Tanto quanto eu saiba, essa estrutura tem muitas vantagens. Em primeiro lugar, não há conflito de interesses possível. Como a remuneração do consultor depende do valor dos seus ativos, é do interesse dele fazer o seu investimento crescer. Além do mais, os profissionais que trabalham com honorários recebem apenas quando os clientes ficam satisfeitos. Se investirem o dinheiro dos clientes com displicência, os clientes vão embora e os honorários param de entrar. Por isso, os consultores que cobram honorários tendem a priorizar a prestação de serviços. Para eles, um novo cliente representa mais do que uma venda isolada, já que o seu sucesso depende de relacionamentos de longo prazo. (Caso contratem um consultor que cobra honorários, informem ao contador que faz as suas declarações de imposto de renda porque muitas vezes os honorários pagos são dedutíveis.)

> **REGRA Nº 8**
> Se não tiver uma indicação, pesquise você mesmo.

Hoje em dia, há ótimos serviços para ajudá-lo a encontrar um consultor financeiro. Faça uma pesquisa e selecione alguns com possibilidades reais.

## TORNE-SE UM CLIENTE "A"

Não basta contratar um bom consultor financeiro. É preciso que o consultor que contratarem lhes dê toda a atenção – que os considere como clientes dos mais importantes. Muita gente acha que para ser importante para um consultor financeiro é preciso ter muito dinheiro. Mas isso não é verdade. Tenho clientes com ativos que vão de $25.000 a $100 milhões e posso lhes garantir que alguns dos menores são tão importantes para mim quanto os maiores.

O fato é que não é apenas o dinheiro que determina o grau de atenção que você recebe. É a forma de tratar o seu consultor financeiro que importa. Por exemplo, tenho uma cliente, Francine, que abriu comigo uma conta de apenas $1.000. Apliquei o dinheiro de Francine numa ação que triplicou de valor e, de repente, ela tinha $3.000. Eu tinha comprado essa mesma ação para quase uma dezena de outros clientes, que ganharam muito mais dinheiro do que Francine porque tinham investido mais. No entanto, depois que a ação subiu, Francine apareceu um dia no meu escritório com quatro garrafas de vinho para mim e para meus assistentes. Não sei quanto Francine pagou pelo vinho. Nem me lembro mais se era tinto ou branco. Mas lembro que esse pequeno gesto foi assunto de conversa durante semanas no nosso escritório. Foi uma coisa muito especial. E ainda falo disso (e estou escrevendo sobre isso) mais de seis anos depois.

Assim, quando o seu consultor financeiro fizer o seu dinheiro crescer, tirem um momento para lhe agradecer. É claro que esse é o trabalho dele (ou dela). Mas não há razão para não demonstrar a sua gratidão. Seja qual for o tamanho da sua carteira, um pequeno gesto, como um bilhete de agradecimento ou uma garrafa de vinho, pode fazer de vocês "clientes A".

Outra boa maneira de dizer "muito obrigado" a um consultor – e assim se tornar um "cliente A" – é arrumar novos negócios para ele (ou seja, recomendá-lo a amigos seus). Assim, além de demonstrar que gostaram do trabalho dele, vocês ajudam os amigos a pôr em ordem a vida financeira.

E não é apenas o consultor financeiro que deve ser alvo desse tipo de atenção. Aquele pequeno presente de Francine me fez perceber que eu nunca tinha mostrado minha gratidão a nenhum dos profissionais de quem dependo: meu advogado, meu contador, meu médico, meu barbeiro, o mecânico que cuida do meu carro – e a lista vai por aí afora. Por isso, há três anos comecei a mandar a todos bilhetes de agradecimento e, em alguns casos, uma cesta de Natal. Quando fiz isso pela primeira vez, meu médico me telefonou para agradecer. E sabem de uma coisa? Embora ele tenha sempre a agenda cheia por uns três meses, nunca mais tive que esperar para ser atendido. É só chegar e entrar no consultório. Meu mecânico emoldurou a minha carta de muito obrigado e pendurou na parede da oficina. Meu contador parece ter encontrado mais deduções nos impostos.

Não estou brincando. Graças aos meus bilhetes e lembranças, meu relacionamento com esses profissionais ficou diferente. Eles se lembram de mim porque fiz um pequeno gesto para dizer "muito obrigado". Experimentem fazer isso. Nossos pais estavam certos: dizer "muito obrigado" abre muitas portas.

## SEJA COMO FOR... NÃO DESISTAM!

Há um outro grande erro que os investidores cometem – um erro que pode ser o maior de todos. Eles desistem.

Logo no princípio deste livro contei a história da minha avó, que perdeu todo o dinheiro que tinha poupado e investido no primeiro ano. Essa experiência poderia tê-la convencido a parar de tentar. Ela poderia ter decidido que não valia a pena. Afinal de contas, ela tinha cometido grandes erros. Tinha investido em palpites, tinha usado um corretor medíocre e não tinha feito a própria pesquisa.

Quando ela me contou essa história, eu lhe perguntei o que a fez persistir depois daquele desastroso primeiro ano. Ela sorriu e disse:

"David, eu pensei na minha vida e disse a mim mesma: 'Rose Bach, se você quer ser rica, não se atreva a desistir agora.'"

Imaginem a força necessária para tomar essa decisão. Seus amigos a provocavam constantemente. "Ora, Rose", diziam eles, "venha almoçar conosco." Ou "Ora, Rose, não se preocupe com a sua aposentadoria, você tem a Seguridade Social". "Por que você se preocupa tanto, Rose? Deixe o futuro para depois." E por que os amigos não a apoiavam? Talvez por terem medo do que ela pudesse realizar – medo dela conseguir ficar rica e eles não.

Lembrem-se: a escolha é sua – podem aceitar o que têm ou então decidir viver a vida com um plano e um propósito – ou seja, plenamente. Manter a decisão de ir atrás do que querem nem sempre é fácil. Vocês cometerão erros – espero que não os que listei acima, mas com certeza cometerão alguns erros. Mas tudo bem. Na verdade, isso é perfeitamente normal. O importante é aprender com os erros, dar a volta por cima e seguir em frente. Como tudo o que vale a pena, viver bem e ficar ricos exige empenho. Mas se é isso que você e o seu parceiro ou parceira realmente querem, do fundo do meu coração eu sei que, trabalhando juntos, vocês conseguirão.

NONO PASSO

## AUMENTE OS SEUS GANHOS
## EM 10% EM NOVE SEMANAS

NOS ÚLTIMOS OITO CAPÍTULOS, falamos de práticas e técnicas destinadas a ajudá-los a viver bem e a ficar ricos. Como eu disse várias vezes, se vocês seguirem algumas delas, já estarão em melhores condições do que 90% da população. Se puserem todas em prática, terão uma grande chance de chegar ao topo, onde estão 1% das pessoas.

Mas agora quero lhes ensinar um segredo. Por mais importantes que tenham sido os oito passos anteriores, é provável que nenhum deles tenha o impacto imediato do que vou lhes mostrar neste passo final da nossa jornada – ou seja, como vocês dois podem aumentar os seus ganhos em 10% ou mais em apenas nove semanas.

Mas esperem um pouco. Eu não disse tantas vezes que o tamanho do seu salário não importa? Que se vocês fizerem as coisas certas (como "se pagar primeiro" 10% do que ganham), já terão o suficiente para ficar ricos?

É verdade. Eu disse. E acredito do fundo do meu coração que a maioria das pessoas ganha o suficiente para fazer fortuna se souber usar o dinheiro e investir com sabedoria. Mas eis aqui uma outra verdade. Se eu conseguir lhes mostrar como podem aumentar a sua renda em 10% nas próximas nove semanas e se vocês fizerem todas as outras coisas que discutimos neste livro, não apenas a sua chance de viver bem e ficar ricos aumenta sensivelmente, mas vocês ficarão ricos mais depressa. Isso porque nada fará a sua riqueza crescer mais depressa do que um aumento no que ganham.

## VOCÊ MERECE UM AUMENTO!

Quero fazer uma pergunta a vocês dois: um de vocês, ou os dois, merece um aumento?

Ao longo dos anos, fiz essa pergunta centenas de vezes nos meus seminários. O interessante é que quando pergunto a uma sala cheia quem se acha mal remunerado, a maioria – às vezes *todo mundo* – levanta a mão. O fato é que quase todo mundo se acha mal remunerado. Incluindo quem trabalha por conta própria. (Como pode ganhar pouco alguém que trabalha por conta própria? É muito fácil: essas pessoas podem estar trabalhando demais pelo que ganham, possivelmente porque não cobram o suficiente pelos seus produtos e serviços.)

Mas vamos voltar à minha pergunta. Você e o seu parceiro ou parceira estão ganhando o que merecem? É quase certo que a resposta seja não. É quase certo que o aumento deveria ter vindo há muito tempo e que vocês sabem disso. É aí que está o problema. Um aumento não cai do céu. Temos que ir atrás.

Com isso em mente, quero que vocês se concentrem em duas coisas: (1) vocês merecem ganhar mais do que ganham atualmente; e (2) vocês podem resolver essa situação.

Essa idéia simples – seja você empregado ou empregador, é você que controla quanto ganha e quando terá um aumento – é a base de um conceito que chamo de ProActive Income® (Ganhos ProAtivos). Criei esse princípio há alguns anos para ajudar meus alunos e clientes a enxergar os seus ganhos como parte dos seus planos financeiros. A meta dessa abordagem é simples... e empolgante: assumindo que têm o controle da situação, vocês podem aumentar proativamente os seus ganhos em 10% ou mais a cada ano.

> **NOTA IMPORTANTE**
>
> O mercado de empregos [nos Estados Unidos] mudou drasticamente desde que *Casais Inteligentes Ficam Ricos* foi lançado em edição encadernada. Saímos da explosão das *"dot-com"* para o "fracasso das *dot-com bust"*. As empresas dispensaram milhares e milhares de trabalhadores. O resultado é que, nessa economia em retração, você acaba ouvindo que "tem sorte" de ter um emprego. Não caia nessa. A parte mais difícil de qualquer negócio é encontrar gente boa. Gente boa que sua a camisa e agrega valor tem aumento até quando a economia vai mal. Em geral, os empregados que sobreviveram às demissões de 2001 estão agora, em 2002, em melhores empregos e com melhor remuneração. E você? Não deixe que a economia ou uma recessão desacelere o seu progresso.

## NÃO RECEBEMOS O QUE MERECEMOS... RECEBEMOS O QUE PERSEGUIMOS!

Muita gente administra a carreira, mas se esquece de administrar o salário. Imagine o seguinte cenário: você suou a camisa nos últimos seis meses e está exausto. Tem feito semanas de 50 horas, tem trabalhado nos finais de semana e até tarde da noite para ajudar a empresa a crescer. Um belo dia, você chega ao escritório e o encontra decorado para uma festa. Há balões, um bolo e, quando você se aproxima da sua mesa, os colegas se levantam de trás de suas divisórias e gritam "Surpresa!". Seu chefe aparece, abraça-o e diz: "Devido ao seu trabalho e dedicação, esta empresa alcançou resultados nunca antes alcançados. Por isso, queremos que você tire uma semana a mais de férias e, se nos permitir, gostaríamos de lhe dar um aumento de 20%."

Você consegue imaginar uma cena dessas? Provavelmente não. Tudo bem, porque essa fantasia maravilhosa não vai acontecer. E caso trabalhe por conta própria, também não é nada provável que uma coisa dessas aconteça. Não é provável que algum cliente apareça um dia e diga: "O seu trabalho foi tão bom que decidimos pagar mais pelos seus serviços. Por favor, aumente os seus preços em 10% no nosso próximo pedido."

A realidade é que só há um jeito de ganhar mais dinheiro: decidir que, de agora em diante, vocês começarão a administrar proativamente as suas carreiras e os seus ganhos.

## O PODER DO RENDIMENTO PRÓ-ATIVO (*PROACTIVE INCOME*®)

O bom de conseguir um aumento é que o resultado financeiro aparece na mesma hora. Muitas das capacidades e estratégias que lhes ensinei neste livro levam algum tempo para produzir resultados visíveis. Por exemplo, o poder dos juros capitalizados é uma coisa fantástica, mas leva anos para se tornar palpável. Conseguir um aumento leva 48 horas. Se você tem o próprio negócio, decide elevar os seus preços em 10% e o cliente seguinte concorda com os novos preços, o resultado é imediato.

Mas há mais. O mais importante é a experiência em primeira mão do poder do gerenciamento proativo. É inacreditável o impacto que esse conceito tão simples pode ter. Eu lhes garanto – ele vai mudar a sua visão mais do que qualquer outra coisa. Ao provar que conseguem aumentar seus ganhos em 10% em apenas nove semanas, vocês perceberão que controlam o seu futuro financeiro. Que, na verdade, quem manda são vocês.

## O QUE ISSO SIGNIFICA EM DÓLARES E CENTAVOS

Se vocês dois aumentarem seus ganhos em 10% a cada doze meses, estarão a caminho de duplicar o que ganham em sete anos.

Pensem no impacto que isso teria sobre a vida de vocês.

Hoje em dia, a maioria dos trabalhadores tem aumentos anuais de 3 a 4%. O que estou sugerindo não é um salto tão grande assim. Na verdade, a minha sugestão de 10% é só um mínimo. Vocês dois, ou ao menos um de vocês, podem com certeza pedir mais. Por que não aumentar seus ganhos em 30% neste ano? Muita gente faz isso. Uma das maiores questões morais nas grandes empresas é que os novos empregados em geral ganham 30% a mais do que os antigos, com até 10 anos de casa.

O que isso lhes diz? Diz que a vida não é justa. Que a lealdade não é recompensada. Mas, em vez de reclamar, por que não tirar vantagem dessa situação sendo aquele tipo de empregado que vai em frente e consegue o aumento? Em vez de ficar vendo isso acontecer com os outros, vocês podem resolver que vão fazer com que aconteça com vocês. Lembrem-se: aumentos não caem do céu. É preciso ir atrás.

## POR QUE O MEU EMPREGADOR ME DARIA 10% DE AUMENTO?

Se você é bom no que faz e adiciona valor real ao negócio do seu empregador, a chance de conseguir um aumento nas próximas semanas é muito alta. Por outro lado, se você não é bom no que faz e não adiciona valor real ao trabalho, a chance de conseguir um aumento são pequenas. É incrivelmente simples. Muitas empresas que oferecem aos novos empregados 30% a mais do que ganham os empregados antigos têm o objetivo proativo de se livrar dos 25% inferior da sua força de trabalho. Isso porque percebem que é mais barato pagar mais por um empregado de alto nível que produza resultados rápidos e constantes do que tentar aumentar a capacidade de um empregado medíocre que está no emprego há anos.

Assim, antes de ir lá e pedir um aumento, pergunte a si mesmo honestamente: você vale esse aumento? Se a resposta for sim, é muito mais provável o seu chefe lhe dar um aumento do que sair procurando um substituto para a sua vaga. Muitas vagas no mercado de empregos atual são preenchidas por agências ou caça-talentos, cuja remuneração é baseada nos salários das posições que preenchem. Em geral, essa comissão é de mais de 30%, o que significa que a substituição de um funcionário que ganha $50.000 ao ano pode custar mais de $15.000. E isso não inclui treinamento e perda de produtividade. Feitas as contas, seu patrão pode gastar $150.000 para encontrar uma pessoa e prepará-la para ocupar o seu lugar (e mesmo assim nada garante que essa pessoa seja tão boa quanto você).

De repente, o seu pedido de 10% de aumento começa a parecer razoável, não é? Ótimo. É como vocês dois têm que pensar.

## VOCÊ NÃO CONHECE A EMPRESA ONDE EU TRABALHO... ELES NÃO DÃO AUMENTOS DE 10%

Muita gente contesta o meu conceito de ProActive Income sob o pretexto de que em algumas empresas ninguém tem 10% de aumento – nunca. Num dos meus seminários, uma mulher disse: "Na empresa onde eu trabalho, eles têm uma política de nunca dar mais do que 4% de aumento anual. É assim que é e nunca vai mudar." Em outro seminário, outra mulher fez uma observação semelhante. "Lá onde eu trabalho, todo mundo faz parte de um sindicato e os salários são fixados num contrato assinado por três anos."

Nos dois casos, a minha resposta foi a mesma: "Senhoras, isto é a América. Ninguém as obriga a trabalhar onde trabalham. Foram vocês que *decidiram* trabalhar lá. Se ficam num emprego onde têm um aumento anual fixo, sem *qualquer possibilidade* de ganhar mais, vocês não estão apenas deixando de ganhar o que talvez mereçam, mas abrindo mão da paixão pela vida."

Perguntei à mulher que trabalhava na empresa com o teto de 4% se ela era apaixonada pelo seu trabalho. "Acho difícil ter motivação quando sabemos que o nosso esforço nunca será recompensado. Você não acha?"

Ela me olhou zangada e disse: "Acho. É uma frustração enorme. Não tenho nenhuma motivação para fazer um bom trabalho."

"Em outras palavras", respondi, "você está sendo motivada a fazer um trabalho medíocre. O que significa que está sendo motivada a ser uma pessoa medíocre, o que é uma das piores maneiras de se viver."

Agora a mulher estava realmente incomodada. "Eu não me considero medíocre", protestou ela, "mas será que *você* se esforçaria, no meu lugar?"

"Claro que não", disse eu. "Eu pediria um aumento bem maior e, caso não conseguisse, começaria a procurar uma nova oportunidade de trabalho."

## HÁ MOMENTOS EM QUE VOCÊ NEM PRECISA AMEAÇAR IR EMBORA

Os gerentes são pagos para dizer, "Desculpe, mas é assim". Mas as empresas abrem exceções às suas políticas o tempo todo. Funcionários que procuram a gerência com idéias para aumentar a eficiência da empresa – ou que mostram aos seus patrões que são capazes de aumentar os lucros – descobrem que a política de aumentos anuais fixos não é tão rígida quanto pensavam.

É importante também não desistir no caso do seu primeiro pedido de aumento (ou da sua primeira sugestão para aumentar os lucros), não dar certo. O fato de não ter dado certo dessa vez não significa que não dará certo na segunda vez. Ou na terceira. Lembre-se de que é dos seus rendimentos que estamos falando. Vale a pena brigar por eles. Isso é ser proativo. Não se envergonhe de pedir mais dinheiro. Você merece.

## COMO CONSIGO UM AUMENTO SE TRABALHO POR CONTA PRÓPRIA?

Quem trabalha por conta própria pode se dar um aumento aumentando o que cobra pelos produtos e serviços que fornece. Se você cobra $40 a hora, aumente o seu preço em 10% e comece a cobrar $44 a hora. Um paisagista que trabalha para mim aumenta seus preços em 5% a cada seis meses. Às vezes ele menciona um motivo, como um aumento do preço do combustível ou do fertilizante. Mas em geral os aumentos são tão graduais que quase não percebo.

Foi só quando parei para pensar nesse assunto é que percebi que os seus preços tinham duplicado em menos de cinco anos. É por isso que ele consegue comprar um novo carro esporte a cada ano. Proativamente, ele se tem dado um aumento de mais de 10% ao ano, desde que o conheço. Muito esperto. Mas sabe do que mais? Você pode fazer a mesma coisa. E o seu parceiro e parceira também, é claro. Então, quero que aumentem seus preços em 10% a partir de agora. Se você acha que não consegue, aumente em 5% e estabeleça a meta de um novo aumento de 5% dentro de 12 meses. Em um ano, você se terá dado um aumento de 10%.

Bem, já tratamos da maior parte das questões básicas. Vamos agora ao que é específico. Vamos ver como incrementar os seus ganhos em 10% no mínimo nas próximas nove semanas.

### O PLANO *PROACTIVE INCOME* DE NOVE SEMANAS

> **PRIMEIRA SEMANA:**
> Caia na real.

Chamo a Primeira Semana de "hora da realidade" porque o nosso plano começa com uma conversa brutalmente honesta entre vocês dois a respeito de como cada um está se saindo atualmente em sua respectiva carreira.

A questão não é derrubar um ao outro e nem ficar repisando o que cada um deveria ter feito no ano passado ou retrasado. O passado é o passado. Você não pode voltar para trás e conseguir um aumento para ganhar mais nos últimos cinco anos. Vocês dois precisam focalizar o dia de hoje e o que é possível fazer amanhã. Para isso, o melhor jeito é dar um passo atrás e examinar a situação com o máximo de objetividade.

Eis o que vocês devem focalizar.

## QUANTO VOCÊ GANHA POR HORA?

Se você recebe um salário mensal, isso é fácil de calcular – mas tem que ser do jeito certo. Ou seja, é preciso descobrir quantas horas você realmente trabalha na semana. Hoje em dia, muita gente é paga por uma semana de 40 horas de trabalho mas na verdade trabalha de 45 a 60 horas por semana. Além disso, muita gente sai do escritório, vai para casa e ainda trabalha mais algumas horas pela Internet, no próprio computador. Ou tem sempre um telefone celular ou *pager* por perto para ficar em contato com o escritório – o que equivale a dizer que não importa onde esteja ou o que esteja fazendo, está sempre trabalhando. Você tem que saber quanto ganha por hora para poder estabelecer o valor da sua capacidade e do seu tempo. Portanto, seja honesto. Qual é o preço real da sua hora de trabalho?

O poder de saber o quanto vale a própria hora de trabalho me causou impacto outro dia quando recebi uma conta de $95 de um encanador que foi à minha casa para resolver um problema, o que não lhe tomou mais de sete minutos.

Fiquei chocado com o preço. "Mas você só gastou sete minutos", eu lhe disse.

Ele encolheu os ombros. "Não importa se gastei 7 minutos ou 59 minutos e 30 segundos. Cobro $95 a hora, com um mínimo de uma hora.

Não pude evitar de sorrir. O cara sabia o valor do seu tempo. Coisa que você também precisa saber. Ao fazer essa conta, muita gente descobre que está ganhando muito menos do que pensava. Em geral, isso acontece porque trabalha 60 horas por semana e recebe apenas 40. (Por outro lado, pessoas que vivem à toa no escritório podem descobrir – se forem honestas a respeito do tempo que realmente trabalham – que estão sendo muito bem pagas.)

## VOCÊ TRABALHA PARA UMA BOA EMPRESA?

A esta altura, você já deve saber se trabalha ou não para uma boa empresa, ou seja, uma empresa com um futuro brilhante que lhe oferece uma oportunidade de crescer. Seja honesto. A menos que você já seja rico e independente, você trabalha com o objetivo de ganhar dinheiro. Em outras palavras, você troca o seu tempo livre por um salário. Se trabalha para uma empresa pobre – ou mesmo uma empresa média – você tem um problema.

Pior ainda é trabalhar numa empresa que está decaindo. Tive amigos empregados em empresas que estavam morrendo: trabalhavam cada vez mais a cada ano para conseguir apenas ficar empatados. Outros amigos conseguiram se colocar em empresas em crescimento e, por estarem no lugar certo e no momento certo, duplicaram, triplicaram e até quadruplicaram seus ganhos num espaço de tempo notavelmente curto.

Se atualmente um de vocês trabalha num "navio que está afundando", ainda assim deve ir atrás daqueles 10% de aumento, mas deve também buscar outra linha de trabalho, o mais depressa possível. Quando se trata da sua carreira, não há honra alguma em naufragar junto com o navio.

## VOCÊ ESTÁ AGORA NO MODO DE RECLAMAÇÃO OU NO MODO DE AÇÃO?

As duas primeiras perguntas podem chamar a sua atenção para coisas que podem estar erradas na sua carreira. Mas podem também fazer com que descubra que o seu trabalho é muito bom. Seja como for, nesta primeira semana o importante é avaliar a sua situação.

Mas, quando terminar de pensar, você vai ter que agir. A verdade é que, para conseguir ganhar mais, vocês dois precisam estar no que chamo de "modo de ação". Infelizmente, muitos não estão. Há muita gente que vive no "modo de reclamação".

O modo de reclamação é um estado perigoso. Além de aborrecer a família e os amigos, reclamar ativamente o impede de progredir.

As pessoas no modo de reclamação dizem coisas do tipo:

- O projeto em que eu estou trabalhando é inútil.
- Minha capacidade (ou contribuições) nunca é apreciada.

- Fico muito tempo no trânsito para ir trabalhar.
- Os administradores da empresa não sabem o que fazem.
- Meus colegas não têm pique.
- Meu patrão é um idiota.
- Meu emprego é uma droga.

Você entendeu.

Há quem transforme a reclamação num passatempo. Se você pergunta a uma pessoa assim como ela vai, ouve uma litania de reclamações. O pior é que isso pode se tornar contagioso. Se você convive com um reclamador, pode de repente começar a responder às reclamações que ele faz com uma lista das suas próprias reclamações, só para não ficar de fora. Muitas crianças assimilam isso e começam a reclamar da escola durante o jantar. Há casais que "reclamam em grupo" nos fins de semana: reúnem-se para jantar e falam das coisas terríveis que agüentaram durante a semana e de como é curto o fim de semana.

É muito engraçado, quando se observa à distância.

Eu não estou acusando ninguém. Eu também já fiz isso. A questão é que, cedo ou tarde, você tem que encarar o fato de que reclamar não leva a lugar nenhum. Portanto, se há um reclamador na sua vida – ou se for você esse reclamador ou reclamadora – esta é a sua palavra de ordem a partir desta semana: "Reclamar nunca mais!" Ou, como diz Michelle, *"Deixa pra lá!"* (Ela fala isso de um jeito arrastado que sempre me faz sorrir. E quase sempre calo a boca.)

Então, eis o trato: vocês ganharam uma semana de lambuja. Durante os primeiros sete dias do nosso plano de nove semanas, podem examinar os problemas que têm no trabalho e reclamar deles. Mas, depois da Primeira Semana, 110% do seu tempo e dos seus esforços devem ir para a ação.

> **SEGUNDA SEMANA:**
> Escreva exatamente o que você quer.

Conseguir os seus 10% de aumento é como alcançar qualquer outro objetivo. O primeiro passo para tornar isso real é pôr no papel. E não é para pôr no papel uma vaga esperança, mas uma descrição específica, detalhada e com um prazo final.

Assim, quero que na Segunda Semana vocês dois escrevam o seguinte, cada um na sua folha de papel: quanto você ganha agora, quanto de aumento está pretendendo, quanto ganhará depois de conseguir o aumento, quando planeja começar a agir e quando espera atingir o seu objetivo (ou seja, obter o aumento). A última parte é especialmente importante. Se você não estabelecer um prazo final, o processo não vai funcionar. Sem um prazo final, você não está fazendo nada – está apenas desejando.

Quando tiver toda essa informação escrita, assine e date essa folha de papel e faça com que o seu parceiro ou parceira assine como testemunha. Assim, você vai se sentir ainda mais comprometido.

O seu papel deve ficar mais ou menos assim:

---

NOME: Julie King

SALÁRIO ATUAL: $50.000 POR ANO

PERCENTUAL DE AUMENTO QUE PRETENDO: 10%

VALOR DO AUMENTO EM DÓLARES: $5.000

DATA INICIAL: 08/01/2001

DATA FINAL: 10/01/2001

ASSINATURA: _____

ASSINATURA DO(A) PARCEIRO(A): _____

---

Quando terminar, faça várias cópias e coloque-as em lugares em que você passa constantemente: cole uma delas no espelho do banheiro, outra no criado-mudo, outra na porta da geladeira, guarde uma quarta na carteira ou na bolsa.

É óbvio que não leva uma semana para fazer esse exercício. Na verdade, não leva mais do que alguns minutos. Mas se você levar uma semana para se resolver a fazer, tudo bem. O importante é que, no final da semana, você tenha posto o seu objetivo por escrito numa folha de papel e afixado essa folha de papel onde possa vê-la.

Pode parecer bobagem, mas se vocês não fizerem esse exercício, o resto do processo não vai funcionar porque o seu subconsciente não acreditará na sua seriedade. Acredite em mim. Se você terminar o exercício no primeiro dia da Segunda Semana e quiser ir para a Terceira Semana, tudo bem. Mas não pule esta parte só porque ela parece tão fácil. No Apêndice (página 253), há um formulário em branco do Rendimento Proativo (*ProActive Income*) que você pode preencher e usar.

> **TERCEIRA SEMANA:**
> **Arrume a bagunça.**

Nada mudará mais depressa a sua atitude com relação à vida e ao trabalho do que arrumar a sua bagunça. Se vocês são pessoas normais, a sua vida – tanto em casa quanto no trabalho – é provavelmente muito mais bagunçada do que gostariam que fosse. Ter uma casa cheia de coisas é um direito que vocês têm, mas se o seu escritório ou a sua mesa de trabalho estiverem atulhados, isso pode lhes custar dinheiro – e possivelmente um aumento.

Não estou brincando. Se o espaço onde você trabalha é uma bagunça, todo mundo no escritório percebe e o julga por isso. E não sem razão, já que um espaço de trabalho desorganizado significa que você deve estar desperdiçando o seu tempo – e perdendo dinheiro – procurando entre coisas. Isso é um fato. De acordo com a American Demographics Society, os norte-americanos desperdiçam um total de 9 milhões de horas por dia procurando coisas que estão fora do lugar. O especialista em eficiência Jeff Mayer, autor de *Time Management for Dummies*, diz que as pessoas passam, em média, uma hora por dia procurando papéis *que estão em cima da mesa*. Na mesma linha, o *Wall Street Journal* relatou que o executivo médio norte-americano perde seis semanas por ano procurando informações perdidas.

Em resumo, nada bloqueia mais o caminho para ganhar dinheiro novo do que uma velha bagunça. Infelizmente, saber se organizar não faz parte do currículo escolar e raramente se fala nisso no trabalho. O resultado é que a maioria improvisa. Mas há livros inteiros sobre o assunto e há cursos que ensinam a se organizar. Mas eis um jeito simples de desencadear o processo. Vá ao seu local de trabalho neste fim de semana e passe um dia inteiro fazendo uma arrumação. Eu lhe garanto que a mudança vai turbinar a sua atitude e a sua produtividade no trabalho. Na verdade, além de mudar de emprego ou de carreira, dificilmente haverá outra coisa que tenha tanto impacto na sua vida profissional quanto limpar o seu escritório. E isso se aplica também aos razoavelmente organizados.

Aprendi o valor de limpar o meu escritório do "jeito certo" há cerca de três anos. Até então eu era um verdadeiro colecionador de lixo. Eu tinha relatórios de pesquisa e exemplares antigos do *Wall Street Journal* em pilhas de quase um metro de altura. Cada centímetro de cada superfície tinha alguma coisa em cima. Por isso, eu começava o dia de trabalho me sentindo sobrecarregado e terminava exausto.

Não mais. Hoje o meu escritório é impecável e minhas gavetas são quase vazias. Quando entro no escritório, sinto-me aliviado. Só isso já faz com que eu me sinta mais positivo e mais produtivo, e sei que isso me permitiu ganhar mais.

Eis como eu consegui.

## SEIS HORAS PARA UM ESCRITÓRIO LIMPO

A menos que o seu escritório pareça ter sido atingido por um terremoto, este exercício não vai lhe tomar mais de meio dia. Caso ele pareça ter sido atingido por um terremoto, então este exercício é ainda mais necessário, leve quanto tempo levar.

Mas lembre-se: você tem que limpar o escritório num fim de semana e não durante o horário de trabalho. Vista *jeans* e camiseta. Leve música para ouvir, um lanche, caixas de papelão e sacos de lixo – e tire o dia para isso. Pode ser que você consiga fazer tudo em meio dia mas, mesmo que precise trabalhar até a noite, estabeleça como meta terminar o projeto de limpeza num único dia. Assim, você sabe que vai entrar de um jeito e sair de outro – ou seja, com a tarefa terminada. Isso é importante para o seu moral.

Agora pegue os sacos de lixo e comece a jogar coisas fora.

**Comece com o que você tem em cima da mesa.** Pegue papéis, memorandos, pastas, tudo o que estiver em cima da mesa e ponha numa caixa (ou em várias, se for necessário). Tudo. Quando terminar, o tampo da mesa – que provavelmente você não via há mais de um ano – deve estar vazio. Quero então que você dê brilho no tampo da mesa. Não se preocupe com todas aquelas coisas nas caixas. Vamos chegar lá. Por ora, dê brilho na mesa. Você vai ver como é revigorante ver o escritório limpinho de repente.

**1. Leve as caixas que acabou de encher para uma sala de reunião (ou outro lugar espaçoso).** Examine todos os papéis que você tirou de cima da mesa, folha por folha. Jogue fora memorandos, relatórios, qualquer coisa com mais de 30 dias que você não tenha lido. Se você não leu na hora porque não era importante, agora é muito menos. Jogue fora tudo o que você não seja legalmente obrigado a guardar ou que não seja essencial para a sua carreira. Aposto que 75% do que estava em cima da mesa pode ser jogado fora. Pegue o que precisa guardar, ponha em pastas com etiquetas de identificação *e ponha as pastas numa gaveta de arquivo*.

**2. Ataque em seguida as gavetas da sua mesa.** Abra cada pasta e pergunte-se: "Quanto tempo faz que eu não abria esta pasta?" Se fizer mais de um ano e se você não precisar, legalmente, manter os documentos que há nela, jogue-os fora. Se for necessário guardar o documento, pergunte-se se precisa guardar também os outros papéis que estão na pasta. O mais provável é que não precise. Seja inflexível nesse ponto e jogue fora tudo o que não seja absolutamente necessário. Em poucas horas você vai livrar metade do espaço ocupado pelos seus arquivos.

**3. Leve para casa todas as lembranças pessoais de que não gosta.** Ao remover coisas velhas do escritório, você ficará motivado a trazer coisas mais atuais. Renove as plantas, traga quadros novos. Se você passa de 40 a 50 horas por semana no seu escritório – como quase todo mundo – transforme-o num ambiente que você ama e não que apenas tolere.

**4. Comprometa-se a manter o seu novo escritório limpo... limpo.** Vamos enfrentar os fatos. A menos que você modifique radicalmente os seus hábitos, o seu novo escritório limpo ficará bagunçado em menos de nove semanas. Não deixe que isso aconteça. Todo mundo conhece gente bagunceira que diz: "É assim que eu sou. Não tenho tempo para ser arrumadinho." Isso não é desculpa. A verdade é que um escritório limpo pode ajudá-lo a ganhar mais dinheiro. É verdade também que, quanto mais alto se olha, na estrutura do poder corporativo, mais limpo é o escritério. Não acho que isso seja uma coincidência. Clientes e colegas de trabalho levam você mais a sério e o respeitam mais se o seu local de trabalho estiver limpo e com aparência profissional.

## JOGUE FORA E OBSERVE SE VOLTA...

Um executivo bem-sucedido contou-me uma vez que joga fora toda a correspondência interna. Quando lhe perguntei o que aconteceria se jogasse fora alguma coisa importante, ele respondeu: "David, 95% das coisas que circulam nas empresas são desnecessárias. Alguém é pago para criar essas coisas, imprimir essas coisas, organizar e distribuir essas coisas. São coisas que ninguém pediu e das quais eu certamente não preciso. Se eu jogar fora alguma coisa importante, essa coisa volta. Se eu perder alguma coisa importante, com certeza vou ficar sabendo."

E ele ainda acrescentou: "Mas se isso acontecer cinco vezes num ano já é muito."

Na época, achei loucura. Mas, no correr dos anos, vi que ele estava certo. Hoje em dia jogo fora quase tudo. E também raramente abro uma correspondência (eletrônica ou normal) que eu não tenha solicitado. Sem disciplina, você pode perder muitas horas por dia lendo comunicados sem sentido. É uma loucura.

## DEPOIS DE LIMPAR O ESCRITÓRIO, LIMPE A SUA CASA

Depois de limpar o seu escritório, sua nova tarefa é encarar a sua casa. Entre em contato com alguma organização beneficente, marque uma data para que venham buscar as suas doações (esse é agora o seu prazo final) e comece a limpeza. Use três critérios para decidir o que conservar e o que mandar embora: 1) Você gosta? 2) Você usa? 3) Tem algum valor real ou sentimental? Se a resposta para pelo menos uma dessas três perguntas não for sim, mande embora.

Muita gente tem armários cheios de roupas que não vestem há anos. Se você tiver alguma peça que não veste há mais de um ano, é provável que não precise mais dela. Então, dê para alguém usar, consiga assim uma dedução nos impostos e torne a sua vida menos atulhada. Limpar a casa com o seu parceiro ou parceira é revigorante e é de graça. Se você decidir vender suas coisas, é capaz até de ganhar algum dinheiro. (Mas sugiro que doe as suas coisas a uma organização beneficente. Você terá uma casa mais limpa e a alegria de ter ajudado alguém. É uma dupla vitória.)

> **QUARTA SEMANA:**
> **Saiba exatamente como você adiciona valor.**

A única razão para um patrão dar aumento a um empregado é porque o empregado merece – ou seja, porque ele ou ela adiciona valor ao empreendimento. Então, antes de pedir um aumento ao patrão, veja se sabe exatamente de que maneira você adiciona valor.

Não vá achando que sabe, porque pode estar totalmente errado. Muitas vezes, as pessoas passam a maior parte do dia de trabalho às voltas com detalhes pouco importantes em vez de se concentrar nas coisas importantes que adicionam valor. Como saber com certeza qual é qual? É simples. Pergunte.

A minha sugestão é que você marque uma reunião com o seu chefe para discutir como você pode adicionar mais valor ao seu trabalho. Diga a ele que está empenhado em aumentar a qualidade do que faz e que gostaria de cinco minutos do seu tempo para discutir como fazer isso. Leve papel e lápis à reunião e diga ao patrão que o seu objetivo é descobrir duas coisas: 1) o que você faz atualmente que adiciona valor à empresa e 2) o que mais você poderia fazer para adicionar mais valor.

É só isso que você precisa fazer. Depois de fazer essas perguntas, a sua tarefa será apenas ouvir (e anotar) o que o seu chefe tem a dizer. Quando ele terminar, você deve dizer o que compreendeu do que foi dito. Depois, diga ao patrão que gostaria de conversar outra vez com ele dentro de alguns dias, depois de elaborar um plano de ação baseado nas sugestões que ele deu.

Leve para casa as anotações da conversa e passe-as a limpo. Depois, crie uma agenda simples de coisas que você pode fazer para pôr em prática aquilo que o chefe quer. Digite tudo. No segundo encontro com o chefe, entregue o resumo e a agenda. Explique que você está empenhado em fazer o que for preciso para adicionar mais valor. Eu garanto que o chefe vai ficar impressionado. Ninguém faz esse tipo de coisa. É simples, mas é a maneira mais eficaz de preparar o terreno para o aumento.

Se você trabalha por conta própria, faça a mesma coisa com os seus clientes. Pergunte-lhes o que você faz que adiciona valor à vida deles. O que mais você pode fazer para adicionar valor? Os seus clientes podem ter a chave que você precisa para aumentar a sua renda. É só perguntar.

Você pode fazer isso até com quem é importante na sua vida. Muitas vezes, perdemos de vista o que trazemos aos nossos relacionamentos. Quanto mais você souber, mais fácil será adicionar valor ao relacionamento – e ter mais alegria com ele. Pode ser que isso não tenha nada a ver com a sua renda, mas tem tudo a ver com a sua felicidade. Se você tem filhos, pergunte a eles. Pergunte o que você faz, como pai ou mãe, que adiciona valor ao relacionamento com eles e pergunte também o que poderia fazer para adicionar ainda mais valor. Pode ser que eles virem o jogo e lhe façam a mesma pergunta.

> **QUINTA SEMANA:**
> **Concentre-se na regra 80/20.**

Se você conhece o mundo dos negócios, deve conhecer também a idéia de que, em vendas e no comércio, 80% do movimento tende a vir de 20% dos clientes. Essa noção se baseia numa idéia enunciada pela primeira vez há mais de um século por Pareto, um sociólogo italiano. O Princípio de Pareto, como ficou conhecido, diz basicamente que 20% do que você faz responde por 80% dos resultados. Em outras palavras, 80% dos seus esforços não importam tanto assim.

## O QUE SÃO OS SEUS "20%"?

Compreender as implicações desse princípio pode transformar a sua eficácia, como empregado ou como empregador. Se conseguir avaliar o que, entre os seus esforços, responde pela maior parte do valor que você adiciona ao trabalho e depois aumentar essa proporção de 20% do seu dia para 30%, você aumentará a sua produção em 50%! E pode fazer isso com um pouquinho só de esforço a mais.

Há muitos anos, empresas inteligentes vêm tirando vantagem desse fato da vida dos negócios. Elas sabem que a chave do crescimento e do sucesso futuro repousa na capacidade de impressionar seus principais clientes. É por isso que as grandes corporações oferecem aos seus melhores clientes programas especiais de recompensa, transformando-os em clientes Prata ou Ouro.

E quanto à *sua* carreira ou o *seu* negócio? De onde vem a parte do leão dos *seus* ganhos? O que disse o seu chefe quando você lhe perguntou o que poderia fazer para adicionar mais valor? Caso trabalhe por conta própria, você sabe quem são os seus melhores clientes? Consegue enumerar os que compõem os seus "20%"? Se nos próximos 36 meses você conseguir um novo grupo de clientes como os seus atuais 20% melhores, provavelmente duplicará o tamanho do seu negócio. A moral da história da regra 80/20 é que quanto mais você conseguir identificar – e focalizar – os 20% de esforço que produzem os 80% de resultado, mais bem-sucedido será.

Lembre-se: você pode ser pago pelo seu tempo, mas é pelos resultados que é recompensado. Durante esta semana, descubra o que é que você faz que constitui os "20% mais importantes". O que você faz no trabalho que efetivamente produz os resultados responsáveis pelo grosso dos seus ganhos? Daqui para a frente, é nisso que você vai se concentrar mais – e menos no que toma 80% do seu tempo mas não produz nada que valha a pena. Para simplificar: concentre-se no que traz resultados e corte tudo o que consome o seu tempo e a sua energia.

> **SEXTA SEMANA:**
> **Entre no jogo.**

Para conseguir um aumento, é importante ter confiança para pedi-lo. Muitas pessoas não têm essa confiança porque trabalham com a cabeça baixa há tanto tempo, sem idéia do que se passa "lá fora", que não percebem o valor que tem o que elas sabem fazer.

Se você não sabe o que as outras empresas estão pagando para quem desempenha funções semelhantes às suas, é provável que também não saiba quanto deveria ganhar. Era considerado falta de educação perguntar aos outros quanto ganhavam. Mas não mais. E não se trata de imitar ninguém. Trata-se de manter o seu respeito profissional. Se você ganha

$40.000 por ano para fazer um trabalho que vale $65.000 por ano em outra empresa, está sendo passado para trás. E isso não é necessariamente culpa do seu empregador. Afinal de contas, a tarefa dele é baixar os custos. A sua é aumentar os seus ganhos e construir a sua riqueza.

Mas como saber se a sua remuneração é justa? O truque é entrar no jogo. Um dos meus exemplos favoritos de como isso funciona é o de uma jovem chamada Lauren, que fez um dos meus cursos e depois se tornou minha cliente. Quando nos conhecemos, ela tinha 27 anos e a sua carreira ia bem – ela ganhava $55.000 por ano, como consultora. Infelizmente, três anos mais tarde, aos 30 anos, o seu salário tinha aumentado apenas para $65.000. Lauren estava frustrada. A sua empresa se recusava a dar aumentos, embora ela estivesse trabalhando mais do que nunca.

Quando ela reclamou disso pela quinta vez, disse a ela para parar de resmungar e fazer alguma coisa. "Pegue o telefone", eu lhe disse, "e ligue para o principal concorrente da empresa onde você trabalha. Conte a ele que você é muito boa no que faz, que nunca se nega a trabalhar e que está frustrada com a sua situação. Diga que está procurando uma outra oportunidade de trabalho e pergunte se ele tem interesse em conversar com você."

Lauren seguiu o meu conselho. Em menos de um mês, ela foi chamada para três entrevistas e acabou aceitando um emprego com salário de $95.000 por ano mais um bônus inicial de $20.000 – em outras palavras, ela praticamente duplicou seus ganhos! Nem é preciso dizer que a sua antiga empresa lhe implorou para ficar, oferecendo um salário de $85.000 e prometendo uma revisão salarial a cada seis meses e não a cada ano.

Infelizmente para eles, era tarde demais. Lauren se foi. Pouco tempo depois, seu salário-base tinha saltado para mais de $125.000 por ano. O dinheiro a mais que ela ganha hoje lhe permitiu juntar o bastante para comprar o seu primeiro imóvel e, com 33 anos, está construindo riqueza e responsabilidade pela carreira. Se ela não tivesse entrado no jogo, não saberia até hoje como é o mundo fora da antiga empresa e talvez ainda estivesse lá, dando duro, sem reconhecimento e mal-remunerada.

Lembre-se: a hora de procurar um novo emprego é agora. Talvez você não esteja interessado em deixar o seu emprego atual, talvez esteja feliz com ele. Mas como vai saber o que é melhor para você se não tem idéia do que existe por aí?

Veja abaixo três coisas que você pode fazer para entrar no jogo.

- **Participe de uma feira de empregos.** Hoje em dia, as feiras de empregos são importantes ferramentas de recrutamento. Não mais dirigidas a recém-graduados inexperientes e pessoas desesperadas por qualquer emprego, elas já acontecem com regularidade nas grandes cidades. Os jornais costumam dar destaque a elas e você pode também procurar online: www.jobfind.com. O bom dessas feiras é que, num único dia, você é exposto a dezenas de empresas. Algumas feiras têm a participação de centenas de empresas importantes que estão recrutando novos funcionários. A chave para fazer uma feira de empregos trabalhar por você é ir preparado. Crie um currículo resumido e bem apresentado e vista-se para o sucesso. Ao localizar uma empresa do seu interesse, entre no estande como se estivesse chegando para uma entrevista de emprego. Apresente-se e entregue uma cópia do currículo ao recrutador. Lembre-se de que muitos desses recrutadores têm quotas para cumprir. Eles não estão lá apenas para recolher currículos. Ao contrário, espera-se que identifiquem possíveis contratações. Em outras palavras, eles podem estar ainda mais ansiosos do que você para fazer contatos e agendar entrevistas. Em feiras de empregos na área de tecnologia, é comum que os altos executivos da empresa (às vezes até mesmo seu fundador) estejam no estande e que as ofertas de emprego aconteçam ali mesmo. Muitas vezes, essas empresas precisam mais de funcionários do que funcionários de empregos.

- **Procure *online*.** O futuro da caça ao emprego está na Internet. Se em casa você ainda não tem acesso à Internet, vá a um "Internet-café" ou a uma *lan-house*. Mas não procure emprego nos computadores da empresa onde trabalha. Além de ser antiético, muitas empresas monitoram a atividade online dos funcionários. Em outras palavras, surfar na Rede à procura de emprego no horário do expediente pode ser motivo para você ser demitido. O maior e mais popular portal da World Wide Web é o Yahoo, que oferece atualmente mais de 100 sites de empregos. Acesse www.yahoo.com.

Em quase todos os *sites*, você pode cadastrar *online* o seu currículo e se candidatar às vagas oferecidas. É um serviço maravilhoso mas, se você trabalha numa grande corporação, tenha cuidado porque um número cada vez maior de grandes empresas busca nesses *sites* currículos de funcionários seus, que estejam pensando em mudar de emprego. Alguns sites permitem que você cadastre um "currículo anônimo", sem identificação ou endereço. (Os empregadores interessados fazem contato por meio de um endereço de *e-mail* particular). Essa é a melhor maneira de você entrar no jogo.

Procure também em portais locais. Hoje em dia, muitas cidades têm sites que costumam trazer listas de empregos.[7]

- **Fale com os amigos**. As melhores vagas são muitas vezes preenchidas por meio do boca-a-boca. Muitas empresas oferecem aos funcionários bônus em dinheiro no valor de milhares de dólares pela indicação de alguém que venha a ser contratado. Então, conte aos amigos que está procurando emprego. Mas procure especificar o que está procurando – tipo de ambiente, tipo de emprego, salário, etc. Quanto mais específico você for, melhor. Pode parecer improvável, mas o novo emprego dos seus sonhos pode estar à sua espera na empresa onde o seu amigo trabalha.

> **SÉTIMA SEMANA:**
> Ensaie antes de pedir o aumento.

Está na hora de parar de pensar nesse aumento – e de começar a diagramá-lo. Nesta semana, escreva um resumo de quanto exatamente você quer de aumento e dos seus motivos para acreditar que vale isso. Faça uma lista das coisas que fez para adicionar valor à empresa no último ano e das que pretende fazer para adicionar valor no futuro. Esse resumo

---

8. No Brasil, uma boa sugestão é começar por um dos sites populares de busca – Google (http://www.google.com.br/), Altavista (http://br.altavista.com) ou Yahoo (http://br.search.yahoo.com), para citar apenas os preferidos dos internautas brasileiros – e digitar, na janela de busca, a palavra-chave "empregos". Numa fração de segundo, você terá diante dos olhos, em cada uma dessas "máquinas de busca", milhares de atalhos para quase tudo o que a Internet brasileira tem à disposição sobre mercado de emprego, procura e oferta de emprego e mais uma grande variedade de temas relacionados ao assunto. Há também sites de agências de empregos, onde você pode cadastrar online o seu currículo profissional e candidatar-se às vagas oferecidas. Alguns desses sites são gratuitos e outros cobram para exibir o seu currículo aos possíveis empregadores que os utilizam para contratar. (N.T.)

pode lhe servir de referência na hora de conversar com o chefe para pedir o aumento. E é também uma boa idéia respaldar o pedido verbal com um pedido por escrito. Além disso, uma coisa que é posta no papel se torna mais real. No mínimo, ficará muito mais difícil ignorar o seu pedido de aumento. Muitas empresas têm como política exigir que seus executivos respondam formalmente aos pedidos de aumento feitos por escrito.

Agora que você tem o resumo escrito do que vai pedir e por que, chegou a hora de começar a ensaiar. Peça ao seu parceiro ou parceira para fazer a parte do patrão e veja o efeito que causam os seus argumentos. Se você não se sentir à vontade para ensaiar com o seu parceiro ou parceira, sente-se sozinho numa sala e ensaie. Seja como for, você deve ensaiar a apresentação em voz alta.

É muito importante que você se ouça pedindo o aumento e expondo os seus argumentos, uma meia dúzia de vezes. Por um lado, isso fará com que o seu subconsciente acredite no que você está dizendo. Por outro, você precisa se ouvir para saber como está se saindo. Pode até ser bom fazer uma gravação. Se você for "prático", isso pode parecer bobagem, mas confie em mim. Você precisa ouvir a sua voz pedindo o aumento. Não é bom ouvi-la pela primeira vez quando for para valer. Afinal, você não pode parecer surpreso ao pedir o aumento, mas confiante. Por isso, ouça a si mesmo e ensaie até que pareça calmo e confiante. Tente antecipar as objeções que o seu chefe pode fazer e ensaie as respostas que dará a elas.

É claro que, por melhor que você seja, o chefe não vai pular da cadeira e abraçá-lo quando você lhe pedir aumento. O trabalho dele ou dela é baixar os custos. A chave para alcançar a sua meta é fazê-lo perceber que, para a empresa, é mais barato atender ao seu pedido do que substituí-lo. Isso vale também para quem trabalha por conta própria. Ensaie a sua justificativa para aumentar seus preços antes de falar com os clientes.

> **OITAVA SEMANA:**
> Peça o aumento.

Toda essa preparação não terá utilidade se você não chegar no seu chefe e pedir o aumento. Sem uma ação direta da sua parte, nada acontecerá.

A esta altura, você já deve saber o jeito certo de pedir aumento e já deve estar preparado para entrar em ação. Você já teve uma primeira reunião com o chefe. Descobriu o que você faz que adiciona valor (e é de se esperar que esteja adicionando ainda mais). Você entrou no jogo (e já deve ter visto o que tem por aí). Seu escritório brilha e você está concentrado naqueles 20% de atividades essenciais, que adicionam mais valor. Você sabe o que merece (que pode muito bem ser mais do que 10% de aumento) e está preparado para pedir.

Espero que você esteja confiante. Mas se não estiver, vá em frente assim mesmo e peça o aumento. Mesmo que tiver ignorado todos os meus conselhos e não tiver feito nada nas sete últimas semanas além de marcar uma entrevista com o chefe, ainda assim tem uma excelente chance de conseguir o aumento. *Mas você tem que pedir.* Portanto, ignore os amigos ou parentes que acham que você está fazendo uma loucura. Vá à entrevista com o chefe e apresente a sua pretensão. A pior coisa que pode acontecer é ele dizer não – o que lhe ensinará coisas importantes (ou seja, que pode estar na hora de procurar outro emprego ou talvez outra carreira – ou que está na hora de aprender a adicionar mais valor).

Se você trabalha por conta própria, é nesta semana que você vai aumentar seus preços. Mais especificamente, você vai cobrar dos novos clientes pelo menos 5% a mais do que vem cobrando dos clientes mais antigos. Se você não pretende acrescentar novos clientes, vai informar aos clientes atuais que está com uma nova estrutura de preços.

Uma dica final: ao pedir o aumento – ao chefe ou aos clientes – lembre-se de apresentar o pedido em termos percentuais e não quantias em dinheiro. "Eu estou pretendendo um aumento de 10%" é muito mais suave do que "Quero que me pague $5mil a mais neste ano".

---

**NONA SEMANA:**
Comemore o sucesso.

---

Mesmo que não consiga o aumento imediatamente, você deve comemorar. É preciso coragem para pedir aumento e quem o faz merece um tapinha nas costas. Por isso, planeje antecipadamente com o seu parceiro ou parceira o que farão para celebrar o seu feito!

Muitas vezes na vida, nós nos concentramos tanto no resultado que perdemos o processo de vista. O importante do meu conceito de Ganho ProAtivo não é apenas ajudá-lo a obter *este* aumento, mas levá-lo a pensar de um jeito diferente nos seus ganhos. Seja qual for a sua renda, como empregado ou como empresário, você tem que sentir que pode gerenciá-la ativamente. A idéia não é perseguir um determinado número, mas estar sempre proativamente concentrado em fazer progresso.

Eu lhe sugeri que pedisse um aumento de 10% do seu salário anual porque essa é uma meta específica e mensurável. Mas há outras metas importantes relacionadas ao emprego, como uma promoção, uma transferência ou o nível de responsabilidades que lhe é confiado. Seja qual for o caso, é importante lembrar que não é possível progredir passivamente. Você precisa ser corajoso e agir.

Outra coisa: embora a coragem para agir possa lhe trazer vitórias intensas (quando você consegue exatamente o que queria e até mais), há também o risco de obstáculos ocasionais (que podem deixá-lo imobilizado). Esses altos e baixos são perfeitamente normais ao longo de uma carreira. Por isso, não perca nunca a oportunidade de celebrar uma vitória (mesmo que seja pequena, como conseguir limpar o escritório). Habituando-se a se recompensar por ter agido, você ficará mais disposto a assumir riscos e a aceitar desafios.

Em geral, as pessoas deixam de se arriscar no trabalho e na vida porque se preparam para o fracasso, decidindo que nada é aceitável além da perfeição. A verdade é que a perfeição não existe. A chave para viver bem e ficar rico é ver a busca do progresso como uma viagem – uma viagem que você desfruta ao longo do caminho, celebrando todas as vitórias, grandes e pequenas.

## ANTES DE MAIS NADA, AGRADEÇAM UM AO OUTRO

Esse foi o passo final da nossa viagem de nove passos, em que vocês começaram a aprender a viver bem e a ficar ricos. Sinto-me honrado pela oportunidade de ter sido o seu treinador e motivador pessoal e financeiro. Espero que vocês tenham gostado da viagem que fizemos juntos e que agora, como casal e como indivíduos, consigam ver a vida sob uma nova luz, muito mais brilhante.

# TRÊS PALAVRAS QUE
# FAZEM A DIFERENÇA

É HORA de vocês dois seguirem viagem juntos, vivendo de acordo com os seus valores e realizando os seus sonhos e objetivos financeiros. Mas quero deixá-los com um pensamento que considero essencial. Dinheiro pode ser importante, mas não é tudo e nem o fim de tudo. As maiores dádivas que podemos receber são a vida e o amor. Neste momento, você e o seu parceiro ou parceira têm as duas e isso nenhum investimento inteligente pode proporcionar.

Muitas vezes, ao perseguir metas e riquezas, perdemos de vista o que mais importa. A vida é curta e às vezes nos é tomada antes que compreendamos como ela é especial. Um seguro garante dinheiro às pessoas que amamos, mas não nos traz de volta. Quem tem alguém – quem encontrou aquela pessoa especial, com quem quer dividir a vida e o amor – é alguém abençoado porque venceu um dos desafios mais difíceis. Perto disso, esta coisa de dinheiro é na verdade muito fácil – ainda mais agora, que você tem conhecimento para fazer o que é certo.

Portanto, tire um tempo para relaxar. *Casais Inteligentes Ficam Ricos* não pretende que você mude o seu parceiro (nem vice-versa) e nem que aprenda a se sacrificar. Pretende ajudá-los a crescer juntos e a amar a vida juntos. Ninguém precisa desistir da alegria da vida para ficar rico. Na verdade, quanto mais alegria vocês tiverem nesta jornada que chamamos de vida, mais garantias terão de viver bem e de ficar ricos.

Com isso em mente, procure descobrir por que você ama tanto o seu parceiro ou parceira. Por que se apaixonaram e o que cada um tem que é tão especial para o outro. Tire 15 minutos para pôr tudo isso no papel. Se não quiser fazer isso, tire ao menos alguns minutos para dizer ao seu parceiro ou parceira que o ama e por quê. Nunca será demais dizer "eu te amo". Ao contrário, temos uma séria deficiência de "eu te amo" neste país e o melhor lugar para começar a corrigir essa situação é em casa. Então, dê agora mesmo uma dose de "eu te amo" para o seu parceiro, para os seus pais, para os seus amigos e especialmente para os seus filhos, se tiver filhos. Você vai se sentir melhor e pode até mudar para sempre a vida de uma pessoa que ama.

Por fim, lembre-se de que esta jornada que chamamos de vida é uma dádiva. Não deveria ser preciso perder um ente querido ou adoecer seriamente para apreciá-la. O que espero é que vocês comecem a viver com toda a paixão que têm lá no fundo do coração. Em cinco anos, vocês podem estar cinco anos mais velhos ou cinco anos mais velhos vivendo com mais paixão, vivendo com mais riqueza e mais perto de ficar ricos. A escolha é sua e será determinada pelo que você faz e não pelo que você quer. Espero que este livro e o tempo que passamos juntos tenham ajudado um pouquinho vocês dois a olhar a vida e se entusiasmar outra vez com o futuro. Ir atrás dos seus sonhos exige força e, do fundo do meu coração, sei que vocês têm essa força.

*Até nos encontrarmos outra vez ao longo da jornada...*
*divirtam-se e vivam muito bem!*

APÊNDICE 1

# PARA ONDE O DINHEIRO
## *REALMENTE VAI?*

Para dar um jeito na sua vida financeira, uma das coisas mais importantes é saber com exatidão qual é o seu fluxo de caixa. Para isso, use a planilha abaixo:

*Calcule primeiro quanto você ganha...*

**Sua renda**

Remunerações, salários, gorjetas, comissões, renda do
próprio negócio ............................................................................. $ _____
Dividendos de ações, títulos, fundos mútuos, contas de
poupança, certificados de depósito, etc. .............................. $ _____
Aluguéis ........................................................................................... $ _____
Rendimentos provenientes de uma conta fiduciária
(em geral benefícios por morte provenientes
de um espólio)............................................................................... $ _____
Pensão alimentícia, pensão por morte.................................... $ _____
Benefícios previdenciários ........................................................ $ _____
Outros ganhos ............................................................................... $ _____
              **RENDA MENSAL TOTAL** ...................... $ _____

*Em segundo lugar, determine quanto você gasta.*
*Suas despesas*

**Impostos**
Imposto de renda.................................................................. $ _____
Impostos estaduais................................................................ $ _____
Imposto sobre propriedades................................................. $ _____

| TOTAL – IMPOSTOS............................ | $ _____ |
|---|---|

**Moradia**
Pagamentos de aluguel ou hipoteca do imóvel onde mora..... $ _____
Pagamentos de hipoteca de imóvel para investimento ........... $ _____
Contas da casa ...................................................................... $ _____
Seguro residencial................................................................. $ _____
Manutenção da casa ............................................................. $ _____
Serviços de limpeza............................................................... $ _____
Televisão por assinatura ........................................................ $ _____
Telefone residencial............................................................... $ _____
Jardinagem e manutenção de piscina.................................... $ _____
Provedor de Internet ............................................................. $ _____
Condomínio ou associação de moradores............................. $ _____

| TOTAL – MORADIA .............................. | $ _____ |
|---|---|

**Carro**
*Leasing* ou financiamento ..................................................... $ _____
Combustível .......................................................................... $ _____
Seguro ................................................................................... $ _____
Manutenção e serviços.......................................................... $ _____
Estacionamento..................................................................... $ _____
Pedágios ................................................................................ $ _____

| TOTAL – CARRO................................... | $ _____ |
|---|---|

**Seguro**
Seguro de vida ...................................................................... $ _____
Seguro contra invalidez......................................................... $ _____
Seguro para cuidados de longo prazo ................................... $ _____
Seguro contra terceiros (apólice guarda-chuva)..................... $ _____

| TOTAL – SEGURO................................. | $ _____ |
|---|---|

| **Alimentação** | |
|---|---|
| Em casa ................................................................................... | $ _____ |
| Na rua ..................................................................................... | $ _____ |
| TOTAL – ALIMENTAÇÃO ...................... | $ _____ |

| **Cuidados Pessoais** | |
|---|---|
| Roupas ..................................................................................... | $ _____ |
| Lavanderia/tinturaria............................................................... | $ _____ |
| Cosméticos .............................................................................. | $ _____ |
| Academia/*personal trainer*.................................................... | $ _____ |
| Entretenimento ....................................................................... | $ _____ |
| Clubes de campo ..................................................................... | $ _____ |
| Associações.............................................................................. | $ _____ |
| Férias........................................................................................ | $ _____ |
| *Hobbies* .................................................................................... | $ _____ |
| Educação .................................................................................. | $ _____ |
| Revistas ................................................................................... | $ _____ |
| Presentes ................................................................................. | $ _____ |
| TOTAL – CUIDADOS PESSOAIS ........... | $ _____ |

| **Saúde** | |
|---|---|
| Plano de saúde........................................................................ | $ _____ |
| Medicamentos......................................................................... | $ _____ |
| Despesas com médicos e dentistas........................................ | $ _____ |
| TOTAL – SAÚDE ..................................... | $ _____ |

| **Diversos** | |
|---|---|
| Cartão de crédito ................................................................... | $ _____ |
| Pagamento de empréstimos .................................................. | $ _____ |
| Pensão alimentícia ................................................................. | $ _____ |
| Qualquer coisa que eu tenha esquecido!............................... | $ _____ |
| TOTAL – DIVERSOS............................... | $ _____ |

| TOTAL – DESPESAS MENSAIS ............. | $ _____ |
|---|---|

| **Fator Lei de Murphy** | |
|---|---|
| Pegue o total das despesas e acrescente 10%........................ | $ _____ |
| RENDA TOTAL........................................ | $ _____ |

| | |
|---|---|
| Menos o total das despesas mensais....................................... | $ _____ |
| Fluxo de caixa líquido (disponível para poupança ou investimentos) .................................................................... | $ _____ |

APÊNDICE 2

## PLANILHA DE INVENTÁRIO

### (*FINNISHRICH INVENTORY PLANNER®*)

### DEFINA O SEU PATRIMÔNIO LÍQUIDO

**PRIMEIRO PASSO: INFORMAÇÕES PESSOAIS**

Nome do cliente _____

Data de nascimento _____ Idade _____ Apelido _____

Nome do(a) cônjuge _____

Data de nascimento _____ Idade _____ Apelido _____

Endereço postal _____

Cidade _____ Estado _____ CEP _____ Telefone residencial _____

Telefone profissional _____ Fax _____ E-mail _____

Telefone profissional do(a) cônjuge _____ Fax _____ E-mail _____

CPF e RG _____ CPF e RG do cônjuge _____

Empregador _____

Cargo _____

Empregador do(a) cônjuge _____

Cargo do(a) cônjuge _____

Você é aposentado? Sim _____ Data da aposentadoria _____. Não _____ Data planejada para a aposentadoria _____

Seu cônjuge é aposentado(a)? Sim _____ Data da aposentadoria _____. Não _____ Data planejada para a aposentadoria _____

Estado civil: Solteiro _____ Casado _____ Divorciado _____ Separado _____ Viúvo _____

### Filhos

Nome                          Data de nascimento                    CPF e RG

1. _____
2. _____
3. _____
4. _____

### Dependentes

Você tem parentes que dependem financeiramente de você ou que podem vir a depender no futuro?

(pais, avós, adultos, crianças etc.) Sim _____ Não _____

Nome    1. _____ Idade _____

Grau de parentesco _____

Nome    2. _____ Idade _____

Grau de parentesco _____

Nome    3. _____ Idade _____

Grau de parentesco _____

Nome    4. _____ Idade _____

Grau de parentesco _____

Nome    5. _____ Idade _____

Grau de parentesco _____

## SEGUNDO PASSO: INVESTIMENTOS PESSOAIS (NÃO INCLUA AQUI AS CONTAS DE APOSENTADORIA)

### Reservas em dinheiro

Liste as quantias depositadas em bancos, cooperativas de crédito e poupança

| Nome da instituição bancária | Tipo de conta     | Saldo atual  | Rendimento |
|------------------------------|-------------------|--------------|------------|
| Exemplo: Banco da América    | Corrente/Poupança | $10.000,00   | 2%         |

1. _____
2. _____
3. _____
4. _____

### Renda-Fixa

Liste os investimentos de renda-fixa

Exemplo: Certificados de depósito, Letras e Obrigações do Tesouro, Títulos de Renda Fixa

                                    Valor em dinheiro    % atual    Data de maturidade

1. _____

2. _____
3. _____
4. _____

### Ações

Empresa       Nº de cotas       Preço de compra       Valor de mercado       Data da compra
1. _____
2. _____
3. _____
4. _____

Você tem certificados de ações num cofre bancário? Sim _____ Não _____

### Fundos mútuos e/ou contas de corretagem

Nome Corretora /fundo mútuo       Nº de cotas       Custo-base       Valor de mercado       Data da compra
1. _____
2. _____
3. _____
4. _____
5. _____

### Anuidades

Empresa       Titular       Rendimento (%)       Valor de mercado       Data da compra
1. _____
2. _____
3. _____

Outros ativos (participação em empresa, etc.)        Valor aproximado de mercado
1. _____   $ _____
2. _____   $ _____
3. _____   $ _____

### TERCEIRO PASSO: CONTAS DE APOSENTADORIA

Você participa do plano de aposentadoria da empresa onde trabalha?
(Inclusive planos de aposentadoria com imposto diferido) Sim _____ Não _____

Empresa onde está o dinheiro       Tipo de plano       Valor aproximado       % de contribuição
Você:

1. _____
2. _____
3. _____

Cônjuge:
1. _____
2. _____
3. _____
Você tem dinheiro parado no plano de uma empresa onde não trabalha mais?
Sim _____ Não _____ Saldo _____ Quando você saiu da empresa? _____
Cônjuge
Sim _____ Não _____ Saldo _____ Quando você saiu da empresa? _____

### Planos de aposentadoria individuais

Você participa de algum plano de aposentadoria?
Nome da instituição onde está o dinheiro          Tipo de plano          Valor aproximado
Você:
1. _____
2. _____
3. _____
Cônjuge:
1. _____
2. _____
3. _____

### QUARTO PASSO: IMÓVEIS

Sua casa é própria ou alugada?
Própria _____ / Prestação mensal _____ Alugada _____ / Aluguel mensal _____
Valor aproximado do imóvel onde mora $_____ Saldo pendente $_____
Saldo quitado _____ Prazo do empréstimo _____ % Juros _____ O empréstimo é fixo ou variável? _____

**Você tem um segundo imóvel?**

Valor aproximado do segundo imóvel $ _____ Saldo pendente $ _____
Saldo quitado _____ Prazo do empréstimo _____% Juros _____ O empréstimo é fixo ou variável? _____

**Tem algum outro imóvel?**

Valor aproximado do imóvel $ _____ Saldo pendente $ _____
Saldo quitado _____ Prazo do empréstimo _____ % Juros _____ O empréstimo é fixo ou variável? _____

### QUINTO PASSO: PLANEJAMENTO DE ESPÓLIO

Você tem testamento ou *living will*? Sim _____ Não _____ Data da última atualização _____
Quem o ajudou a redigi-lo? _____ Nome do advogado _____
Endereço _____

Telefone _____ Fax _____ _____
A sua casa está no nome do *trust* ou é uma propriedade conjunta? _____

### Gerenciamento de risco / Seguro

Você tem um plano de proteção para sua família? Sim _____ Não _____

|  | Tipo de seguro | | | |
|---|---|---|---|---|
| Seguradora | (total, temporário, etc.) | Benefício por morte | Valor de resgate | Prêmio anual |

1. _____
2. _____
3. _____

### Planejamento tributário

As suas declarações são feitas por um profissional? Sim _____ Não _____
Nome do contador/CRC _____
Endereço _____
Telefone _____ Fax _____
Qual foi a sua renda tributável no último ano? _____ Qual é a sua alíquota? _____ %

### SEXTO PASSO: FLUXO DE CAIXA

#### Renda

Renda estimada mensal _____ Renda estimada anual _____
Renda estimada do(a) cônjuge: mensal _____ anual _____
Renda proveniente de aluguéis: mensal _____ anual _____
Outros ganhos (participações em empresas, Seguridade Social, benefícios; etc.)

| Tipo de renda | Mensalmente |
|---|---|

Anualmente

1. _____
2. _____
3. _____

#### Despesas

Despesas mensais estimadas $ _____ Despesas anuais estimadas $ _____
Quanto você ganha por mês, pagos os impostos?    $ _____
Qual é a sua estimativa de gastos?              − $ _____
Fluxo de caixa líquido                          = $ _____

### SÉTIMO PASSO: PATRIMÔNIO LÍQUIDO

Total de ativos                    $ _____
Total de obrigações              − $ _____
Patrimônio líquido estimado      = $ _____

APÊNDICE 3

## RENDIMENTO PROATIVO

## (*PROACTIVE INCOME®*)

Nome: _____

Salário atual: _____

Aumento percentual que pretendo: _____

Valor do aumento em dinheiro: _____

Novo salário anual: _____

Data do início: _____

Prazo final: _____

Assinado: _____

Assinatura do(a) parceiro(a) _____

APÊNDICE 4

## PLANO FINANCEIRO FOCALIZADO EM PROPÓSITOS (*PURPOSE-FOCUSED FINANCIAL PLAN®*)

Estas planilhas do Plano Financeiro Focalizado em Propósitos são para você e o seu parceiro ou parceira preencher e também para os dois preencherem como casal. As orientações das páginas 92-93 vão ajudá-los a pensar em cinco metas principais que cada um deseja atingir nos próximos 12 meses.

APÊNDICE 4 | **255**

## PLANO FINANCEIRO FOCALIZADO EM PROPÓSITOS
### (*PURPOSE-FOCUSED FINANCIAL PLAN*®)

| CINCO PRINCIPAIS VALORES | CINCO PRINCIPAIS METAS FINANCEIRAS | TORNE-AS ESPECÍFICAS, MEDÍVEIS, PALPÁVEIS | PLANO DE 48 HORAS O QUE VOCÊ FARÁ NAS PRÓXIMAS 48 HORAS? | PEÇA AJUDA COM QUEM VOCÊ VAI FALAR DAS SUAS METAS? | COMEÇO E FIM QUANDO VAI COMEÇAR? QUANDO VAI TERMINAR? |
|---|---|---|---|---|---|
| Exemplo: segurança | Aumentar patrimônio líquido em 10% em... | Aumentar contribuições para os fundos de pensão | Procurar pessoa da seção de benefício na empresa – aumentar contribuições até sexta-feira | Telefonar para o Pete (consultor financeiro) para rever opções de investimento no fundo de pensão | Começa amanhã, segunda, 15/1/2002; termina na sexta, 19/1/2002 |
| 1. | | | | | |
| 2. | | | | | |
| 3. | | | | | |
| 4. | | | | | |
| 5. | | | | | |

256 | Casais Inteligentes Ficam Ricos

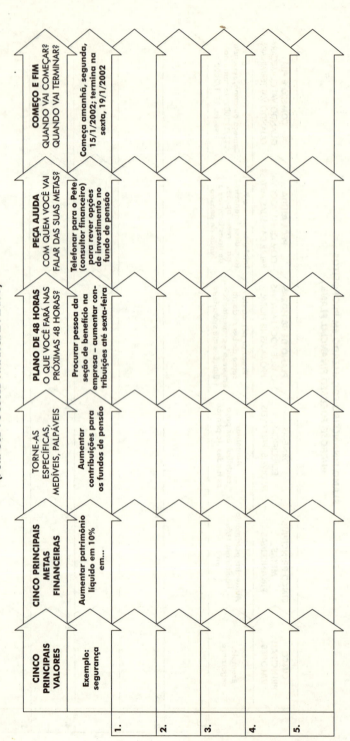